권력, 인간을 말하다

历史不糊涂

作者：李拯著

권력에 지배당한
권력자들의 이야기

권력,
인간을
말하다

리정 지음

강란 · 유주안 옮김

왜 권력은 흥망성쇠의 반복에서
벗어나지 못하는가

베이징 교외의 담자사潭柘寺에서 다음과 같은 광경을 본 적이 있다. 천 년의 고목 앞에서 사람들이 줄지어 예를 표하고 있었는데 그중 백발이 성성한 한 어르신이 고목을 향해 눈을 감고 복을 빌며 진지한 표정으로 오랫동안 있었다. 나는 깊은 감동을 받았다.

그저 한 그루의 나무에 불과한 그 고목은 어떻게 사람들에게 깊은 경외심을 불러일으킬 수 있었던 것일까? 또 어떤 힘이 그 나무에 초월적인 정신적 특징을 부여할 것일까? 분명 고목의 튼튼한 줄기와 무성한 잎사귀는 심미적 측면에서 그 정취를 더할 뿐, 고목 스스로 사람들에게 정신적인 비약을 가져다주지는 않는다. 나는 아무리 생각해도 도무지 이해가 되지 않았지만 나중에 이런 생각이 떠올랐다. 어쩌면 이 고목 속에 응집되어 있는 시간이야말로 사람들에게 더 높은 가치와 존재를 느끼게 해주는 것은 아닐까.

사람들은 그 나무 밑에서 명상 혹은 기도를 하거나 예배를 드렸는데, 비는 대상은 형체가 있는 우거진 잎사귀가 아니라 이 고목이 겪어온 상전벽해의 세월과 축적해온 시간이자 그것이 경험한 무수한 석양과 바람, 반복되는 인간사였다. 그 고목은 끊임없이 변화하는 시간을 상징하는 것이었고 사람들이 고목을 향해 기도한 것은 그 시간을 향한 경외심의 표현이었다.

사람과 고목의 비유는 인류 정신의 비밀을 아주 적절하게 드러내준다. 즉 시간은 보다 본질적인 힘을 가지며 인류는 마음속 깊은 곳에 그힘에 대한 경외심을 품고 있다는 것이다.

세계를 둘러보아도 중국인보다 시간과 역사를 민감하게 여기고 중시하는 민족은 없다. 중국은 세계에서 유일하게 수천 년 동안 단절되지 않고 이어져 내려온 문명 체계이며 또 중국의 옛 성현들은 역사를 집필하고 계속 이어나가는 것을 중시했다. 헤겔Georg W. F. Hegel도 "역사서의 기록에 따르면 중국은 분명 가장 오래된 국가이므로 역사는 반드시 중국 제국에서부터 논해야" 하며 "중국의 '역사 작가'가 끊임없이 등장한 것은 어떤 민족과도 비교가 되지 않는다"라고 인정했다. 중국인은 역사 속에서 생활했고 엘리트 계층도 역사에 이름을 남기는 것을 인생 최대의 목표로 여겼다. 시간의 축은 중국인이 정신적으로 의지하는 대상이었다.

오늘날까지도 젊은이들은 여전히 사마천司馬遷의 《사기史記》에서 깨우침을 얻고 이백李白과 두보杜甫의 시가에서 아름다움을 발견한다. 하버드대 중국학 교수인 두웨이밍杜維明의 말처럼 전통 사상은 영원히 중국 역사의 대하大河 속에 존재할 것이다. 바로 이 때문에 시간의 연속과 역사적 시각은 중국에 대해 생각하는 밑바탕이다. 일찍이 미국의 한학자 필립 쿤 Philip A. Kuhn은 중국의 현대화는 다른 국가의 경험이 아닌 중국의 자체적인 조건에 근거할 수밖에 없다고 말했다. 따라서 미래를 향해 나아가는 것만큼 중요한 것은 전통으로 회귀하는 것이다.

전통으로 회귀하려면 우선 역사와 전통을 이성적으로 인식해야 한다. 밀란 쿤데라Milan Kundera는《참을 수 없는 존재의 가벼움》에서 이런 말을 했다. "석양으로 오렌지 빛을 띤 구름은 모든 것을 향수의 매력으로 빛나게 한다. 단두대조차도." 시적인 정취로 가득한 그림 같은 이 말은 사실 깊이 있는 방법론적 지혜를 담고 있다. 시간의 축적은 석양빛처럼 겹겹이 쌓여 온정을 자아내지만 때로는 그 온정이 역사의 옷자락에 붙은 '이'를 간과하고 옷자락 자체의 아름다움만 주목하게 만든다. 또 오래된 것일수록 아름다운 상상을 불러일으키게 마련이어서 이것이 아마도 전통을 섣불리 낭만화하거나 미화시킬 수 있다. 역사 속에는 풍부한 지혜와 함께 깊은 교훈도 담겨 있다.

따라서 전통으로 회귀하기 위한 전제는 전통을 객관적이고 이성적으로 인식하는 것이다. 또 전통 속에 담긴 미래는 전통의 연장선이자 그를 통해 얻은 반성과 교훈도 포함된다. 이 책에서 다룬 당나라 인물들은 시대적 사상의 정수이자, 전통문화 속에서 왕후장상이나 재자가인才子佳人을 이상적으로 대표한다. 또 일부는 흉악무도하여 그들의 인생을 여러 측면에서 다룬 작품이 셀 수 없이 많기도 하다. 이 책은 그들의 인생에서 가장 빛나는 순간이나 일생일대의 위기에 처한 순간을 선별하여 그들의 생각과 몸부림을 관찰하고 마지막으로 중국의 전통적인 정치 문화를 이해하려 했다.

중국 정치의 전통에서 가장 본질적인 의의를 가지는 질문은 아마도 위대하고 아름다운 문명이 어째서 흥망성쇠의 반복에서 벗어나기 어려웠는가일 것이다. 당나라는 당시 세계에서 가장 휘황찬란한 문명을 일구었지만 끝내 스스로 붕괴하고 말았고 이후 역대 왕조들도 '스스로 재건하고 파멸하는' 전개를 이어나갔다. 역사는 충실한 기록자일 뿐만 아니라 인정사정없는 심판자이기도 하다. 역사는 이제껏 호락호락한 상대가 아니었고 잠시도 쉬는 법이 없었다. 고대의 제왕과 장상들이 조금만 나태해지면 역사는 이를 곧바로 알아차리고 흥망성쇠의 기제를 작동시켜 새로운 왕조를 탄생시켰다. 역사 앞에서는 누구도 어물쩍 넘어가려고 해서는 안 된다.

　　이 책은 학술 서적이 아니므로 방대하고 엄밀한 논리 체계를 지향하지 않았다. 다만 인물 개개인의 위기와 몸부림을 통해 생각해볼 가치가 있는 문제들을 다루었다. 어쩌면 이 책의 결론은 모든 사람들의 동의를 얻지 못할 수도 있고 심지어 신랄한 비판을 당할 수도 있다. 그러나 결론은 그다지 중요하지 않다. 중요한 것은 모든 사람들에게 던지는 질문과 그 질문이 드러내는 역사의 깊이, 역사 속 문구들이 가져다주는 깨달음이다. 이 책을 가볍게 읽으면 처세술과 인생무상을 느낄 수 있고 깊이 읽으면 정치와 인간성의 심층적인 비밀을 깨달을 수 있을 것이다. 무엇을 보는지는 사람마다 다르겠지만 관찰의 시각은 최대한 다양해야 한다. 이 책은 다른 시각을 제시하기 위해 노력했다.

　　호르헤 보르헤스Jorge Luis Borges는 이런 말을 인용한 적이 있다. "태양 아래 새로운 것은 없으며 새로운 것에 대한 인식은 일종의 기억에 지나지 않는다." 현재는 과거를 포함하고 있기 때문에 미래를 예시하는 것이다.

따라서 역사는 과거가 아닌 현재와 미래에 관한 것이다. 어쩌면 독자들은 이 책에서 드러난 당나라 인물들의 운명의 발자취를 통해 시간을 뛰어넘는 영원한 것을 발견할 수 있을지도 모른다. 역사 속은 물론 역사의 연장선인 미래 속에서도 말이다.

차례

머리말 왜 권력은 흥망성쇠의 반복에서 벗어나지 못하는가   4

1장 여론 예언과 유언비어는 한 끗 차이다 이밀   11

2장 후계자 선정 도덕성을 갖춘 권력만이 장수한다 이세민   39

3장 두려움 권력은 결코 나눌 수 없다 장손무기   65

4장 무질서 질서라는 면역체계에 맞서지 마라 무측천   91

5장 타락 권력이 심판하려 할 때 부패가 시작된다 이융기   117

6장 정보 통제 사람은 자신이 가진 편견의 노예다 이임보   149

7장 기득권 공익 뒤에는 언제나 사익이 있다 안녹산   175

8장 보상 충성에 답하는 것은 의무다 곽자의·이광필·복고회은   203

9장 그림자 권력 권력은 언제나 측근을 통해 사용된다 환관 집단   235

10장 파벌 상대를 죽여야만 내가 사는 게임 이덕유·우승유   267

11장 합법성 권력을 옹호하는 자 안에 반역자가 있다 황소·주온   297

맺음말 중국의 전통적 정치를 이해하는 시각   330

* 일러두기

본문의 각주는 모두 옮긴이가 작성했다.

1장 여론

이밀 李密

예언과
유언비어는
한 끗 차이다

예언과 유언비어는 한 걸음 차이에
지나지 않는다. 예언을 이용해 사람들의
마음을 얻을 수도 있지만 동시에 예언에만
온전히 의지해서도 안 된다.

이밀李密의 일생은 밤하늘을 가로질러 사라지는 유성과 같았다. 그는 끝없는 암흑을 홀연히 비추며 사람들에게 희망을 주려고 하는 찰나 순식간에 적막 속으로 들어가 버렸다. 이밀은 수나라 말에 반란을 일으킨 제후들 중에서 처음으로 대의를 주창하고 기풍을 선도한 인물이었다. 그러나 그는 진승陳勝과 오광吳廣이 유방劉邦과 항우項羽를 위해 길을 열었던 것처럼 이후 등장하는 인물들을 위해 중앙 패권 다툼의 무대를 마련함으로써 역사의 한 장막을 여는 데 그쳤다.

제후들의 전쟁이 임박했을 무렵, 이밀은 난세를 수습하고 세상을 바로잡을 인물로 두터운 신망을 받고 있었다. 그가 정복한 영지는 동쪽으로는 바다에 이르렀고 남쪽으로는 장강과 회하에 닿아 제후들 중에서 독보적인 선두 자리에 서 있었다. "천하에 지혜롭고 용기 있는 자들을 도로써 다스리면 불가능한 것이 없다[吾任天下之智力 以道禦之 無所不可]"(《삼국지三國志》〈위서魏書〉 무제기武帝紀)[1]라는 관점에서 보면 그는 휘하에 뛰어난 인재들

---

1 조조가 원소에게 한 말로 인재 등용을 중시한 조조의 용인술을 엿볼 수 있다.

을 많이 거느리고 있었다. 예를 들어 진숙보秦叔寶, 단웅신單雄信, 정교금程咬金, 왕백당王伯當, 서세적徐世勣 등과 같은 인물들은 모두 용맹스럽기 그지없고 천하에 명성을 떨친 영웅호걸들이었다. 특히 진숙보와 정교금, 서세적은 후에 당나라 태종이 되는 이세민李世民을 보좌해 천하를 평정하는 공적을 남기기도 했는데 이를 통해 이밀의 휘하에 얼마나 훌륭한 인재들이 있었는지 충분히 알 수 있다. 이렇듯 영지를 차지하고 인재를 거느렸던 이밀이 어째서 수많은 영웅들을 제거하고 지존의 자리에 오르는 사업을 끝내 완성하지 못한 것일까?

노자는 "천하 앞에 함부로 나서지 않는 것[不敢爲天下先]"을 '세 가지 보배' 중 하나로 여겼다. 이밀의 실패는 이 말에 딱 들어맞는 것처럼 보인다. 그러나 이밀의 굴곡 많은 인생을 자세히 살펴보면 그의 성공과 득의, 실패는 권모權謀나 술수術數로만 해석할 수 있는 것이 아니다. 그는 반란을 일으킬 때 중국 고대 정치에서 비롯된 은밀한 전통을 활용했다. 바로 위로는 천자, 아래로는 백성 모두가 믿어 의심치 않았던 '도참圖讖'[2]의 학문이었다. 그가 군사들을 잃고 몸 둘 데가 없자 당나라에 의지하게 되면서 실패의 나락으로 떨어진 것은 아직 밝혀지지 않은 중국 고대 정치의 공공연한 비밀을 드러낸다. 즉 황제와 신하 사이는 수족처럼 신임하는 관계가 아니며 종종 이익의 대척점에 서 있다는 것이다. 현대적인 언어로 말하면 직원과 사장의 이익이 결코 일치하지 않았던 것이다.

동요나 도참에 내포된 이 신비로운 힘의 근원은 모두 '예언은 반드

---

2 앞날의 길흉을 예언하는 술법.

시 실현된다'라는 구절 속에 담겨 있다. 이밀은 본디 명문가의 자손이었다. 증조부는 북주北周에서 태자의 스승이었던 위국공魏國公 이필李弼이었고, 부친은 수나라 상주국上柱國[3]인 포산공蒲山公 이관李寬이었다. 그러나 명망 높은 가문의 고귀한 출신이라는 사실이 이밀이 민심을 얻을 수 있었던 가장 큰 요인은 아니었다. 그가 여러 영웅들 중에서도 특히 큰 파급력을 발휘할 수 있었던 근본적인 이유는 의도적으로 자신을 도참에 등장하는 진용천자眞龍天子[4]로 해석했기 때문이었다. 수나라 말기, 천하에 도적의 무리가 일어나고 강산이 표류를 거듭하며 시대가 바뀌고자 할 때, 사람들은 도참이 미래의 중대한 변혁을 보여주리라 믿었다. 당시 거의 모든 도참은 수나라의 양씨 대신 이씨가 천하를 얻게 될 것이라고 말하고 있었다. 이밀은 바로 이 점을 구실로 삼아 민심을 쟁취했고, 자신이 바로 도참이 예언한 구세주라고 믿게 만들었다. 이렇게 예언의 마력은 이밀을 인생의 정점으로 끌어올렸다.

그러나 허무맹랑한 도참의 학문도 결국 견고한 권력의 법칙을 이기지 못했다. 왕세충王世充에게 낙양을 빼앗긴 뒤 이밀은 인생의 밑바닥으로 떨어졌다. 하지만 모두 다 잃은 것은 아니었다. 그의 수하인 서세적은 아직 여양黎陽을 통솔하고 있었고 왕백당은 하양河陽을 접거하고 있어 군대가 패한 후라도 군사가 2만여 명이 남아 있었다. 인생은 한 번 실패를 겪은 후에도 다시 일어설 수 있는 법이다. 결코 한 번에 결정되는 것은 아니다.

---

3 국가에 대한 공훈에 따라 수여하는 훈급으로 종1품에 해당한다.
4 '용이 될 하늘의 아들'이라는 뜻으로 황제를 이르는 말.

바로 그때 이밀은 중국 역사상 수많은 영웅들이 직면한 문제에 맞닥뜨리게 된다. 그가 '주공'으로 다시 재기하고자 했으나 부하들은 이연李淵에게 의지하길 원했던 것이다. 이때 양측이 주장하는 이익의 대립으로 그는 목숨마저 위태로운 지경에 이르렀다.

그러나 이밀은 강인해야 할 때 약했고 결단을 내려야 할 때 머뭇거렸다. 결국 부하들의 사적인 이익에 사로잡혀 이연에게 의탁하는 돌아올 수 없는 길로 들어서고 만 것이다. 그는 왜 자기 자신에게 부합하지 않고 부하 또는 '관료 집단'에 부합하는 이익에 굴복한 것일까?

우각패서, 때를 기다리다

위세가 대단한 영웅적 인물들이 대개 비범한 소년기를 보내듯 이밀 역시 어린 시절 재능이 뛰어나 남다른 두각을 나타냈다. 이밀은 조상의 음덕을 받아 황궁의 시위侍衛로 선발되어 젊은 나이에 황제의 곁을 지켰으니 장래가 매우 밝다 할 수 있었다. 그러나 수양제 양광楊廣은 그를 단 한 번 본 후 우문술宇文述에게 뜻을 비쳤다. "저 아이는 눈매가 범상치 않으니 시위를 맡기지 마시오!" 양광은 그의 얼굴에서 어떤 불길한 징조를 느낀 것인데 이는 훗날 이밀이 군사를 일으켜 수나라에 반란을 주도할 것이라는 은유와도 같았다.

우문술은 고심 끝에 이밀에게 사직을 권고하는 말을 전할 수밖에 없었다. 다른 사람 같았으면 직장을 잃어 구슬피 울었겠지만 이밀은 역시 범상치 않은 반응을 보였다. "잘됐습니다. 병으로 사직하니 오직 책 읽기를 업으로 삼겠습니다." 이로 인해 '우각괘서牛角掛書'의 오랜 미담이 생겼다. 어느 날 이밀이 황소를 타고《한서漢書》를 소뿔 위에 걸어놓은 채 한 손으로는 소털에 난 이를 잡으며 다른 한 손으로는 책을 읽고 있었다. 이 드넓은 세상에서 한 소년이 길가에 핀 붉은 벚꽃과 푸른 버드나무에 마음을 뺏기지도 않고 터벅터벅 소 발자국 소리에 동요하지도 않은 채 유유자적 독서의 세계에 심취해 있는 광경은 사람들에게 묘한 흡인력과 감화력을 불러일으켰다. 감동을 받은 사람들 중에는 길에서 우연히 이밀을 만난 상서령尙書令 양소楊素가 있었다. 양소는 말고삐를 당겨 이밀을 쫓아가서 신기해하며 물었다. "어느 곳의 서생이기에 이토록 공부에 열중하시는가?" 이밀은 명성이 자자한 양소를 당연히 알아보고는 소에서 내려 인사를 한 후 성명을 밝혔다. 양소는 그와 즐겁게 이야기를 나눈 뒤 그를 더욱 기특하게 여겼다. 신기하게도 그때 이밀이 읽고 있던 것은〈항우전項羽傳〉이었는데 이 역시 그가 항우처럼 갑자기 흥하고 갑자기 쇠락할 것임을 암시하는 것처럼 보인다.

양소는 두 왕조를 섬긴 훈신이자 노장으로 전쟁에서 탁월한 공적을 세웠음은 물론 정치를 펴는 데 있어서도 고수였다. 양광은 바로 그의 지원과 은밀한 일처리 하에 태자 양용을 끌어내리고 황위에 오른 것이었다. 양소는 자신을 신임하는 황제를 지지함으로써 그 권세가 후대에 전승될 수 있도록 했는데 이는 가히 "부모가 자식을 사랑하면 자식을 위하여 깊고 원대한 계획을 세운다父母之愛子 則爲之計深遠"《전국책戰國策》라 할 수 있었다. 다시 말해, 양소가 이밀을 중히 여긴 것은 이밀이 분명 훌륭한 인재

우각괘서(좌)와 양소(우)

조정에서 낙향한 이밀의 됨됨이를 꿰뚫어 본 양소는 그를 자신의 아들인 양현감과 연결시킨다.

였음을 뜻하지만 다른 한편으로는 양소가 자기 자손들을 위해 사심을 품고 이밀을 이용했음을 보여준다. 양소는 아들 양현감 등 여러 사람들에게 말했다. "내가 볼 때 이밀의 식견과 도량은 너희들이 따라가지 못한다." 그래서 양현감은 마음을 다해 이밀과 친분을 맺고 서로 돈독한 정을 쌓았다.

　　　양소의 계획에 따르면 양현감은 자신의 작위를 계승하고 이밀은 양현감의 배후에서 그의 참모 역할을 해 양씨 가문의 부귀를 오래도록 이어가야 했다. 그러나 현실은 그의 바람과는 정반대 방향으로 이어졌다. 양소는 이미 최고의 관직에 오른 대신이었으므로 그의 아들 양현감은 그 자리를 출발점으로 삼게 되었다. 따라서 그가 인생에서 더 높은 포부를 품는다면 황제에 오르는 길밖에 없었다. 양현감은 바로 이러한 탐욕스러운 야심을 품고 있었다. 그의 지향점은 부업을 계승하는 것이 아니라 이를 기반으로 황위를 빼앗고 천하를 훔치는 것이었다. 양현감과 이밀, 이 두 직업 혁명가는 바로 이렇게 함께하게 되었다.

613년, 수양제는 두 번째로 고구려 원정에 나섰고 양현감은 여양에서 군량 운반을 감독하라는 명령을 받았다. 그때 천하가 어지럽고 혼란하니 이를 참지 못한 양현감은 결국 병사를 일으키기로 결심하고 즉시 사람을 보내 이밀을 데려오도록 했다. 이밀은 양현감에게 세 가지 계책을 제시했다. 상책은 직접 계현薊縣을 점령해 수양제의 퇴로를 차단함으로써 전진해도 공격할 수 없고 후퇴해도 방어할 수 없게 만드는 것이었다. 중책은 서쪽에서 장안으로 들어가 수양제의 거점을 점거하여 천하를 호령하는 것이었다. 하책은 낙양을 공격하는 것으로 수양제가 견고한 성에 주둔한다면 승부는 예측할 수 없었다. 이 세 가지 계책은 전체적인 판국을 주무르는 이밀의 전략적 능력을 보여줌과 동시에 수단을 가리지 않는 그의 무자비한 면모를 드러낸다. 그런데 양현감은 예상과 달리 이밀이 우선시한 두 계책에 코웃음을 치며 말했다. "공의 하책이 곧 상책이오." 그러나 모든 것은 이밀이 예견했던 대로 이루어졌다. 양현감은 낙양에서 악전고투했으나 견고한 방비에 가로막혀 진군할 수 없었고 관군의 추격을 당해 퇴군할 수도 없어 반란은 곧 실패로 끝나고 말았다. 혁명이 실패하면 주동자는 처형을 당하고 추종자는 처벌을 받게 되는 법이다. 이밀 역시 관군에 체포되었다.

그러나 직업 혁명가는 언제나 몰래 빠져나가는 방법이 있게 마련이다. 그는 관리에게 금을 뇌물로 바치고 탈출에 성공했다. 이러한 그의 행보는 그가 조정과 철저하게 인연을 끊고 드넓은 강호와 광활한 천지, 망망한 광야와 백성의 인파 속으로 들어간다는 것을 의미했다. 혁명이 침체기에 접어들자 혁명가의 인생 또한 밑바닥으로 떨어졌다. 이밀은 아무런 목적도 없이 유랑하며 세월을 보냈다. 처음 그는 평원의 암흑 조직에 의지했으나 냉대를 받자 회양淮陽으로 돌아가 자신의 정체를 숨기고 제자들을 모아 가르쳤다. 이 답답한 세월 동안 이밀은 자신의 심정을 종종 글로 표현하기도 했다. "번쾌와 소하 같은 서민이나 하급 관리도 운이 트이면 모두 천고에 이름을 남길 수 있거늘 하물며 나는 어떻겠는가?" 이밀은 마치 천년 묵은 화산이 분화할 때를 기다리듯 온몸에 힘을 축적하고 있었다.

기회는 빨리 찾아와 문을 두드렸다. 적양翟讓, 왕백당, 서세적, 진숙보, 정교금 등 녹림호걸들은 은거지에서 규합하고 있었다. 그러나 이 오합지졸에게는 많은 사람들의 힘을 한데 모을 수 있는 리더와 암흑 조직을 군사 집단으로 변모시킬 수 있는 혁명 이론이 부족했다. 더욱이 모든 이들에게 신념을 불러일으키고 투쟁할 방향을 제시할 수 있는 미래의 청사진이 필요했다. 이 모든 것들은 마치 화룡점정의 마지막 한 획을 그을 이밀의 화려한 등장을 기다리고 있는 듯했다.

은신에서 도약으로

오합지졸과 정치 집단의 차이는 여기에 있다. 전자는 망명한 사람들의 결집으로 명확한 정치적 목표가 없고 엄밀한 조직 체계가 없다. 반면 후자는 분명한 정치적 청사진과 투쟁 목표가 있을 뿐만 아니라 제도화된 조직 구조와 결정 체계를 가지고 있다. 이러한 차이가 있지만 이 두 집단은 완전히 한 몸으로 결합할 수 있었다. 은거지에서 규합한 녹림호걸들은 적양을 수장으로 두었을 때는 오합지졸에 불과했지만 이밀이 수장이 되자 곧 정치 집단으로 탈바꿈했다.

이것이 바로 막스 베버Max Weber가 말한 '카리스마형 리더'로 이밀이 마침 그 역할을 맡은 것이다. 정치 리더가 갖춰야 할 가장 중요한 자질은 무엇인가? 이 질문에 대한 대답은 사람마다 다르지만 한 가지 공통된 인식은 존재한다. 정치 리더는 미래의 청사진을 그릴 수 있어야 하고 그 청사진을 일반인들에게 주입시켜 이상적인 신념으로 만들어 그들 스스로 이 신념을 위해 투쟁을 이어가도록 해야 한다. 이밀은 미래의 청사진을 그리는 데 뛰어난 고수였다. 그는 예언가의 선견지명과 연설가의 선동 능력을 갖추고 있어 아름다운 청사진으로 사람들을 감동시키는 데 능할 뿐 아니라 격정적인 언변으로 사람들의 신임을 얻을 수 있었다.

분명 은거지로 규합한 적양의 무리들은 정치 집단이 갖춰야 할 몸체였다고 말할 수 있다. 그러나 그들은 도적질을 하고 힘 있는 자를 치고 약한 자를 도울 줄만 알았지 원대한 목표를 품고 있지는 않았기에 영혼과 방향이 없었다고 말할 수 있다. 반면 이밀은 비록 혼자였지만 머릿속에 온 천하를 다스릴 이론과 청사진을 품고 있었다. 다만 그는 자신의 전략적 구상을 실현할 수 있는 실질적인 도구를 가지고 있지 않았다. 다시 말해 적양의 녹림호걸들에게는 전략적 청사진이 필요했고, 이밀에게는 잘 갖춰진 군대가 필요했다. 만일 양측이 몸체와 영혼의 결합을 진정 완성시킬 수 있다면 어찌 실력 있는 정치 집단으로 변모하지 않을 수 있겠는가? 그들의 행보는 이 방향으로 계속해서 나아갔다.

이밀은 회양에서 또 신고를 당해 다시 동군東郡으로 도망갔다. 거기서 그 지역 도적들의 우두머리인 적양이 1만여 명을 불러 모았다는 소식을 듣고 그를 찾아가 의지했다. 그러나 그 무리 중에 한 사람이 이밀이 양현감의 수하였다는 사실을 알고는 적양에게 그를 죽일 것을 몰래 권하여 그는 또다시 옥에 갇히고 말았다. 하지만 가장 싸늘한 절망이 때로는 가장 뜨거운 열정을 불러일으키기도 하는 법이다. 죽을 고비에 다다른 이밀은 사람을 선동하는 능력을 최대로 발휘해 도적의 장수 왕백당을 통해 적양에게 계책을 올렸다. "지금 황제는 우매하고 민심은 들끓으니 외부의 형세를 보면 고구려 원정으로 정예 부대는 지쳐 있고 돌궐과의 화친도 끊어져 수나라는 이미 고립무원의 경지에 빠졌습니다. 내부의 형세를 보면 수양제가 때마침 양주로 순유를 떠났으니 지금이야말로 혁명을 일으킬 좋은 기회입니다!" 그리하여 천하를 두고 다투는 청사진이 적양의 마음속에 각인되었고 이 도적질만 할 줄 아는 거친 남자의 가슴을 두근거리게 만들었다. 계속해서 이밀은 순풍에 돛을 단 듯 말을 이어갔다. "족하의 뛰어난 재능과 비범한 모략, 강하고 용맹한 군대로 장안과 낙양을 장악하고 포학한 군주를 주멸한다면 수나라는 곧 망할 것입니다." 두말할 필요 없이 적양은 더 이상 이밀을 조정의 지명수배자로 취급하지 않았을 뿐만 아니라 깊이 존경하고 흠모하여 재빨리 그를 풀어주었다.

계속해서 이밀은 체계적인 혁명 이론과 전략적 배치를 통해 이 오합지졸의 조직을 개조했다. 그는 당장은 조직의 무리들이 도적질을 통해 자급자족하는 데 문제가 없지만 큰일를 꾀하고 대업을 이루기 위해서는 반드시 자체적인 토지와 재정을 소유하고 많은 인재를 얻어야 한다는 것을 잘 이해하고 있었다. 그래서 이밀은 적양을 위해 첫 번째 전략적 배치를 계획했다. 먼저 상양을 점거하여 혁명의 근거지를 획득한 뒤 튼튼한 기반을 다져 천하를 도모하는 것이다. 이제 그들에게는 목표가 생겼고 청사진이 있었으며 방안도 마련되었다. 초야에서 일어난 적양의 무리가 남의 집을 도적질하는 것 말고 어찌 이토록 웅대한 사업을 생각할 수 있었겠는가? 도적의 무리가 되는 것 말고 왕후장상의 자리에 오르는 벅찬 미래를 감히 꿈꿀 수 있었겠는가?

　　한편 이밀은 탁상공론을 일삼는 서생이 아니었다. 그는 청사진을 그린 뒤 직접 군대를 이끌고 출전하여 적을 무찔러 그것을 현실로 만들었다. 상양의 통수通守 장수타張須陀는 용맹스럽고 전투에 능했는데 일찍이 적양을 대파시킨 적이 있어 적양에게는 아직 그에 대한 두려움이 남아 있었다. 그래서 적양은 상양을 공격할 때 장수타가 병사를 이끌고 출전한다는 소식을 듣고 두려우니 그를 피해 멀리 도망가자고 했다. 그때 이밀은 이 녹림호걸들에게 적을 물리치고 승리를 거두는 데에는 단순한 폭력보다 지혜와 모략의 힘이 더 세다는 사실을 보여주었다. 그는 적양에게 말했다. "장수타는 용맹하나 계략이 없고 그의 병사들은 빠른 승리로 교만하니 그들을 한 번에 잡을 수 있습니다." 그리하여 이밀은 병사를 나누어 자신은 숲 속에서 매복해 있고 적양은 전투에서 패하고 퇴각하는 척하게 했다. 장수타가 적양을 추격해 오자 이밀은 적군의 뒤를 둘러싸고 적양은 그 앞을 막아서니 앞뒤로 동시에 공격하여 적군을 크게 무찌르고 그 자리에서 즉시 장수타를 베었다. 이밀이 상양을 빼앗는 데 성공함으로써 그의 정확한 전략적 배치 능력이 증명되었을 뿐 아니라 그의 용감함과 지혜로움도 많은 사람들에게 보여줄 수 있었다. 또한 이밀은 자신이 획득한 금과 보물을 모두 부하들에게 나누어주어 많은 사람들의 마음을 얻었다.

상양을 공격한 후, 이밀은 또다시 장기적인 목표를 세우기 시작했다. 그는 계속 적양에게 말했다. "이번 전략의 목표는 낙양을 공격한 뒤 바로 곡물 창고인 흥락창을 습격하여 산적의 신분에서 철저하게 탈피하는 것입니다. 또한 창고를 개방해 곡식을 나눠주어 빈민을 구제하고 병력을 흡수하여 강력한 군대를 만드는 것입니다. 보다 중요한 것은 일단 흥락창을 공격하면 조정의 동도東都인 낙양으로 바로 돌진해야 합니다. 날카로운 칼을 심장에 꽂아 넣듯이 조정과의 대결 무대에 직접 올라서야 합니다. 그로부터 본격적으로 천하를 다투는 대업이 시작될 것입니다." 일이 여기까지 이르자 적양은 이밀에게 완전히 설득되었을 뿐 아니라 일단 천하를 다투는 길에 들어선다면 자신에게는 리더의 임무를 맡을 능력이 없다는 사실을 깨달았다. 이에 그는 말했다. "우리가 봉기할 때 여기까지 이를 줄 몰랐소. 필히 계획한 대로 하려면 그대가 앞장을 서고 나는 군대를 이끌고 뒤따르겠소. 창고를 얻는 날, 다른 뜻을 맡겠소." 이른바 '창고를 얻는 날, 다른 뜻을 맡겠다'는 말은 사실상 흥락창을 공격하면 주공의 자리를 이밀에게 양보하겠다는 뜻이었다.

과연 곡물 창고를 부순 날, 적양은 즉시 사람들을 이끌고 이밀을 추대하여 위공魏公이라 불렀다. 이밀은 움직임이 자유로운 근거지를 획득하자마자 수나라를 토벌하는 전투 격문을 쓰도록 명해 수나라 황실의 죄를 있는 대로 열거했다. 이는 사실상 자신이 일으킨 반란에 대한 정당한 이유를 마련하는 것이었다. "이제껏 포학무도함에 맞서는 사람이 없었으나 결국 수나라는 끝을 맺게 될 것"이며 자신이 이를 끝낼 구세주라는 것이었다. 마침내 이밀은 인생의 밑바닥에서 벗어나 구름을 휘저으며 날개를 힘껏 펼치기 시작했다.

　　일개 서생인 이밀은 '사상'이라는 가장 날카로운 무기를 손에 쥐고 칼과 창들을 모두 무찌를 수 있었다. 또한 그는 녹림호걸들의 조직에 참신한 영혼을 불어넣음으로써 봉황이 열반에 이르듯 정치 집단으로 다시 태어나게 만들었다.

예언으로 민심을 사로잡다

이밀은 정치적 마케팅을 적극적으로 펼쳐야 한다는 사실을 잘 알고 있었다. 그는 이를 통해 중국 고대 정치의 가장 은밀한 전통을 파헤쳐 그 안에서 비범한 힘을 얻었고 결국 여러 제후들 중에서 아무도 범접할 수 없는 명망을 얻게 되었다.

　　이밀이 이번에 사용한 무기는 바로 예언의 힘, 즉 '예언은 반드시 실현된다'는 속성을 이용하는 것이었다. 그는 천하를 차지하려는 자신의 계획을 위해 신비스러운 신념을 만들어 냄으로써 온 세상의 신임을 얻고 민심을 사로잡았다. '예언'은 중국 고대 정치에서 두 가지의 가장 흔한 형식으로 표현된다. 하나는 동요이며, 다른 하나는 도참이다. 통치와 혼란의 시대가 번갈아 반복되던 중국 역사 속에서 세상에 큰 혼란이 생기면 종종 미래에 대한 예언이 담긴 동요나 도참이 출현했고, 이는 종교적 선지자처럼 매우 큰 힘을 발휘했다.

도참은 예언과 무술巫術 신앙을 결합하여 사람들이 정치적 예언을 믿고 자발적으로 따르도록 만들었다. 간단히 말해 도참은 초자연적인 힘을 정치에 융합한 것이다. 이는 마치 주식의 등락이 예상에 따라 영향을 받는 것과 비슷하다. 많은 사람들이 모두 주가가 오를 것이라고 믿으면 실제로 사람들의 예상이 수요를 증가시켜 결국 주가가 오르게 된다. 이것이 바로 '예언은 반드시 실현된다'의 비밀이며 중국 고대 사람들은 오래 전부터 이를 정치에 활용해 왔다. 일찍이 진승과 오광이 난을 일으켰을 때, '대초大楚[5]가 흥하고 진승이 왕이 된다'는 쪽지를 물고기 배 속에 넣고는 사병들이 이것이 곧 하늘의 뜻이라 여기게 만들었다. 또한 조비曹丕는 '한나라를 대신할 자는 높이 바르는 자다'라는 도참을 구실로 삼아 '높이 바르는 자'는 곧 '위궐魏闕'[6]임을 널리 알렸다.

마찬가지로 수나라 말기의 혼란스러운 세월 속에서 동요와 도참 또한 자연스럽게 나타났고, 그것은 모두 '이씨가 흥한다'는 것을 신비롭게 가리키고 있었다. 당시에는 '이씨가 천자가 될 것이다'라는 도참이 세상에 널리 퍼졌다. 수양제는 본래 세력이 강했던 성공郕公 이혼李渾에게 시기심을 품고 있었는데 이 도참을 빌미로 그의 일가 32명을 죽였다. 수양제가 이씨 성을 가진 대신을 죽인 일은 후에 이연이 군사를 일으켜 반란을 꾀하고 당나라를 창건하게 만드는 구실로 작용했다. 더욱 중요한 사실은 '이씨가 천자가 된다'는 예언이 더 큰 신빙성을 갖게 되었다는 점이다. 이치는

---

5 진승과 오광이 반란을 일으킨 후 세운 나라 이름.
6 백성들에게 알리기 위한 목적으로 궁문 밖에 법령을 게시하던 곳. 조비가 세운 위나라를 암시한다.

간단하다. 그 예언이 거짓이라면 황제가 왜 이토록 신경을 쓰겠는가? 황제가 매우 민감하게 반응한다는 것은 곧 그 예언의 신빙성이 아주 높음을 의미했다. 이밀의 기지는 바로 여기에서 발휘되었다. 그는 자신을 도참 속에서 등장하는 그 '이씨'에 대응시켰다. 마침 전란으로 세상이 어수선할 때 그는 가장 큰 근거지와 가장 강한 병력을 보유한 제후이므로 자신이 도참에서 등장하는 진용천자라는 주장을 더욱 공고히 할 수 있었다.

아울러 동요도 이에 상응하는 힘을 발휘하기 시작했다. 당시 이현영李玄英이라는 사람이 낙양에서 도망쳐 왔는데 도적질을 하다 이밀을 찾아와 말했다. "이 사람이 수나라를 대신할 것입니다." 다른 사람이 이유를 묻자 이현영은 천기를 설파하기 시작했다. 최근 민간에서 〈도리장桃李章〉이라는 동요가 불려지고 있었다. "복숭아나무와 자두나무, 황후가 양주에 머물며 화원을 거니네. 모두 말을 퍼트리지 말라[桃李子 皇後繞揚州 苑轉花園裏 勿浪語 誰道許]." 겉으로 보기에는 앞뒤가 맞지 않는 난해한 글 같지만 해석해보

당 고조 이연

수양제가 이씨를 탄압하자, 이밀은 이를 이용해 도참설을 퍼트렸다. 하지만 결국 황제 자리는 같은 성씨인 이연에게 돌아간다.

면 현묘한 뜻이 숨겨져 있다. '복숭아나무와 자두나무'는 도망을 다니는 이씨 성을 가진 자를 말하고[7] '황후'의 두 글자는 모두 황제에 대한 호칭으로 수양제를 가리키며, '화원을 거니네'는 수양제가 양주를 순유하고 있음을 뜻하고, '모두 말을 퍼트리지 말라'는 그 진명천자의 이름이 비밀을 뜻하는 '밀密'임을 의미한다. 여기에 이르자 정치적 예언의 실체가 선명하게 드러났다. 즉 수양제가 양주에서 죽고 이밀이 그를 대신하게 된다는 것이다. 이밀이 자신의 정치적 구상을 녹림호걸들에게 주입시킬 수 있었던 중요한 매개가 바로 동요와 도참의 마력이었다. '양씨는 망하고 이씨가 흥한다'는 예언을 들은 뒤, 무리는 모두 이를 당연하게 여겼고 점점 더 이밀을 따르게 되었다. 이밀의 사상은 이렇게 사람들의 마음속에 자리 잡았다.

이밀은 긍정적인 예언을 이용해 자신의 이미지를 관리하는 데 능했을 뿐 아니라 부정적인 예언으로 상대를 비방하는 것에도 능했다. 그는 수나라를 토벌하려는 격문에서 중국 고대의 도참과 별자리 등 초자연적인 학문을 최대한 활용했다. 그는 수양제의 열 가지 죄명을 나열한 뒤 이어서 덧붙였다. "옛 도참서에 이르기를 '수나라는 36년에 망한다'고 했다. 덕이 다했음이 분명하니 끝날 징조가 보인다." 이밀은 이어서 목성의 특별한 움직임과 일식, 하천이 마르고 산사태가 일어난 일 등 최근에 발생한 예사롭지 않은 천문학적 현상을 들었다. 결국 모두 수나라가 곧 패망하리라 예시하는 기이한 현상이라는 것이다. 이밀은 하늘과 사람이 감응하는 신비한

7　복숭아나무를 뜻하는 '도(桃)'와 도망을 뜻하는 '도(逃)'의 발음이 같다. 자두나무를 뜻하는 '이(李)'는 사람의 성씨를 가리키기도 한다.

신념을 빌려 수나라가 망하고 자신이 그를 대신할 것이라는 점을 계속 주장하여 끊임없이 여론을 조성하고 민심을 얻었다.

요컨대 이밀에게 유리한 도참과 동요는 현대인의 시선으로 보면 터무니없는 소리에 불과하지만 당대 사람들의 인지 체계의 맹점을 포착한 것이다. 사실 모든 논리 구조와 언어 체계는 이를 믿는 사람을 필요로 한다. 믿으면 말이 되고 믿지 않으면 말이 되지 않는 것이다. 이밀은 이러한 이치를 꿰뚫고 있었다. 그는 은밀하고 종잡을 수 없는 도참과 동요, 하늘과 인간이 감응한다는 학설을 통해 용맹하고 강력한 군대를 얻었을 뿐만 아니라 천하의 명망도 얻을 수 있었다.

한 번의 실패, 나락으로 떨어지다

강력한 군대는 제후들을 압도했고 그 명망은 천하에 드러났다. 이밀의 인생은 땅을 밀고 솟아오른 사다리처럼 위를 향해 오르기만 하면 천하를 얻을 수 있을 것처럼 보였다. 그러나 복이 있으면 화가 있고 화가 있으면 복이 있는 법, 겉으로 드러난 화려함 이면에는 문제의 씨앗이 조용히 싹트고 있었다.

보루는 내부에서 먼저 무너졌다. 적양이 이밀에게 주공의 자리를 양보한 뒤 두 사람 사이에는 민감한 기류가 흐르기 시작했다. 적양이 선양의 미덕을 발휘한 것은 사실이지만 같은 이유로 그는 이밀이 권력을 탄탄하게 다지는 데 가장 큰 잠재적 위협 요인으로 여겨졌다. 특히 이밀이 세력을 크게 확장하면 할수록 적양에게 배분되는 이익도 점점 더 커지면서 두 사람의 관계는 미묘한 긴장감이 맴돌았다. 적양의 형은 두 사람 사이의 관계를 도무지 이해할 수 없어 적양에게 말했다. "천자는 그저 스스로 할 수 있거늘 어찌 다른 사람을 시키는가!" 이 말은 이밀에게 전해졌고 제로섬 게임의 규칙을 잘 아는 이밀은 적양이 권력을 되찾을 의지가 있는지 여부와 상관없이 먼저 손을 썼다. 그렇게 이밀은 홍문연鴻門宴[8]을 열어 적양을 죽이고 그의 부장인 서세적에게 상처를 입혔다.

적양이 죽자 이밀의 지위는 더 견고해진 것처럼 보였지만 실제로는 얻은 것보다 잃은 것이 훨씬 많았다. 첫째는 은인을 죽였다는 지울 수 없는 도덕적 오점을 남겼다. 둘째는 비록 적양의 오랜 부하들이 저항하지는 않았지만 마음에 상처를 남겨 증오의 씨앗을 뿌린 것이다. 이밀이 외부인의 신분에서 갑자기 조직 전체의 리더로 떠오를 수 있었던 이유는 그가 품었던 전략적 청사진과 도참이 부여한 신비로운 후광 때문이었다. 따라서 여러 장수들과 단숨에 돈독한 관계를 쌓기는 어려웠다. 그러나 이밀은 탄탄한 입지를 채 다지기도 전에 자신에게 선양의 은혜를 베푼 적양을 죽임으로써 장수들을 크게 실망시켰다. 또한 엄격한 기강을 자랑했던 군대는 기존 리더인 적양의 죽음으로 인해 심각한 균열이 발생했고 이는 훗날 이밀이 결정적인 순간에 모든 사람들로부터 버림받게 되는 원인이 되었다.

한편 여전히 군웅들이 천하 패권을 다투고 있는 그때, 이밀은 왕세충과 낙양에서 격전을 벌이며 승부를 다투고 있었다. 이연과 이세민은 진

---

8 《사기》에서 항우가 유방을 죽이고자 홍문에서 주연을 베푼 고사에서 유래한다.

양晉陽에서 군사를 일으켜 장안을 점령해 천하를 얻으려 했다. 이때 이밀은 치명적인 전략적 과실을 범하고 말았다. 그의 책사인 시효화柴孝和는 지금 낙양을 두고 다투지 말고 정예 부대를 선발해 서쪽에서 장안을 습격하라고 충고했다. 역사는 어찌 이렇게 똑같은가! 이는 일찍이 이밀이 양현감에게 제안한 계책이었다. 당시 양현감은 이밀의 충고를 듣지 않았는데 이번에는 이밀이 시효화의 충고를 듣지 않은 것이다. 이밀은 남에게는 충고를 잘했지만 남의 충고는 받아들이지 않았다. 이른바 '방관자는 정확히 볼 수 있으나 당사자는 제대로 보지 못한다'는 옛말이 틀리지 않았다.

노련하고 치밀한 이연은 바로 이 점을 포착하고 이밀이 왕세충과 계속 교전을 벌여 자신이 장안을 공격할 여지가 생기도록 이밀에게 아첨이 담긴 서신을 보냈다. 지금 이 어지러운 천하를 평정할 자가 이밀이 아니면 누구겠냐는 것이었다. 이연도 도참 속의 예언을 이용해 이밀을 치켜세우는 법을 잘 알고 있었다. 그는 이밀에게 도참서의 예언대로 백성을 안정시킬 것을 권면하며 자신은 얼마 가지 못할 것이니 이밀을 돕길 원한다고 의도적으로 자기 자신을 낮췄다. 분명 이연은 겉으로는 공손하게 자신을 낮추었지만 진정한 목적은 이밀을 높이 떠받들어 본분을 잊게 만듦으로써 잠재적인 적수를 제거하려는 것이었다. 이밀은 이연이 보낸 편지를 사람들에게 보여주면서 매우 흡족해하며 말했다. "이연의 칭찬을 들으니 천하를 편안하게 하는 것이 결코 어렵지 않겠구나!" 그는 '맹수가 공격할 때 반드시 모습을 숨긴다'는 사실을 전혀 알지 못했다.

이밀은 이연처럼 정세에 따라 굽히거나 모욕을 참고 견디는 능력이 부족했다. 또한 그는 이연보다 더 허영을 좋아했고 악랄한 수단도 마다

하지 않은 반면 노련함과 치밀함은 부족했다. 그는 출중한 선동 능력을 지니고 있었지만 복잡한 정세 속에서 세밀하게 분석하는 능력은 부족했다. 이치와 감정에 자주 호소했지만 임기응변에 능하지는 않았다. 전자는 그가 정치적 선전에 있어서 사람들의 마음을 사로잡게 해주었지만 후자는 구체적인 실천에서 그를 실패로 향하게 만들었다.

얼마 지나지 않아 이연은 과연 태원太原에서 서쪽으로 장안을 공격하여 정통의 지위를 차지했다. 반면 이밀은 왕세충에게 패하여 부하들과 퇴각했다. 실의와 슬픔, 낙담 등 부정적인 정서가 온 군대를 뒤덮었다. 비록 한 번 참패했지만 이밀의 세력 범위는 매우 넓었기에 재기할 수 없는 것은 아니었다. 당시 서세적은 여양을 통솔하고 있어 풍부한 병력과 식량을 보유하고 있었다. 왕백당은 하양을 점령하고 있었는데 지세가 좁고 태세가 긴박했다. 만약 이밀이 여양으로 향했다면 아마도 역사는 다시 쓰였을 것이다. 그러나 그는 적양을 죽일 때 서세적에게 상처를 입힌 일을 항상 마음에 두고 있었고 결정적인 순간에 서로 앙금을 풀고 재회할 도량도 없었다. 그래서 하양으로 도망친 결과, 왕백당과 함께 먼 곳으로 망명하기에 이르렀다. 앞으로 어떤 선택을 할 것인가? 계속 패권을 다툴 것인가 아니면 다른 사람에게 투항할 것인가? 이밀은 역사 속 적지 않은 영웅들이 직면한 선택의 순간을 만나게 되었다.

이밀은 계속 패권을 다투고 싶어 했지만 부하들은 두려운 마음에 분명 성공하기 어려울 것이라고 말했다. 어떤 이는 이밀과 이연의 성씨가 같은 것에 주목해 이들이 함께 군사를 일으키지 않았지만 이밀이 낙양에서 격전을 벌여 이연이 싸우지 않고 장안을 얻게 만들었으므로 이연에게 큰 공을 세운 것이라고 했다. 즉 이연에게 투항하는 것도 나쁘지 않은 선택이라는 뜻이었다.

옛말에 이르기를 '큰일을 하려면 사람들의 말에 현혹되어서는 안 된다'고 했다. 이밀의 약점은 여기에서 여지없이 드러났다.

예언과 유언비어, 한 끗의 차이

잠재적인 적수인 이밀이 자신에게 투항하러 온다는 사실을 들은 이연은 희색이 만면하여 특별히 사자를 보내 그를 맞이하게 했다. 이밀 역시 속으로 '어찌 나를 맞으러 오지 않겠는가?'라고 여기며 환대를 기대했다. 그러나 이밀은 스스로 무공을 포기하고 붙잡혔다. 그의 모든 공적은 이미 지난 일이 되었으니 무엇으로 예우를 해준다는 말인가?

투항한 지 얼마 지나지 않아 이밀은 가혹한 운명의 장난을 느꼈다. 이밀은 이연이 자신에게 예의를 갖추면서도 자신을 가볍게 여기고 뇌물을 요구하자 그에게 불만을 품었다. 이연에게 투항하지 않았더라면 이연, 왕세충, 두건덕竇建德 등의 제후들과 세력을 정립하여 천하를 다툴 수도 있었다. 그러나 지금은 이렇게 남에게 의지하고 있는 형편이니 아무리 후회해도 소용이 없었다. 괴로움에 시달리던 이밀은 빠져나갈 계책을 궁리해 다시 세력을 일으키기로 결심했다. 그래서 그는 이연에게 산동에 가서 자신의 부하들을 수습하겠다고 요청했다. 사실상 이연이 눈치채지 못하게 도망치려는 것이었다. 이연은 처음 그 말을 듣고 표면적인 이익에 사로잡혀 이밀의 요구를 승낙했지만, 후에 호랑이를 산으로 돌려보내서는 안 된다는 대신들의 충고를 듣고 정신을 번뜩 차리고는 곧장 그를 소환했다. 그때 마침 이밀은 황급히 도망가던 중이어서 그의 배반은 어쩔 수 없이 드러나고 말았다. 천지가 아무리 넓다 한들 이밀이 도망갈 곳은 어디에도 없었다.

한 시대의 영웅이었던 이밀은 결국 도림桃林이라는 불리는 작은 현성縣城에서 비참하게 생을 마감하며 먼지처럼 소리 없이 역사 속으로 사라졌다. 그는 역사의 긴 물줄기에 돌을 던져 큰 물보라를 일으키고자 했지만 결국 역사의 물결 속에 잠겨 잔잔한 수면만이 남았다.

금융계의 거물 조지 소로스George Soros는 미래에 대한 예견과 당면한 현실은 결코 분리할 수 없다고 말했다. 예견은 인간의 행위에 중요한 영향을 미친다. 이밀의 실패는 동요나 도참의 허황됨을 증명해줄 뿐만 아니라 예언이 반드시 실현되는 것은 아님을 설명해준다. 명말청초의 사상가 왕부지王夫之는 동요의 예언적 기능을 평가할 때 다음과 같은 의문을 제기했다. "귀신이 어떻게 길흉화복의 비밀을 어린 아이들이 부르는 동요 속에 미리 감추어 두었는가?" 분명 동요는 귀신이 아니라 사람에 의해 만들어진 것이다. 카를 마르크스Karl Marx는 종교가 인간을 만든 것이 아니라 인간이 종교를 만들었다고 말했다. 이른바 초자연적인 예언 능력은 결코 존재하지 않으며 정치인들이 무속의 전통을 이용해 여론을 흔들고 민심을 얻으려 한 것에 불과하다.

북주北周와 북제北齊가 패권을 다툴 당시 북주에는 첩보에 능한 위효관韋孝寬이 있었고 북제에는 용병에 능한 곡률광斛律光이 있었다. 곡률광은 병권을 장악하고 있었을 뿐만 아니라 북제의 황제 고위高緯의 장인으로 권세가 드높았다. 위효관은 기회를 포착하고 동요를 만들었다. "100승斛이 하늘에 오르니, 밝은 달이 장안을 비추네."[9] "높은 산은 밀지 않아도 스스로 무너지고, 참나무는 부축하지 않아도 스스로 일어나네."[10] 즉 고씨 성을 가진 자는 무너지고 곡률광이 흥할 것임을 '예언'한 것이다. 그 결과 북제 황제 고위는 그 동요를 의심치 않고 굳게 믿어 대장 곡률광을 죽였고 결국 북제의 멸망을 초래했다. 고위는 동요가 하늘로부터 온 것이 아니라 적수에 의해 조작된 것임을 알지 못했다.

이는 동요나 도참이 만들어낸 예언이 인간이 미래를 예견하는 데 영향을 미친다는 사실을 잘 설명해준다. 그러나 때로 예언과 유언비어는 한 걸음 차이에 지나지 않는다. 유언비어를 예언으로 여기면 왜곡된 예견 속에서 현실을 곤경에 빠뜨릴 수 있다. 따라서 예언을 이용해 사람들의 마음을 얻을 수도 있지만 성공의 여부를 '반드시 실현된다'는 예언의 속성에만 온전히 의지해서는 안 된다. 버트런드 러셀Bertrand Russell은 《권력론 Power》에서 "여론은 만능이며 다른 모든 권력의 형태는 여론으로부터 나온다"라고 말했다. 그러나 동시에 그는 '상호적인 과정'이 필요하다는 사실도 인정했다. 즉 '예언'과 '반드시 실현된다' 사이에 갖가지 현실의 장벽을 넘어야 한다는 것이다.

이밀은 역사책을 열심히 읽었는데 설마 노숙이 손권에게 조조에게 대항할 것을 권하는 부분을 읽지 않았겠는가? 조조의 80만 대군이 국경까

---

9   100승은 1곡(斛)과 동일하고, 밝은 달은 빛(光)을 의미하므로 곡률광을 가리킨다.

10   높은 산은 고위를, 참나무는 곡률광을 가리킨다.

지 쳐들어오고 전투마다 승리를 거두자 손권의 강동江東 집단은 격렬한 논쟁을 벌였다. 당시 손권이 직면했던 문제는 지금 이밀이 처한 상황과 아주 비슷하다고 볼 수 있다.

노숙이 결정적인 순간에 한 말은 관료 정치에 대한 깊은 통찰을 담고 있어 오늘날과 시대와 장소는 다르지만 여전히 빛을 발휘한다. 노숙은 손권에게 강동 집단 중 누구나 조조를 맞을 수 있지만 오직 장군만은 조조를 맞을 수 없다고 말했다. 그 이유는 무엇인가? 관료가 조조를 맞는 것은 주인을 바꿔 일하는 것에 불과할 뿐 '수레를 타고 부하들을 거느리며 선비들과 노는 생활'을 못하게 되는 것은 아니었다. 그러나 장군이 조조를 맞으면 연금을 당하거나 심지어 모살을 당하는 두 가지 결과만 존재할 것이기 때문이었다. 관료의 이익과 전체의 이익의 대립은 이렇게 적나라하고 참혹하게 드러났다. 이렇게 해서 손권은 노숙에 대해 "하늘이 내게 내린 사람이다"라고 감탄하며 강력한 조조에게 대항할 용기를 낼 수 있었다.

하지만 안타깝게도 이밀의 측근에는 노숙 같은 사람이 없었다. 동일한 이치로 모든 사람들은 이연에게 투항할 수 있었지만 오직 이밀만은 그럴 수 없었다. 부하의 입장에서는 군주를 바꾼다고 관품을 잃거나 녹봉이 삭감되지 않았고 오히려 승진의 기회를 더 많이 얻을 수도 있었기 때문이다. 오직 이밀만이 집단 전체의 이익을 대표했다. 집단 내 나머지 사람들은 자기 자신의 이익과 영욕만 신경 쓸 뿐 전체의 이익을 우선하지 않았다. 이는 마치 기업이 도산하면 기업 전체의 이익을 대표하고 위험을 감당하는 기업가는 모든 것을 잃게 되지만 고정적인 임금을 받는 직원들은 직장을 바꾸면 되는 것과 유사하다. 이밀이 처한 곤경도 바로 거기에 있었다.

비록 그는 실패했지만 그의 부하들은 주인을 바꾸기만 하면 되는 것이다.

사실상 이것이 바로 부분의 이익이 전체의 이익을 가로막는 경우다. 만약 둘 사이의 충돌이 극단적으로 드러나면 제도를 그대로 유지하면서 조정의 의지를 끝까지 관철시키기 어렵다. 농민이 봉기를 일으킬까 두려워하고 강산의 주인이 바뀔 것을 우려하는 것은 황제가 전체의 이익에서 비롯된 중압감과 책임감을 느끼기 때문이다. 이는 황제가 관리들의 치적을 끊임없이 바로잡고 부패를 처벌하는 근본적인 원동력이 되기도 한다. 하지만 이러한 중압감과 책임감은 상하 계급이 엄격한 관료 체제 안에서 밑으로 내려가면서 필연적으로 점차 줄어들게 된다. 관료들은 황제처럼 전반적인 정세와 전체 이익의 관점에서 문제를 고려하는 것이 아니라 자신이 전해 들은 지엽적인 정세와 부분적인 이익만을 고려하기 때문이다. 한비자韓非子는 강렬한 대비를 통해 군주와 신하 사이에서 발생하는 이익의 충돌을 직접적으로 묘사했다. "군주의 이익은 유능한 관리를 임명하는 데 있고, 신하의 이익은 무능하더라도 일을 얻어내는 데 있다. 군주의 이익은 노동을 통하여 벼슬자리를 주는 데 있고, 신하의 이익은 공로가 없더라도 부귀를 얻는 데 있다. 군주의 이익은 호걸을 얻어 능력을 부리는 데 있고, 신하의 이익은 붕당朋黨을 통하여 사사로움을 얻는 데 있다. 따라서 나라가 쇠퇴해도 개인의 집안은 부유할 수 있으며, 군주가 위에서 비루해지면 신하가 아래에서 무게를 잡는다."

이는 이밀이 위급한 순간에 처한 곤경과 유사하다. 한 일가인 왕조는 바뀔 수 있지만 누가 집정을 하게 되더라도 뛰어난 인재를 얻어 천하를 다스려야 한다. 따라서 관료의 이익은 근본적으로 황제의 이익과 차이가 발생할 수밖에 없게 된다. 이것이 바로 황제가 '군주에게 충성하고 나라를 다스리는' 중요성을 끊임없이 강조하고, '몸과 마음을 수양하고 집안을 안정시킨 뒤 나라를 다스리고 천하를 평정하는' 가치를 널리 알려야 하는 이유다. 이는 관료들이 조정의 존망과 전체 이익의 관점에서 문제를 생각하게 만들기 위해서다. 다만 안타까운 것은 황제와 관료 사이의 '위탁-대리'의 연결 고리가 길고 그 사이의 계층이 많을수록 도덕적 결속력은 점점 약해져서 전체의 이익은 가장 아래층에서 부분의 이익에 의해 가로막히기 쉽다.

이밀이 예언의 마력을 빌려 눈부신 빛을 내뿜었지만 결국 견고한 현실의 법칙에 굴복하고 말았다. 만일 그가 '우각괘서'한 책이 〈항우전〉이 아니라 〈노숙전魯肅傳〉이었다면 그의 인생은 다시 쓰였을까?

이밀 이후, 이연은 그의 아들 이세민의 보좌 하에 마침내 당 왕조를 건국하는 백년대계를 이루었다. 그 후 이세민이 황위를 계승하여 지혜롭고 유능한 인재를 등용하고 나라를 다스리는 데 힘썼고, 이밀이 부딪혔던 난제도 극복하여 관료 집단이 정관貞觀[11]의 태평성세를 이루는 데 힘을 합하도록 만들었다. 그런데 이밀은 성공하지 못했기 때문에 권력 계승에 대해서는 생각할 필요조차 없었지만, 이 문제는 이세민의 발목을 붙잡게 된다.

---

11 627~649년 동안 쓰인 당 태종 이세민의 연호.

2장 후계자 선정

이세민 李世民

도덕성을 갖춘
권력만이
장수한다

권력에 이르는 길은 음모와
살육으로만 가능하지 않다. 세속을
초월하는 도덕적 기반을 갖춘다면
권력은 더욱 공고해진다.

643년, 이세민이 황제에 즉위한 지 이미 17년이 되는 해였다. 그가 차지한 영토는 동서남북으로 사람의 힘이 최대한 닿을 수 있는 데까지 이르렀고, 그가 다스리는 사회는 '밤에도 대문을 잠그지 않고 길에 떨어진 것을 줍지 않는다'는 경지에 이르렀다. 온 세상이 태평했고 이민족은 복종하고 백성들은 편안하게 지냈다. 이미 불혹의 나이이자 그의 정치적 생명이 한창 성숙했을 당시 그를 둘러싼 모든 것은 이토록 아름다웠다.

그러나 역사의 흥망성쇠는 언제나 순식간에 일어난다. 나라 밖의 걱정거리가 사라지자 나라 안의 근심이 일어났다. 이 근심은 어디에서 비롯된 것인가? 정관 17년은 바로 태평성세 하에서 전환점이 일어난 시기였다. 송나라의 정치가이자 문인인 구양수歐陽修는 태평성세를 이룬 이 당나라 제국의 황제를 두고 "난을 평정하기는 탕왕과 무왕에 견줄 만하고, 이치에 통달하기는 성왕, 강왕과 비슷하다"[12]라고 평가했다. 그는 군웅들을

---

12 탕왕은 고대 은나라의 창건자이고, 무왕은 고대 주나라의 창건자다. 성왕은 주나라 왕으로 동방을 정벌했고, 강왕은 주나라를 다스리며 40년 동안 형벌을 가하지 않았다고 한다.

압도하는 정치·군사상의 공적을 가지고 있었지만 그 해에 큰 시련에 부딪혔다. 그것은 바로 후계자를 선택해 권력을 안정적으로 승계시키는 것이었다. 이 문제는 중국 역사상 위대한 군주들을 괴롭혔는데 이세민도 자신의 정치에 있어 이 마지막 한 조각이 부족했다.

다만 안타까운 점은 바로 이 천고의 난제가 그의 몸과 마음에 심각한 타격을 주었다는 사실이다. 태평성세 하의 궁정에서 일어난 한바탕의 풍파는 정관 17년 마침내 평온을 되찾았다. 태자 이승건李承乾은 모반으로

당 태조 이세민

당나라 건국 이후 태평성대를 이끈
당 태종. 하지만 후계자 선정에서
큰 어려움에 봉착한다.

인해 폐서인이 되었고, 위왕魏王 이태李泰는 강등되어 수도 밖으로 쫓겨났다. 결국 무능하고 유약한 진왕晉王 이치李治가 황태자가 되었다. 한 어머니에게서 난 친형제인 그들은 서로를 마치 원수이자 남처럼 여겼다.

이세민의 선택은 다른 사람은 알 수 없는 숨겨진 고충에서 비롯되었고 말로 설명할 수 없는 아픔을 가져다주었다. 황제 권력의 절대성은 오직 한 아들을 선택하고 다른 아들들은 버리도록 만들었다. 또한 황제 권력을 둘러싼 형제간의 다툼은 너 죽고 나 죽자가 아니라 네가 죽어야 내가 사는 제로섬 게임이었다. 그러나 인간은 초목이 아니니 어찌 감정이 없겠는가? 때로는 강철 같은 정치적 장막의 빈틈으로 인간의 본성이 새어 나오는 순간도 있었는데 이승건이 죽었을 때 그는 조정에 들지 않았고 이태가 죽었을 때 그의 얼굴에는 슬픔이 가득했다. 정치란 혈육 간의 정을 땅에 묻는 것이지만 고통스러운 감정은 느끼기 마련이다. 천하제일의 황제 이세민도 무수한 정치적 풍파를 겪으며 심장이 철석같이 딱딱해졌지만 혈육 간의 정 앞에서는 연약한 모습이 아직 남아 있었다.

과연 권력 계승은 뜨거운 혈육 간의 정과 결코 함께할 수 없으며 극심한 갈등 속에서 황제의 마음을 갈기갈기 찢을 수밖에 없는 것일까? 이는 황제 권력 계승의 근본적인 문제와 관련이 있다. 원래 이세민은 사력을 다해 천추만대에 이를 안정적인 규칙을 확립하여 정치와 혈육 간의 정을 모두 얻으려 했다. 또한 권력 계승을 위해 많은 사람들의 목숨과 골육상잔의 아픔을 대가로 치르지 않고, 자신이 겪은 괴로움을 후대 제왕들이 더 이상 겪지 않도록 만들고자 했다. 그러나 안타깝게도 그는 광활한 영토는 정복했지만 문화적 원인은 없애지 못했다.

중국 고대 역사상 제일 뛰어난 황제 중 하나로 평가받는 이세민은 이 문제에 기술적인 차원이 아니라 철학적인 차원으로 접근했다고 볼 수 있다. 태자 이승건과 위왕 이태는 서로 다투었고 후에 이승건이 모반을 꾀해 먼저 실각했다. 이치대로라면 덕망이 높고 어질며 일찍이 마음을 얻은 이태가 황제 권력을 두고 벌인 다툼에서 이기는 것이 순리에 맞는 일이었다. 그러나 이세민은 결정적인 순간에 놀라운 역전이라 할 만한 의외의 결정을 내렸다. 그 결정의 배후에는 이 문제에 대한 철학적인 차원의 깊은 고민이 숨겨져 있었다.

그렇다면 이세민의 생각은 과연 무엇이었을까?

태자가 덕을 잃다

이세민의 고민과 몸부림은 형제간의 황제 권력 다툼에서 시작되었다. 태종의 여러 아들 중 장손황후長孫皇後의 세 아들은 황위 계승에 있어 가장 유력한 경쟁 상대였다. 태자 이승건은 이세민이 제위에 오를 때 황태자로 세워졌고, 위왕 이태는 현명한 선비들을 불러 모아 조정과 재야에 명성이 높았다. 이에 비해 진왕 이치는 비교적 조용한 편으로 전혀 유력하지 않았다. 그 밖에도 또 한 명의 유력한 경쟁자가 있었는데 바로 문무를 겸비한 오왕吳王 이각李恪이었다. 그의 어머니는 수양제의 딸로 출신이 고귀했고 이세민도 이각이 자주 자신과 닮았다고 말했을 정도다. 그는 명망이 높았고 사람들이 따른다는 평판을 얻었다.

태자 이승건은 어릴 때에는 천성이 영민하여 태종 이세민이 그를 매우 아꼈다. 《정관정요貞觀政要》에는 이세민이 생활 속 여러 사례를 통해 태자를 잘 교육했다는 따뜻한 이야기가 기록되어 있다. 태자가 밥을 먹으려고 하면 농사의 어려움과 함께 이 음식이 사람들의 수고에서 왔음을 알아야 한다고 가르쳤다. 태자가 말을 타는 것을 보고는 말을 부릴 때 말의 체력을 다 소진시키지 않으면 언제든지 다시 탈 수 있다고 타일렀다. 또 태자가 호수에서 배를 타면 배는 군주와 같고 물은 백성과 같으며 물은 배를 띄울 수도 있고 뒤엎을 수도 있다고 일깨웠다. 태자가 나무 아래에서 쉬고 있으면 굽은 나무가 먹줄로 곧은 재목이 되듯이 군주도 간언을 받아들여야 한다고 가르쳤다. 이렇듯 태종 이세민은 일상생활 속에서 나라를 다스리는 지혜와 정치철학을 도출하여 아들에게 알기 쉽게 설명하고 훌륭하게 교육했다. 이를 통해 이세민이 태자 교육에 얼마나 공을 들였는지 가히 짐작할 수 있다.

그러나 이승건은 장성한 이후 성정이 크게 변해 가무와 여색에 빠져 무절제하게 향락을 즐겼다. 이세민이 심혈을 다해 전한 가르침은 뒷전으로 두고 소인배의 무리들과 자주 어울렸다. 이승건은 매우 교활하기까지 했는데 자신의 무절제한 방종을 아버지가 알게 될까 두려워 이세민 앞에서는 겉으로 복종하는 척 '이중적인 인간' 행세를 했다. 조정에 들어서는 충효의 도를 말하면서 조정 밖에서는 소인배들과 이를 업신여겼다. 그러나 세상에 숨길 수 있는 비밀은 없는 법, 이승건은 이에 대해서도 미리 대비를 해두었다. 자신의 잘못된 행실이 폭로되어 동궁의 대신들이 간언을 하러 오면 이승건은 먼저 그 뜻을 알아차리고 가지런한 태도로 앉아 스스로 잘못을 인정하고 자책했다. 다른 사람이 간언하려고 하면 자기가 먼저 잘못을 뉘우치며 깊이 자책하는 척하여 상대가 할 말이 없게 만들었다.

한편 이승건은 불과 열 살밖에 안된 미소년 악사를 곁에 두고 "용모가 아름답고 춤과 노래를 잘 한다"며 매우 총애하고 그를 '칭심稱心'이라 불렀다. 태종 이세민의 인내심은 드디어 한계에 이르렀다. 과연 태종이 이 사실을 알고 크게 노하여 칭심을 잡아 죽였고 그의 주변에 있던 사람들도 여럿이 목숨을 잃었다. 이세민은 칭심을 주살하여 이승건이 지난 잘못을 철저하게 뉘우치게 만들고자 했지만 오히려 이승건을 자극하고 반항심을 불러일으켰다. 이승건은 위왕 이태가 황제의 총애를 얻기 위해 일부러 그 사실을 고자질했다고 생각해 원한이 더욱 깊어졌다. 한편 이승건은 칭심의 죽음에 몹시 슬퍼하여 궁 안에 방을 만들고 칭심의 조각상을 세워 눈물로 그곳을 자주 찾는가 하면 그에게 관직을 내리고 비석을 세우며 애도했다. 악공 칭심에 대한 이승건의 총애는 마지막까지 의리를 지킨 것이라 할 수 있겠지만 아버지 이세민이 보기에는 유교를 멸시하는 행동을 이어가는 것에 지나지 않았다.

이에 이세민은 우지녕於志寧, 공영달孔穎達, 장현소張玄素 등 당대 유학자들을 보내 태자를 바로잡게 했다. 그들 역시 태자를 교육하기 위해 전심전력을 다했다. 특히 우지녕은 20권에 달하는 《간원諫苑》을 집필했고, 이세민은 우지녕과 공영달을 표창하기 위해 비단 백 필과 황금 열 근을 하사하기도 했다. 그러나 이승건은 자식을 바르게 가르치고자 하는 아버지의 마음을 또다시 저버리고 말았다. 그는 계속 제멋대로 행동하는 것은 물론 심지어 몰래 자객을 보내 스승들을 암살하려고까지 했다. 이렇게 이승건의 방종은 나날이 심해졌고 규율에 어긋나는 황당한 일들도 점점 더 늘어났다. 그는 여러 노비들에게 기악을 배우도록 명했고 이민족의 옷차림과 머리 모양을 따라했다. 또 자주 부하들을 데리고 나가 돌궐인처럼 천막 가옥을 세우고 양고기를 구우며 이민족의 음악을 연주하고 심지어 돌궐의 장례를 흉내 내기도 했다. 이승건의 생활에는 부귀한 왕손의 기풍과 기존 규범을 깨뜨리는 상상력, 자유분방함이 한데 뒤섞여 있었다. 이러한 요소들을 현대 사회에 대입해보면 아마 열광적인 팬들을 얻을 수도 있겠지만 당시에는 금기를 깨는 행위였고 이세민이 행한 모든 조치들이 실패했음을 의미하는 것이었다.

태자가 잘못을 저지르는 것은 황위 계승에 대한 위험이 배가 됨을 의미했다. 일반적으로 태자가 세워져 있더라도 황자들은 황제 권력을 두고 경쟁을 펼치게 마련이다. 하물며 태자가 폐위되면 동궁의 빈자리를 두고 황위 계승 후보자들의 야심은 더욱 커지게 된다. 그들은 마치 배고픈 늑대들처럼 장차 천하를 얻게 해줄 고깃덩이를 향해 모두 달려든다.

다른 아들이 후계자 자리를 노리다

이승건이 회생할 기미가 없어지자 황자들은 당연히 동궁의 자리를 차지하고 싶어 안달이었다. 그중에서도 위왕 이태가 가장 돋보였는데 그의 눈부신 광채는 다른 황자들의 빛을 충분히 덮고도 남았다. 황제 권력 다툼의 게임은 이승건에서 이태로 교체되는 것으로 가볍게 끝날 듯 보였다.

이태는 학문에 뛰어나고 현명한 선비들을 예우했다. 이승건이 점차 황제의 총애를 잃어갔을 때, 이태는 이승건을 대신해 황제의 마음속에 조금씩 자리를 잡아가고 있었다. 이세민은 이태가 자체적으로 문학관을 설립하여 인재를 영입하도록 특별히 허락했다. 또한 체격이 너무 커서 문안을 드리러 가는 것이 어려웠던 이태에게 황궁 안에서도 가마를 타고 이동할 수 있는 특권을 주는 등 그를 매우 아꼈다.

이태도 하는 일 없이 놀기만 하는 사람이 아니었다. 그는 천하를 얻기 위해 전란을 두루 겪은 이세민의 고충을 잘 알고 있었기에 전쟁을 멈추고 문치와 교화에 힘썼다. 그는 당시 뛰어난 학자들과 함께 《괄지지括地志》를 편찬하여 여섯 왕조의 지리서 중 진귀한 자료들을 보존했을 뿐만 아니라 새로운 지리서의 체제를 완성했다. 이태가 그 책을 황제에게 보이니 이세민은 기뻐서 어쩔 줄을 몰라하며 풍부한 상을 하사했다. 황제가 상을 하사한다는 것은 일종의 정치적 풍향계였다. 특히 태자 이승건이 총애를 잃자 태자가 바뀔 수도 있다는 추측을 더욱 불러일으켰다.

이세민은 원래 이태를 총애했지만 그때부터 더 큰 기대를 걸었다. 특히 스스로 타락에 빠진 이승건과 비교하면 이태는 더욱 두드러져 보였다. 이제껏 내색하지 않았던 이세민도 이태에 대한 편애와 사심을 공개적으로 드러내기 시작했다. 매달 이태에게 하사한 재물이 황태자보다 훨씬 많았고 이태에게 무덕전武德殿에 들어와 황태자와 가까이 거하도록 명하기도 했다. 당시 이승건이 아직 폐위되지 않았음에도 불구하고 이태에 대한 편애가 황태자를 능가하는 것은 장유유서라는 종법의 규범에 어긋나는 것이었다. 신하 저수량褚遂良은 격분하여 "비록 서자를 사랑하더라도 적자를 넘어서서는 안 되며 정체正體를 반드시 존숭해야 한다"라고 간언했다. 이는 이세민의 마음속에서 이승건과 이태의 자리가 이미 바뀌었다는 사실을 더욱 잘 설명해준다.

이세민은 태자 이승건과 사이가 나날이 소원해지자 이태를 점점 더 두텁게 신임하여 두 사람의 실력 차이는 점차 이승건에게 불리해졌다. 더구나 결정적인 순간에 이승건의 발에 또 병이 도지면서 오랜 기간 조정에 나오지 못하게 되자 더욱 황제의 노여움을 불러일으켰다. 그때 이태는 때를 기다리며 인내하기를 일단락 짓고 적극적인 공세를 펼쳐야 할 시기가 왔다고 여겼다. 그래서 이태는 밖으로는 붕당을 조직하고 안으로는 권신을 결집했으며 부마도위駙馬都尉 시영무柴令武, 방유애房遺愛 등 20여 명과 연합해 이승건을 안팎으로 공격하는 태세를 갖추었다. 한편 이승건도 어렸을 때부터 동궁을 차지했기 때문에 절대 속수무책으로 당하고 있지만은 않았다. 그는 무력을 사용하는 방법으로 최후의 일전을 준비하기 시작했다. 그리하여 한왕漢王 이원창李元昌과 병부상서 후군집侯君集, 좌둔위중랑장左屯衛中郎將 이안엄李安儼, 양주자사洋州刺史 조절趙節, 부마도위 두하杜荷 등이 반란을 일으켜 군사들을 이끌고 서궁으로 진격했다. 이승건의 생각은 아주 단순했다. 즉 군사를 이끌고 모반을 일으켜 아버지를 시해하고 황제가 되는 것이었다. 이승건과 이태는 이미 긴박한 대치 상태에 이르렀고 골육상잔의 궁중 투쟁은 폭발하기 일보 직전이었다.

그러나 어느 경제학 명언처럼 일어나야 할 일은 결코 일어난 적이 없다. 궁중 투쟁 역시 예상대로 끝까지 가는 것은 아니었다. 기세등등한 이태가 위협하고 궁지에 몰린 이승건이 반격하면서 두 사람이 첨예하게 대립하는 사이, 뜻밖의 변수인 제왕齊王 이우李祐가 중간에 끼어들면서 이승건은 싸움을 크게 일으키지도 못하고 속수무책으로 사로잡혔고, 이태는 성공을 목전에 앞두고 실패하고 말았다. 반면 황제 권력 다툼의 게임에서 두각을 나타낸 적이 없었던 진왕 이치는 예상을 뛰어넘고 자신은 참여조차 하지 않았던 투쟁에서 승리를 거두었다.

옆길로 샌 권력투쟁

태자와 위왕의 치열한 암투가 제왕 이우의 다소 우스운 병변으로 마무리되리라고는 누구도 생각하지 못했다. 정말 "끝없이 먼 곳, 수없이 많은 사람들이 모두 나와 관련이 있다"(《차개정잡문且介亭雜文》)라고 할 수 있다.

제왕 이우는 얄미운 부잣집 도련님 같은 특성을 모두 갖춘 사람이었다. 그는 먼저 초왕楚王에 봉해졌고 후에 연왕燕王이 되었으며 그 후에 제왕齊王이 되어 제주도감齊州都督을 맡았다. 이우가 병변을 일으킨 것은 순전히 도망을 가려다가 잘못된 길로 접어든 정치적 해프닝이었다. 사건의 발단은 조정의 흠차대신欽差大臣[13] 권만기權萬紀와의 갈등에서 시작되었다. 권만기는 원래 오왕 이각의 부하로 강직한 성품을 가지고 있었다. 이우가 제주에서 먹고 마시며 무절제한 생활을 즐기자 이세민은 권만기를 보내 그를 바로잡게 했다.

---

13 황제를 대신하여 밖으로 나가 중요한 일을 처리하는 관리.

권만기는 성품이 강직하여 아첨을 몰랐지만 매우 편협하게 행동했다. 제왕 이우의 노여움을 사며 바른말을 하는 것은 물론 한결같이 엄격한 태도로 대하면서 이우를 주색에 빠져 지내는 생활에서 단번에 성자와 같은 금욕 생활을 하도록 만들려고 했다. 성문을 잠그고 앞잡이들을 해산시키는가 하면 더 심하게는 이우가 특별히 총애하는 잠군모^{岑君謨}와 양맹표^梁^{猛彪}를 쫓아내기까지 했다. 이우는 오랫동안 밤낮으로 어울리던 사람들이 사라지자 마음이 몹시 괴로웠다. 그래서 그는 그만 감정에 이끌려 잠군모 등의 무리들과 일을 저지르기로 결심했다. 바로 조정에서 보낸 흠차대신 권만기를 암살하여 원흉을 제거하고 친구들을 되찾는 것이었다.

　　그러나 일을 저지르기도 전에 계획이 드러나고 말았다. 권만기가 먼저 손을 써서 범인들을 추포하고 조정에 고한 것이다. 사태가 긴박해지자 조정에서 형부상서를 파견했고 권만기를 조정으로 불러들여 진상을 조사하기로 했다. 이우는 두려움에 떨었다. 권만기가 일단 장안에 당도하면 엄격한 아버지인 이세민은 진상을 규명하고 자신을 엄벌에 처할 것이 분명했다. 비록 아들이지만 용서를 받지 못할 수도 있었다. 그래서 이우는 급한 불부터 끄겠다는 생각으로 자객을 보내 권만기를 죽였다. 이는 권만기가 장안에 드는 것은 막았지만 그에게 더 큰 화를 초래했다. 도망칠 길이 없는 상황에서 반란을 일으켜도 죽고 일으키지 않아도 죽을 것이 뻔했다. 이에 잠군모는 이우에게 군사를 일으켜 반란을 꾀하기를 권했다. 이렇게 급작스럽게 일어난 병변의 결과는 뻔했다. 이우의 부하들은 관군을 따돌리는 것은 식은 죽 먹기라고 호언장담했지만 조정의 관군이 당도하자 이우는 저항해보지도 못한 채 생포되었다.

이 병변은 목숨을 부지하기 위해 어쩔 수 없이 일으킨 해프닝이었다. 원래 아무런 의미도 없었던 이 한바탕의 해프닝은 뜻밖에도 황제 권력을 둘러싼 궁중 황자들의 다툼 속에 끼어들어 태자 이승건과 위왕 이태의 운명을 단번에 바꾸었다. 제왕 이우가 군사를 일으키기 전, 이승건은 이미 정변을 일으키기로 결정한 상태였다. 이승건은 누군가 정변을 일으킬 것이라고는 감히 상상조차 하지 못했다. 게다가 이승건이 신임하던 용사 흘간승기紇幹承基가 제왕 이우의 반란에 먼저 동참하자 분노에 차 그를 탓하며 말했다. "나와 황제의 거리는 불과 20보밖에 되지 않으니 반란을 일으키기에 이상적인 조건이나 제왕은 그렇게 멀리 살면서 어떻게 역모를 일으킨단 말인가?" 제왕 이우가 패하고 흘간승기가 옥에 갇히자 그 말이 자연히 황제의 귀에 들어갔다. '배고픈 호랑이도 자기 새끼는 잡아먹지 않는다'는 말처럼 이세민에게 아버지의 마음과 인자함이 있다 하더라도 아들이 자신을 시해하면서까지 제위에 오르려고 한다는 사실을 알고 어찌 처절한 절망감을 느끼지 않았겠는가?

그리하여 이승건은 결국 폐위되었다. 이태는 때가 무르익었다고 여겨 매일 지극정성으로 황제를 모셨다. 이세민도 이태를 태자로 세우겠다는 뜻을 직접적으로 드러냈고 주위의 대신들에게 부자지간의 정이 가득한 모습을 보였다.

그러나 진실한 마음이 오가는 사이, 다른 한편에는 위기가 도사리고 있었다. 이승건은 나락으로 떨어지기 직전, 자신의 정치적 생명이 최후를 맞은 순간에도 위왕 이태에게 칼을 겨누는 것을 잊지 않았다. 그는 최후의 항변에서 이세민에게 이렇게 말했다. "신은 태자 자리를 지키고 싶었을 뿐 무엇을 더 바랐겠습니까? 그러나 이태가 조정 대신들과 일을 꾸며 반란을 일으킨 것입니다. 이제 이태를 태자로 삼으시면 그의 계략에 빠지는 것입니다." 그 말은 모질지만 정확했고 한마디 한마디가 정곡을 찔렀다. 이승건은 이태와 같이 죽을 각오로 달려들었다. 자신도 동궁을 지키지 못했으니 이태도 거기서 이득을 볼 생각을 하지 말라는 것이었다. 심리적인 관점에서 보면 이 말은 분명 효과가 있었다. 자신의 실패를 이태의 속셈으로 돌린 것은 사실상 이태에게도 일부 책임을 지우는 것이었다. 천하제일의 황제 이세민이 어떻게 이태의 속셈에 순순히 당할 수 있겠는가?

이승건은 자신의 정치적 생명이 최후를 맞은 순간, 지푸라기라도 잡는 심정으로 자신의 원한을 풀고 스스로를 위로하려 했다. 그러나 그는 이세민이 위왕 이태를 폐위시킨 것이 자신의 도발 때문이 아니라 권력 계승에 대한 이세민의 깊은 고민에서 비롯되었다는 사실을 영원히 알지 못했다.

가장 무능력한 아들이 후계자가 되다

제왕은 반란을 일으켰고 태자는 모반을 꾸몄으며 위왕은 계속 기회를 엿보고 있었다. 서로 죽이는 것도 마다하지 않는 혈육 간의 시기와 다툼은 이세민의 심신을 지치게 만들었다. 조정 대신들도 태자 선택을 두고 크게 두 진영으로 분열되었다. 잠문본岑文本과 유계劉洎는 이태를 태자로 세울 것을 청했고, 장손무기長孫無忌와 저수량은 이치를 세울 것을 강하게 주장했다. 온 조정의 문무 대신들이 분열되고 앞날이 불투명한 조정의 정치적 상황은 이세민의 영혼을 갉아먹었다. 가슴이 찢어지는 듯한 괴로움과 고통 속에서 이세민은 마음을 결정하고 마침내 눈물의 결단을 내렸다. 그는 문무백관들을 모두 따돌리고 장손무기와 방현령房玄齡, 이적(서세적) 등 훈신과 노장들만 남겨둔 채 그들에게 말했다.

"세 아들이 이러하니 짐이 마음을 의지할 데가 없구나!" 그는 실의에 가득 차서 심지어 침상에 누워 패도를 뽑아 자결하려 했다. 머릿속 괴로움은 급기야 칼을 뽑아 들고 끝을 내려는 정도에까지 이르렀다. 장손무기 등은 즉시 앞다투어 다가가 황제를 부축했고 기회를 틈타 황제에게 그렇다면 대체 누구에게 보위를 물려줄 것인지 물었다. 이세민은 말했다. "짐은 진왕을 세우고자 한다." 황후의 오빠이자 태자 이승건, 위왕 이태, 진왕 이치의 외숙인 장손무기는 바로 대답했다. "뜻을 받들겠습니다. 만약 이의를 제기하는 자가 있으면 그를 죽이라 청할 것입니다." 이세민은 놀리는 듯한 말투로 이치에게 말했다. "너의 외숙이 너를 허락했으니 감사 인사를 드리도록 하라." 이렇게 해서 권력 계승의 정치적 풍파는 극적으로 마무리되었고 이치는 참여조차 하지 않은 투쟁에서 승리를 거두었다.

그러나 많은 의문점은 여전히 명백하게 밝혀지지 않았다. 이승건과 이태를 주연으로 한 쟁탈전이 벌어지는 가운데 어떻게 힘없고 무능한 이치가 어부지리를 얻게 된 것이었을까? 이세민이 정말 이치를 아꼈기 때문인가, 아니면 어쩔 수 없이 차선책을 택한 것인가? 사료를 통해 분석해보면 이세민은 이치를 결코 탐탁하게 여기지 않았다. 그래서 이치를 태자로 세운 뒤 얼마 지나지 않아 이세민은 그를 다시 폐위시키고 오왕 이각을 태자로 세우고 싶어 했다. 후에 장손무기 등의 적극적인 만류로 인해 없던 일이 되었지만 이세민이 계속 주저했던 것을 보면 그가 이치를 세운 것은 분명 어쩔 수 없었던 선택이었다.

그렇다면 이세민은 이치를 탐탁지 않게 여겼음에도 불구하고 어째서 이태를 태자로 세우지 않은 것일까? 겉으로 보기에 이는 마치 '싸우는 것은 싸우지 않는 것이고, 싸우지 않는 것은 싸우는 것'이라는 권모학權謀學의 변증법에 따른 결과인 듯하다. 이태는 지나치게 적극적으로 태자의 자리를 차지하려고 하여 오히려 이세민의 반감을 샀다. 반면 이치는 인자하고 효심이 지극하여 아무런 욕심이 없는 것처럼 보였는데 이것이 마침 이세민의 환심을 얻었다. 여기에는 확실한 증거를 찾아볼 수 있다. 이승건이 막 폐위되었을 때 이세민이 이태를 태자로 세우려 하자 저수량 등은 차라리 진왕 이치를 앉히라고 건의했다. 만약 이태가 태자가 되면 진왕은 분명 변고를 당하게 될 것이라고 말했다. 이에 이세민은 눈물을 흘리며 "짐은 그렇게 둘 수는 없다"라고 말했다. 이로써 이치의 나약함이 황제의 동정심을 얻는 데 성공한 것이다.

이태의 공격적인 태도는 이치에 대한 이세민의 연민과 사랑을 더욱 가중시켰다. 이태는 아버지 이세민이 이치를 태자로 세울까 봐 걱정되어 이치에게 위협을 가했다. "네가 한왕漢王 이원창李元昌과 가까운 것을 알고 있다. 지금 이원창이 태자의 모반에 가담한 사실이 드러났는데 너도 연루될 것이 설마 두렵지 않느냐?" 이 일로 인해 이치의 얼굴에 근심이 가득하자 이세민이 이를 이상하게 여겨 그 이유를 물으니 이치는 이태의 말을 낱낱이 전했다. 그 결과, 황제는 실망했고 이태를 세우기로 한 말을 후회하기 시작했다. 이는 뒤에 이어진 대화에서도 드러났다. 이세민은 침착하게 곁에 있는 신하에게 말했다. "이태를 세우면 이승건과 진왕 모두 살아남지 못할 것이다. 그러나 진왕을 세우면 이태와 이승건 모두 무사할 것이다." 이세민은 훌륭한 황제이기 전에 인자한 아버지였다. 그는 여전히 자식에 대한 사랑을 마음속 깊이 품고 있었고 숱한 권력투쟁 속에서도 아들들의 생명과 안전을 지키지 위해 노력했다.

　'싸우는 것은 싸우지 않는 것'이라는 논리는 분명 존재한다. 그 예로 청나라 황제 강희제康熙帝는 지나치게 권력을 추구했던 팔왕八王 윤사胤禩를 좋아하지 않았고 대신 한결같이 은인자중했던 옹정제雍正帝를 선택했다. 또한 조예曹叡가 위나라 황제인 아버지 조비의 환심을 살 수 있었던 것은 사냥 중에 있었던 한 사건의 영향이 상당히 컸다. 조예는 사냥을 하던 중 조비가 어미 사슴을 죽이는 것을 보고 "폐하께서 이미 어미를 없애셨으니 차마 그 새끼까지 죽이지는 못하겠습니다"라고 말했다. 또한 리처드 닉슨Richard Nixon 전 미국 대통령은 그의 저서 《리더Leaders》에서 샤를 드골Charles De Gaulle의 말을 인용하여 권력 추구의 변증법을 다음과 같이 밝혔다. "높은 지위를 얻기 위해서는 여인에게 구애하듯 해야 한다. 당신이 쫓아가면 그녀는 달아나지만, 당신이 물러서면 그녀가 따라오게 된다." 때로 권력을 얻을 수 있는 가장 좋은 방법은 그것을 좇지 않는 것이다. 정치인이야말로 더욱더 자신이 물러나야 할 때를 알아야 하는 법이다.

　이태는 권력을 지나치게 적극적으로 추구했다. 그는 이승건이 모반을 꾀한 것을 핍박했고 이세민에게 압력을 가했으며 암암리에 조정 대신들을 사로잡았다. 이태는 매우 적극적으로 공세를 펼쳤지만 천천히 우회

해서 가는 힘을 알지 못했고 '부드러움이 강함을 이긴다'는 이치를 이해하지 못했다. 반면 이치는 여태껏 등장하지 않았던 잠재적 경쟁자였다. 그는 한 번도 자기 자신을 드러낸 적이 없었고 태자가 되려는 야심을 드러낸 적도 없었다. 그러나 역설적이게도 물러섬으로 앞서나가고 하지 않음으로 행하는 역습에 성공했다. 이렇듯 '싸우는 것은 싸우지 않는 것'이라는 논리는 분명 이세민이 이치를 선택하게 된 이유 중 하나였다고 할 수 있다.

　　이야기는 원래 여기에서 원만하게 끝을 맺게 되어 있다. 당나라 황실에서 벌어진 황제 권력을 향한 다툼은 도가의 '싸우는 것은 싸우지 않는 것'이라는 권모학에 생생한 주석을 써내려 간 것에 지나지 않았다. 이 이야기도 역시 중국 역사상 궁중에서 일어난 많은 일화들 중 하나일 뿐이며 배우와 장소만 다를 뿐 새로운 부분이 하나도 없다. 그러나 역사서 뒷부분의 기록에 따르면 그것은 결코 이세민이 이치를 선택한 근본적인 이유나 결정적인 고려사항이 아니었다. 이세민은 '싸우는 것은 싸우지 않는 것'이라는 권력 법칙을 넘어 더 본질적인 것을 보았다. 이러한 사실은 이 이야기를 순식간에 권모를 뛰어넘는 철학적 깨달음이 담긴 내용으로 만들어준다.

　　"만일 짐이 이태를 세운다면 태자의 자리는 강구함을 통해 얻을 수 있는 것이 된다. 앞으로 태자가 덕을 잃으면 기회를 엿보는 자들이 모두 그를 버릴 것이니 이를 후대에 전해 오래도록 법으로 삼을 것이다." 이것이야말로 이세민이 아들들의 권력투쟁을 마무리 지은 근본적인 이유였다. 그는 태자를 세우기 위해 영원히 변하지 않는 규칙을 제정하려 했다. 그것은 바로 '강구함을 통해 얻을 수 있는' 길을 봉쇄하는 것이었다. 이를 통해 대대손손 다시는 태자의 자리를 탐내는 자가 생기지 않고 권력 계승을 위한 피비린내 나는 경쟁도 근절하여 정치적 성공과 혈육 간의 정을 모두 얻으려 했다.

이렇게 이세민은 그의 수많은 정치와 군사상의 공적을 제외하더라도 오직 이 한마디 말만으로도 중국 역사의 밤하늘에서 충분히 빛나는 존재였다.

권력투쟁 없는 권력 계승은 가능한가

이세민의 고민은 권력투쟁의 표상을 꿰뚫고 본질적인 문제에 접근했다. 권력 계승은 어째서 항상 끝없는 권력투쟁을 불러일으키는가?

그가 보기에 원인은 바로 '태자의 자리가 강구함을 통해 얻을 수 있다'는 데 있었다. 황제 권력이 강구함을 통해 얻을 수 있다면 기회를 엿보는 마음이 끊이지 않고 다툼도 계속 이어지게 된다. '승리하면 왕이 되고, 패하면 도적이 된다'는 것만이 유일한 논리가 된다면 권력투쟁으로 인해 평온한 날이 영원히 없을 것이었다. 그래서 그가 내린 처방은 바로 황제 권력과 강구함 사이의 연결 고리를 끊음으로써 세속을 초월하는 황제 권력의 합법적 기반을 다지는 것이었다. 즉 황제 권력을 투쟁으로 빼앗을 수도, 폭력으로 바꿀 수도 없게 만드는 것이었다. 이렇게 해야 궁궐 내 권력투쟁을 철저하게 근절하고 다시는 권력투쟁의 대가로 혈육 간의 정을 짓밟지 못하게 할 수 있었다. 그래야 중국 정치에서 '승리하면 왕이 되고, 패하면 도적인 된다'는 논리를 철저하게 없앨 수 있었다.

다시 말해 이세민은 밤새 뒤척이며 잠을 이루지 못하는 사이 이미 어렴풋이 중국 고대 정치의 핵심적인 문제에 철학적인 접근을 한 것이었다. 황제 권력의 기반을 어떻게 다져야 '승리하면 왕이 되고, 패하면 도적이 된다'는 논리를 회피할 수 있는가? 그는 아직 이 질문에 충분히 대답할 수 있는 논리적 근거가 없었다. 그래서 그는 부정적인 방법으로 그의 생각을 실천할 수밖에 없었다. 바로 황제 권력과 '강구함을 통해 얻을 수 있다'는 논리 사이의 연결 고리를 끊는 것이었다. 이렇게 그는 실패로써 자신이 부딪혔던 질문에 대답했다.

사실 이것은 바로 권력의 '합법성' 또는 권력의 도덕적 기반에 대한 문제다. 이 문제에 대해 유가는 일련의 명확한 가치 체계를 가지고 있었다. 황제 권력의 기초는 '덕'이며 덕이 있어야 음양을 조화롭게 하고 민생에 은혜를 베풀 수 있다는 것이다. 이른바 '하늘은 백성을 통해 보시고 백성을 통해 듣는다'는 것이었다. 이렇게 유가 사상은 정치적 업적과 성과, 백성의 기쁨과 슬픔을 근거로 군주의 합법성을 판단했다. 이러한 사상의 장점은 실질적이고 공리적인 방향에 중점을 둔다는 것이지만 단점은 지나치게 실질적인 측면만을 강조한다는 것이다. 왜냐하면 정치적 업적은 좋을 때도 있고 나쁠 때도 있으므로 만약 정치적 업적이 일시적으로 좋지 않으면 군주와 신하가 경쟁을 통해 정정당당하게 최고 권력을 쟁취하려고 다투기 때문이다. 이것이 바로 이세민이 맞닥뜨린 문제였다. 최고 권력이 '강구함을 통해 얻을 수 있기' 때문에 황자들 간의 다툼과 군신 간의 시기로 장차 평온한 날이 없을 터였다.

분명 유가의 선현들은 군주가 백성에게 은혜를 베풀지 못하면 곧 새로운 왕조로 교체되어야 할 시기가 온 것이고 하늘의 뜻을 더 잘 대표할 수 있는 사람으로 바뀌어야 한다고 여겼다. 따라서 '탕무혁명湯武革命'[14]의 명목은 '백성을 위로하고 죄 있는 통치자를 징벌하는 것'이자 '하늘에 순종하고 백성에 응한 것'이라는 평가를 받았다. 맹자孟子는 어떤 사람이 무왕이 주왕을 죽인 것이 '신하가 군주를 시해한 것'에 해당하는지 궁금해하자 무왕이 죽인 자는 한 사내일 뿐이라고 말했다. 이른바 '하늘은 아들이 따로 없으며 뜻 있는 사람을 도울 뿐'인 것이다. 유가에서 바라보는 이상적인 국가의 군주는 영원한 가계도 아니고 영원한 가호를 받지도 않으며 덕을 잃으면 교체될 수 있었다. 따라서 덕이 없는 군주에게 반기를 드는 행위는 정당성이 부여되었으며 이는 낡은 것을 밀어내고 새로운 것을 발전하게 만드는 사회적 체제이기도 했다. 이 때문에 중국 고대 역사는 한 왕조의 이야기만 존재하는 것이 아니라 왕조의 교체가 수없이 반복되었던 것이다.

이러한 '민본주의民本主義'적 합법성은 '백성을 귀하게 여긴다'는 방향성을 드러내지만 다음과 같은 문제도 수반한다. 만약 군주가 교체될 수 있다면 이른바 '인의충효仁義忠孝' 등의 가치는 절대적인 척도가 될 수 없으며 단지 현실에 근거한 임시방편에 그치게 된다. 군주가 교체될 수도 있다는 가능성이 일단 생기고 나면 군주는 언제나 공격 대상이 되어 끝없는 불안에 빠질 수 있다. 이 역시 바로 이세민이 겪은 괴로움과 고민의 근원이

---

14 탕무는 폭정으로 악명 높았던 하나라 걸왕와 은나라 주왕을 각기 타도한 탕왕과 무왕을 뜻한다.

었다.

더욱 위험한 상황은 만약 군주의 합법성이 정치적 업적이라는 불안정한 기초 위에 세워진다면 권력에 도전하는 사람은 누구든지 군주가 덕을 잃었다고 주장할 수 있게 된다. 설령 군주가 정말 잘 했더라도 권력을 빼앗으려는 사람은 명분과 합법성을 얻기 위해 자신의 주관적인 생각으로 군주가 덕을 잃었다고 주장할 수 있다.

조비가 한나라를, 사마의司馬懿가 위나라를, 유유劉裕가 진晉나라를 찬탈한 중국 역사상 발생한 수많은 찬위 사건들 중, 어느 누가 자신의 행위를 '탕무혁명'에 비하지 않았겠는가? 군사를 이끌고 온갖 음모를 꾸미면서 다른 한편으로는 자신이 충성을 바쳤던 군주가 덕을 잃었다고 그럴듯하게 주장하지 않을 자가 어디 있겠는가?

이는 결코 유가의 윤리 질서가 나쁘다는 것이 아니다. 다만 객관적으로 볼 때 그것이 군주나 황제 권력에 절대적인 합법성과 도덕적 기반을 마련해주지 않는다는 것이다. 그 결과, '장자를 적자로 삼는 것'이 계승의 원칙이지만 이태처럼 태자가 덕을 잃었다고 주장하여 이 원칙을 깨버렸다. 마찬가지로 '군주에 충성하고 나라를 위하는 것'도 가장 기본적인 윤리지만 대신들은 황제가 덕을 잃었다고 주장하여 찬위를 할 수 있었다. 도덕이 모호한 계책과 사익을 도모하기 위한 수단이 되자 도덕은 평가 기능을 상실했을 뿐만 아니라 '덕이 있어서' 승리를 얻는 것이 아니라 승리를 했기 때문에 스스로 '덕이 있다'고 주장할 수 있게 되었다. 덕이 있고 없고는 결코 중요하지 않다. 다만 중요한 것은 승리했는지 아니면 실패했는지다. 하늘에 순종하고 백성에 응하는 것도 좋고 덕이 하늘의 뜻에 부합하는 것도 좋지만 이는 모두 승리의 근거가 아니라 승리한 사람이 뒤에 내놓는 구실에 지나지 않는다. 또한 승리를 얻는 과정에서 인의의 도덕을 무시하고 온갖 수단을 동원해도 된다.

따라서 정의와 도덕은 승리에 구색을 맞추는 요소가 되었으며 이는 플라톤Platon의 《국가Politeia》에 나오는 "정의는 강자의 이익에 지나지 않는다", "어느 곳에서나 강자의 이익이 곧 정의다"라는 관점과 유사하다. 만약 이것이 정말 사실이라면 권력투쟁은 근본적으로 멈추기 어렵다.

이세민은 선택을 내렸다. 바로 정치적 업적 외에 공리성을 초월하는 절대적 기초를 다지고자 한 것이다. 사마광의 표현을 빌리면 "화의 근원을 막으려" 한 것이었다. 그러나 이세민은 권력의 합법성에 대한 학설을 세울 수 있는 사상적 근거가 부족했다.

예를 들어, 일본 황실 일가의 합법적 기초는 바로 일본 신화에 등장하는 아마테라스오미카미天照大神의 신성에서 비롯된 것으로 일본 천황은 세속의 한 인간이 아니라 반신반인半神半人의 존재로 여겨졌다. 따라서 막부는 세속의 권력을 취할 수는 있지만 절대 스스로를 황제라 칭하지 않는다. 또 다른 예로, 서유럽의 봉건 왕조가 상대적으로 안정적이었던 이유는 왕권 신수와 귀족 혈통의 두터운 보호 하에 다른 사람이 군주의 자리를 엿보는 것을 막았기 때문이다. 따라서 사회 전체가 각자의 위치에서 만족하며 사는 안정성을 유지할 수 있었다. 영국 크롬웰은 비록 혁명에 성공했지만 자신을 '호국경護國卿'이라 칭할 수 있을 뿐 왕이라 칭할 수는 없었다. 왜냐하면 군주의 토대는 권력투쟁의 승리뿐만 아니라 절대적인 도덕적 기초에 있기 때문이었다.

이는 결코 일본이나 서유럽의 전통이 유가의 윤리보다 더 우수하다는 뜻은 아니다. 그들은 비록 최고 권력을 위해 일반인이 뛰어넘기 힘든 도덕적 기초를 마련했지만 사회 전체의 유동성을 희생했다. 그들의 전통 아래에서 하극상은 등장할 수 없다. 유가 사상은 군주의 교체 가능성을 열어 사회 전체의 유동성을 촉진시켰다. 바위틈에서 튀어나온 손오공도 "황제 자리는 돌아가면서 하는 법이니 내년엔 나의 차례다"라고 큰 소리를 칠 수 있었다. 하지만 황제 권력의 안정성을 희생하는 대가로 권력투쟁이 끊이지 않았다.

권력에 세속을 초월하는 합법적 기반이 부족함에 따라 대개 권력에 이르는 길은 필연적으로 음모와 쟁탈, 살육으로 마련되고 '승리하면 왕이 되고, 패하면 도적이 된다'는 것만이 유일한 이정표가 된다. 이세민이 죽고 얼마 후, 이치는 자신을 황위에 올린 장손무기와 저수량을 죽이는데 이는 무측천武則天이 권력을 탈취하게 되는 서막에 지나지 않았다. '승리하면 왕이 되고, 패하면 도적이 된다'라는 논리가 계속 존재한다면 권력투쟁은 더욱 참혹한 방식으로 이어질 것이다.

말년의 이세민은 홀로 당나라 개국공신 24명의 초상이 걸려 있는 능연각凌煙閣에 서서 이전의 파란만장한 세월을 추억했다. 아무리 화려한 시절도 바람을 따라 흘러가고 아무리 위대한 공적도 먼지가 되고 말 것이었다. 이태를 폐위시킨 그의 선택은 중국 정치의 전통이라는 근본적인 문제를 해결할 수 없었다. 역사는 여전히 앞으로 나아갈 뿐이었다.

그러나 이세민보다 더 고독했던 사람은 바로 그의 오른팔이었던 장손무기였다. 장손무기는 여러 사람들의 반대를 물리치고 진왕 이치를 황위에 올린 국가 원로이자 황제의 외삼촌이었다. 원래 성공의 정점은 아름다운 영광에 닿는 법이다. 하지만 아무도 바라지 않았던 성공은 곧 자신을 무덤으로 이끈다는 사실을 그는 알지 못했다. 참혹한 권력투쟁은 여전히 이어졌고 장손무기에게 찾아온 인생의 기회는 황제 권력의 또 다른 본질적 특징을 드러냈다.

3장 두려움

장손무기 長孫無忌

권력은 결코
나눌 수 없다

황제와 권신은 영원히 화해할 수
없는 관계다. 이들 사이에 시기의 씨앗이
뿌려지고 나면 날조된 유언비어도
잔혹한 승부를 일으킨다.

장손무기는 목숨을 돌보지 않고 용감히 산을 오르는 사람처럼 평생 동안 있는 힘을 다해 권력의 정점에 올랐다. 그러나 그가 마침내 정상에 이르렀을 때 눈앞에 펼쳐진 것은 아름다운 경치가 아니라 깊고 깊은 구렁텅이였다. 역설적이게도 그가 벌인 평생의 사투는 그저 스스로에게 낭떠러지를 쌓아 올린 것이었다.

그렇다. 이제껏 권력의 게임에서 장손무기의 인생처럼 스스로에게 총구를 겨누는 극적인 상황을 맞은 사람은 아무도 없다. 그는 이세민을 따르기 시작하면서 당나라의 권력 구조에서 줄곧 높은 위치를 차지했다. 그러나 그가 자기 손으로 황위에 올린 당 고종 이치의 손에 죽게 되리라고는 누구도 예상하지 못했다. 그는 모함, 연루, 밀고 등의 수단을 이용해 반대 세력을 제거했고 적수들이 줄줄이 넘어진 후 뜻밖에도 자신에게 익숙한 정치적 수완에 넘어지고 말았다. 권력의 총성이 다시 울렸을 때 총구는 바로 자기 자신을 향하고 있었다.

당 고종이 통치하던 659년, 장손무기는 중서령中書令 허경종許敬宗과 이부상서吏部尙書 이의부李義府에게 역모의 모함을 당해 검주黔州로 유배되었다. 그러나 허경종과 이의부는 후환을 없애기 위해 사람을 보내 장손무기를 위협했고 결국 그는 자결한다. 한때 막강한 권력으로 조정과 재야를 주름잡다 이제 음습하고 황량한 땅에서 장렬하게 희생당하는 그 순간, 장손무기는 과연 무슨 생각을 했을까? 그는 분명 매우 억울해하며 무심한 하늘의 뜻에 탄식했을 것이며 인간 세상에 정의가 없음을 개탄했을 것이다.

그러나 장손무기가 억울하게 죽을 때 황천에서 하늘을 우러러 크게 웃으며 하느님과 조상님께 감사하는 사람들이 있었다. 그중에는 여러 번 훌륭한 공적을 세웠던 강하왕江夏王 이도종李道宗과 황위의 유력한 경쟁자였던 오왕 이각도 포함되었다. 원래 그들은 뛰어난 황실의 자손이었으나 장손무기에 의해 공공연히 역모를 꾸몄다는 모함을 당했다. 그들의 관점에서 보면 장손무기의 말로는 벌을 받아 마땅함은 물론 불의를 저지르면 반드시 자멸한다는 것을 보여줬다. 장손무기에게 과연 억울함을 논할 자격이 있는가?

다른 사람에게 억울한 누명을 씌우면 결국 언젠가는 자신이 억울함을 당하게 된다. 각 사람은 단지 권력 게임의 희생양이며 여기에는 오직 승패만이 있을 뿐 정의나 도덕은 존재하지 않는다. 권력투쟁은 이토록 참혹하다. 권력을 장악할수록 권력을 잃을까 불안해지고, 권력을 잃지 않기 위한 수단으로 권력을 사용하게 되므로 궁극적으로 권력 자체가 불안해진다. 그러므로 권력을 추구할수록 안정감은 결여되고, 안정감이 결여될수록 권력을 더욱 추구하게 된다. 이것이 바로 권력 게임의 '안정감의 역설'이다. 황제가 권력의 금자탑 꼭대기에 앉으면 지고지상의 권력을 소유함과 동시에 보통 사람은 알기 힘든 불안을 가지게 된다.

장손무기와 허경종, 이의부 등은 모두 황제 권력을 가진 자의 깊은 불안을 보았다. 따라서 적수를 물리치는 가장 간편한 방법은 바로 '역모의 모함'이었다. 이들은 유언비어, 비방만으로도 황제의 깊은 근심을 불러일으킬 수 있다는 사실을 잘 알고 있었다. 이 방면에서 장손무기는 최고의 고수였다. 그는 역모의 모함을 통해 강력한 적수를 잇달아 넘어뜨렸다. 한편 그는 허경종의 '스승'을 맡기도 했는데 허경종은 청출어람이라 할 수 있었다. 그는 장손무기가 역모를 꾸몄다고 날조해 당 고종 이치의 즉결 처형 명령을 끌어냈다.

그렇다면 허경종은 대체 무슨 말을 했기에 당 고종 이치가 그토록 심한 두려움을 느끼게 만들 수 있었을까? 역모의 모함을 꾸며내는 데 능수능란했던 한 시대의 영웅 장손무기는 어떻게 스스로 그 모함에 걸려들게 된 것인가?

출신 성분과 후천적 노력이 조화를 이루다

장손무기는 선천적 장점과 후천적 장점을 모두 가지고 있었다. 그는 남보다 출신이 우수했고 재능을 타고났으며 또 남보다 더 열심히 노력했다. 이런 사람은 시대를 막론하고 사회 엘리트 계층에 속하며 실패자의 무수한 백골을 디디고 사회의 금자탑 꼭대기에 오른다.

장손무기의 선조는 북위北魏에 속한 탁발씨拓跋氏로 북위 황실을 위해 힘썼고 공적을 많이 쌓아 대인의 칭호를 물려받았으며 종실이 많아지자 장손씨長孫氏로 성을 바꿨다. 후에 북위 황실이 서쪽으로 천도하자 그의 고조부와 증조부는 뒤따라 장안으로 옮겼고 높은 지위를 유지하며 수당隋唐 시기 '관롱집단關隴集團'[15]의 핵심 구성원으로 활동했다. 많은 세대를 거치면서 장손무기는 태어나자마자 거인의 어깨에 섰고 이세민과 만나 깊은 정을 맺게 되었다. 그는 어린 시절 이세민과 사이가 좋았다. 함께 놀고 배우던 순박한 정은 두 사람이 아무리 수많은 정치적 풍파를 겪더라도 신임을 유지할 수 있었던 견고한 초석이 되었다. 또한 그의 동생이 이세민과 혼인하여 문덕황후가 되자 그와 이세민은 친척 관계가 되면서 두 사람의 사이는 날로 견고해졌다.

장손무기는 출신이 고귀하고 자질이 뛰어났으며 원대한 뜻을 품었고 넓은 인맥을 보유했다. 그는 벼슬길에 오르기 시작했을 때부터 "재상은 지방에서 올라오고, 맹장은 졸병에서 출발한다"《한비자韓非子》〈현학편顯學篇〉)는 말처럼 밑바닥 경험 없이 바로 핵심적인 지배 계층으로 진입했다. 특히 '현무문의 변'[16]을 계획할 때 장손무기는 결정적인 역할을 하면서 탄탄한 지위를 다졌다.

당나라 초기에는 수많은 인재들이 배출되었다. 이정李靖은 문무를 겸비하여 나가서는 장수였고 들어와서는 재상이었다. 방현령은 부지런히 나라를 섬기며 아는 바를 실천에 옮기지 않은 것이 없었다. 온언박溫彦博은 정사를 군주에게 상세하고 분명하게 아뢰었고 성실하게 어명을 전했다. 대

---

15 관중 지방 출신을 중심으로 북주, 수, 당을 통치한 지배층.
16 626년, 이세민이 두 형제를 죽이고 제위를 찬탈한 사건.

장손무기

당 태종이 자신의 후사인 당 고종 이치를 부탁할
정도로 가장 신뢰했던 신하 중 한 명이었다.

주戴胄는 복잡하고 긴급한 문제를 잘 처리했으며 모든 일을 빠짐없이 다루
었다. 위징魏徵은 군주가 요순堯舜[17]에 미치지 못함을 부끄럽게 여기며 군주
에게 간쟁하는 것을 자신의 소임으로 여겼다. 왕규王珪는 혼탁함을 씻어내
고 맑음을 드날렸으며 악을 미워하고 선을 좋아했다. 그러나 이렇게 별처
럼 눈부신 인물들 중에서도 이세민의 눈에 가장 빛나는 별은 단연코 장손
무기였다. 조서를 내려 표창을 하거나 땅을 분봉할 때, 조정 의식을 행하거
나 능연각을 지을 때, 장손무기는 언제나 앞자리를 차지했다. 이세민은 장
손무기에 대한 신임을 공개적으로 드러내기도 했다. "장손무기는 짐과 스
스럼이 없고 큰 공이 있어 짐은 그를 아들처럼 신임한다." 명목은 군주와
신하의 관계였지만 실상은 아버지와 아들의 관계처럼 친밀했고 장손무기
에 대한 이세민의 은총과 신임은 비할 자가 없었다.

17 덕으로 천하를 다스려 태평성대를 이룬 요임금과 순임금을 말한다.

물론 장손무기는 계속 그 같은 관계에만 의지하지는 않았다. 그는 이세민과의 깊고 두터운 인연을 활용해 자신의 권력과 지위를 공고히 하는 법을 알고 있었지만 이세민과의 관계가 영원한 부귀영화를 보장해주지 못한다는 사실도 잘 알고 있었다. 그리고 그는 매우 높은 '정치 지능'를 보유하고 있었다. 그는 이세민의 총애를 자랑하지 않았고 묵묵히 자신의 권력 판도를 확장해 나갔다. 그는 '해도 한낮이 지나면 저물고, 달도 차면 기운다'는 이치를 깊이 이해하고 있었다. 이세민이 그에게 계속 관직을 하사하자 그는 가득 참을 경계하여 글을 올려 정중히 사양했다. 비록 장손무기는 황제에게 아첨하여 환심을 사는 방법을 알고 있었지만 이세민 역시 역사상 권고와 비판을 잘 받아들이기로 유명했다. 그러나 설령 그렇다 하더라도 장손무기는 위징처럼 자신의 군주를 요순 임금처럼 만들기 위해 군주의 그릇됨을 애써 밝히지는 않았다. 그는 황제를 너무나도 잘 알았다. 최고의 권력을 장악한 사람 중에 누구도 자신의 뜻을 거역하는 것을 좋아하는 이가 없었고, 천하를 다스리는 사람 중에 감언이설을 이기는 자도 없었다. 그가 보기에 직언을 올리면 헛된 명성만 얻을 수 있을 뿐이었다. 비위를 맞추는 것이 보다 실질적인 혜택을 얻을 수 있었다. 이세민이 대신들에게 짐의 과실을 이야기해보라고 공개적으로 요구했을 때, 장손무기는 앞장서서 뜻을 밝혔다. "폐하의 덕행으로 천하가 태평에 이르니 신들은 과실을 찾지 못하겠습니다."

장손무기는 언제나 황제의 마음속 깊은 곳에 있는 심리적 요구를 포착했다. 중국 고대 황제들은 많은 나라가 조공을 바치고 훌륭한 군주로 후세에 이름을 남기는 것 외에도 태산에 올라가 하늘에 제사를 지내는 봉선封禪 의식을 거행하는 것을 가장 큰 희망으로 여겼다. 태산은 천자와 하늘이 만나는 장소로서 태산에서 거행하는 봉선 의식은 세속 정치에서 벗어난 종교 의식이자 역대 황제들이 자신의 정치적 업적을 드러내기 위한 가장 중요한 의식이었다. 이세민이 비록 겸손하게 태산에서의 봉선 의식을 적극적으로 언급하지 않더라도 마음속으로는 이를 어찌 원하지 않았겠는가? 장손무기는 여러 신하들을 데리고 이세민에게 봉선 의식을 거행할 것을 수차례 요구했으나 이세민은 겸손하게 사양하는 척했다. 이에 장손무기는 그의 뜻을 진작에 알아차리고 여러 신하들을 이끌고 황제에게 봉선 의식을 행할 것을 독촉하는 시위를 벌였다. 그러자 이세민은 못 이기는 척하며 허락했다. 이렇게 해서 장손무기는 황제의 허영심을 만족시켰을 뿐만 아니라 이 의식이 황제의 뜻이 아닌 민심을 저버리지 않기 위해 내린 선택인 것처럼 보이도록 만들었다. 신하된 자가 이렇게까지 하는데 어떤 황제가 좋아하지 않을 수 있겠는가?

그래서 당 태종 치세에는 장손무기에게 감히 대적할 자가 없었고 심지어 황위 계승자조차도 그의 확정으로 마침내 옹립될 수 있었다. 당시 장손무기는 황제 권력과 단지 한 발자국밖에 떨어져 있지 않았지만 바로 그 한 발자국은 황제가 가장 금기시하는 경계 지점이었다.

정적 제거의 비기, '역모'

이세민이 점점 나이 들어가자 장손무기도 미래를 적극적으로 대비하기 시작했다. 문덕황후의 세 아들인 태자 이승건과 위왕 이태, 진왕 이치는 모두 장손무기의 외종질이었다. 당시 태자 이승건이 덕을 잃은 반면 위왕 이태는 현명한 선비들을 불러 모아 조정과 재야에 명성이 높았다.

이세민은 태자를 폐위시키고 이태를 태자로 세울 것을 허락했다. 그러나 장손무기가 결단코 반대하며 황제에게 진왕 이치를 추천하여 결국 이치를 황제의 보좌에 앉혔다.

장손무기는 어째서 둘 다 외종질인데도 이태를 반대하고 이치를 마음에 두었을까? 장손무기는 경중을 따져가며 먼 훗날을 예상해보았다. 이태는 재능이 출중하여 태자가 된다면 분명 훌륭한 군주가 될 것이었다. 따라서 이태가 황위에 오르면 그를 억누르기 어렵고 자신은 과거 왕조의 원로로 남을 뿐이어서 오히려 곤란한 처지에 빠질 수 있었다. 반면 이치는 어리석고 무능하며 뚜렷한 의견이 없어서 다른 사람의 영향을 받고 조종을 당하기 쉬웠다. 만약 황제의 관이 이치의 머리에 씌워진다면 군주보다 신하가 더 힘이 센 형국이 되므로 자신이 황제를 더 쉽게 통제할 수 있었다. 분명 장손무기의 속셈은 이태를 버리고 이치를 세우는 것이었고 결국 그 뜻대로 되어 이치를 황위에 올리는 데 성공했다. 그러나 지나치게 꾀를 부리면 되레 목숨을 그르치는 법이다. 물론 이치가 조종을 당하기 쉬운 사람인 것은 사실이지만 장손무기는 그가 자신이 아닌 다른 사람에게도 조종을 당할 수 있다는 사실을 미처 생각하지 못했다. 만약 후자의 경우라면 이는 곧 총구를 자기 자신에게 겨누게 되는 비극을 가져올 수 있었다. 운명은 이처럼 상식적인 이치로 돌아가지 않을 뿐더러 언제나 예상을 빗나갔다.

물론 장손무기는 그 전에 자신의 권력을 사용할 충분한 시간이 있었다. 장손무기는 '역모의 모함'이라는 무기를 통해 강하왕 이도종과 오왕 이각이라는 두 적수를 제거했다. 이도종은 이세민과 같은 항렬의 종실 형제로 17세 때 이세민과 함께 토벌을 떠났고 북방의 군벌 유무주劉武周를 무찌르고 돌궐의 힐리가한頡利可汗을 격파하는 등 큰 전역에서 혁혁한 공을 세웠다. 종실의 여러 아들 중에서 당시 이도종과 하간왕河間王 이효공李孝恭이 가장 현명했다. 장손무기가 왜 이도종과 원한이 깊었는지는 역사서에 명확하게 기술되어 있지 않지만 이도종의 탁월한 전공이 장손무기의 질투심을 불러일으켰을 것이라고 추측할 수 있다.

　　그에 비해 장손무기가 오왕 이각을 눈엣가시로 여긴 것은 자신의 이익을 지키려는 본능에서 기인했다. 이각은 문무를 겸비했고 심지가 굳고 용맹했다. 게다가 그의 모친은 수양제의 딸로 출신이 고귀했다. 그러나 장손무기가 살기를 품게 된 결정적인 배경은 그가 온 힘을 다해 이치를 태자 자리에 올린 후, 이세민이 암암리에 이각을 태자로 교체하려 했기 때문이다. 만약 이각이 태자 자리에 오르는 데 성공한다면 장손무기는 줄을 잘못 선 탓에 뒷전으로 밀려날 것이다. 그것을 생각하면 장손무기는 분명 등골이 오싹해졌을 것이다. 그에 따라 이치의 입지를 공고히 하고 나아가 자신의 권력을 지키기 위해 그는 잠재적 위협 요소인 이각을 반드시 제거해야만 했다.

　　강하왕은 전공이 출중했고 오왕은 따르는 자가 많았다. 두 사람 모두 사로잡기 어려운 실력파였고 자칫 잘못하면 종실을 도륙했다는 오명을 남길 수도 있었다. 하지만 그 어려움으로 인해 '역모의 모함'이 더욱 효과적으로 보였다. 사냥꾼이 벼랑 한쪽에서 사냥감이 나타나길 기다릴 때 살기를 숨기고 자신의 모습을 드러내지 않듯이 장손무기도 정국의 미묘한 변화를 민첩하게 살피며 적을 향해 비수를 던질 준비를 항상 하고 있었다. 그는 애써 일을 꾸미지 않았고 정세에 따라 움직이며 측면으로 돌파했다. 물의 흐름을 따라 유유히 노를 젓듯이 추세에 맞기다가 적절한 기회가 오면 즉시 단칼에 해결하는 것이다.

마침내 기회가 찾아왔다. 이야기는 방현령의 아들 방유애房遺愛로부터 시작되었다. 시대의 명재상 방현령은 당 태종의 치세 동안 시종일관 명성이 높았으나 자녀 문제는 잘 해결하지 못했다. 방현령에게는 세 아들이 있었는데 큰 아들 방유직房遺直이 작위를 계승했다. 이는 본래 종법 질서 하의 계승 규칙에 부합하는 것이었으나 둘째 아들 방유애가 이세민의 딸인 고양공주高陽公主와 결혼하면서 두 형제는 각각 방씨 가문의 적장자와 황실 가문의 부마로 대등한 지위가 되었다. 게다가 고양공주는 고집이 세고 윗사람 아래서 참는 것을 좋아하지 않았다. 이러한 상황에서 방유직이 무슨 근거로 방현령의 정치적 지위를 계승하겠는가?

고양공주는 천성이 방탕하여 이세민이 살아 있을 때《대당서역기大唐西域記》를 집필한 고승 변기辯機와 사랑의 불꽃이 튀어 이세민을 매우 난감하게 만들기도 했다. 바로 이렇게 제멋대로인 성격 탓에 고양공주는 일을 일사불란하게 처리하지 못했던 것 같다. 그녀는 방유직을 쫓아내고 그의 작위를 빼앗기 위해 비밀리에 모의했는데 그 방식이 황당무계했다. 방유애와 모반을 꾀하여 형왕荊王 이원경李元景을 황제로 옹립하려 한 것이다. 기가 막힌 것은 그 추진 방식이었다. 모반이라는 것은 본래 큰 소리를 내서는 안 되는 것 아닌가. 그러나 고양공주는 적극적으로 당 고종 앞에서 방유직을 고발하기까지 했다. 그야말로 수단이 목적에 위배되고 행위가 목표에 반대되는 것이었다. 이후 조정에서 조사한 결과, 방유직은 결백함이 밝혀졌고 고양공주 자신의 음모만 드러나고 말았다.

이는 본래 주변 인물들이 기획한 한바탕의 해프닝이자 그냥 지나칠 법한 작은 일이었지만 장손무기는 그 안에서 소중한 기회를 포착했다. 이때 장손무기의 정치 지능이 다시 한 번 드러나는데 그는 작은 일을 통해 큰일을 도모할 수 있고 틈만 있으면 파고들어야 함을 알고 있었다. 또한 아주 작은 소란도 정치적 지렛대가 될 수 있고 그 힘을 빌려 강한 적수를 넘어뜨릴 수 있다는 사실도 잘 알고 있었다. 방유애가 사형을 당하자 장손무기는 이도종과 이각도 그 일에 참여했다고 고발했다. 이에 황제는 두 사람에게 상소할 기회도 전혀 주지 않은 채 즉시 두 사람을 처형할 것을 명령했다. 방유애는 공신의 후예이자 황실 가문의 부마로 실력과 영향력을 보유하고 있었다. 또한 이도종은 한때 군대를 장악했으며 이각은 줄곧 두터운 명망이 있었다. 만약 이들이 힘을 합친다면 당 고종은 분명 자신의 입지에 위협을 느꼈을 것이다. 그래서 당 고종은 두려움에 휩싸여 진위 여부를 가리지도 않은 채 이도종과 이각에 대한 처결을 내렸다. 이렇게 해서 장손무기는 철저한 계략을 세우거나 죄를 뒤집어씌우는 모해도 하지 않았지만 조정에 모습을 드러내지도 않고 심판도 없이 단 몇 글자만으로 먼지를 쓸어버리듯 두 귀중한 생명을 없애버렸다.

이각은 형을 집행받기 전에 큰 소리로 절규했다. "사직에 영령이 있다면 장손무기를 멸족시켜 주십시오!" 그는 자신의 깊은 억울함을 풀어

주리라는 희망을 '사직의 영령'에 기댈 수밖에 없었다. 역사는 결국 이각의 바람을 들어주었지만 이는 초자연적인 힘인 '사직의 영령'이 아닌 '역모의 모함'이 가진 유일무이한 법칙 덕분이었다.

운명의 나침반이 거꾸로 돌다

역사의 흥미로운 점은 풍부한 다양성에 있다. 서로 다른 관점에서 바라보면 사뭇 다른 풍경을 음미할 수 있다. 그리고 운명의 기이함은 충분한 다변성에 있다. 사람들은 희망에 가득 차 있을 때마다 운명의 장난과 철저한 실망을 반드시 만나게 된다.

장손무기의 속셈이 성공을 거두자 그의 인생은 이제 먼지를 일으킬 일이 없는 더없이 행복한 경지로 접어들었다. 황제는 그를 매우 신뢰했고 강적들은 거의 다 기울어서 앞으로 그에게 남은 세월은 권력의 정상에서 세간의 경치를 즐기며 성공의 존귀와 영예를 마음껏 누리는 것이었다. 그러나 운명의 나침반은 가장 높은 지점에서 거꾸로 돌기 시작하는 법이다. 장손무기가 단꿈에 빠져 있는 사이 운명의 변증법은 아무도 모르게 이미 역할을 발휘하기 시작했다.

장손무기는 당 고종 이치가 어리석고 무능하여 마음대로 조종하기 쉽다고 여겼다. 이 때문에 두 사람 사이의 잠재적인 충돌을 피할 수 있었다. 그러나 권력의 법칙은 결코 이로 인해 효력을 잃지는 않았다. 《사기》에 나온 "용기와 지략으로 군주를 떨게 하는 자는 몸이 위태롭고, 공로가 천하를 덮는 자는 상을 받지 못한다[勇略震主者身危 而功蓋天下者不賞]"는 말은 사실 보편적으로 존재하는 한 가지 문제를 드러낸다. 권신과 황제 사이에는 안정감의 상실로 인해 제거하기 힘든 불안감과 시기심이 존재한다는 사실이다. 장손무기는 자신이 황제의 외삼촌이자 그를 황위에 오르게 만든 장본인이므로 이러한 불안감과 시기심을 피할 수 있을 것이라고 생각했다. 그러나 뜨거운 혈육 간의 정도 권력의 법칙이 비추는 섬뜩한 빛을 막기는 어려웠다.

장손무기와 당 고종의 사이가 어긋나기 시작한 것은 이치가 자신의 권력을 직접적으로 주장해서가 아니라 옆에서 무측천이 끼어들었기 때문이었다. 이로 인해 이미 정해졌다고 여겨진 이야기의 줄거리가 갑자기 바뀌면서 이치는 공개적으로 장손무기와 틀어지게 된다. 당시 선대 황제의 후궁으로 머리를 깎고 비구니가 된 무측천은 돌아가신 아버지를 애도하러 온 이치와 사랑의 불꽃이 튀었다. 선대 황제의 후궁이 또다시 다음 황제의 후궁이 되자 장손무기, 저수량 등 고명대신들은 불만을 쌓아갔다. 장손무기가 이치를 선택한 것은 그가 어리석고 무능하여 조종하기 쉽기 때문이 아니었던가? 바로 그때 무측천이 여인의 아름다움과 사랑의 힘으로 이치의 마음을 단단히 휘어잡자 장손무기의 속셈이 틀어지게 된다.

날개를 단 듯 무측천은 먼저 계략을 써서 이치의 본처인 왕 황후의 자리를 차지하기 위해 일을 꾸몄다. 황후와 후궁 간의 싸움은 결국 한쪽으로 줄을 서야만 하는 정치적 투쟁으로 변화했다. 이치가 무측천을 황후로 세울 것을 완강하게 고집하는 상황에서 조정의 문무 대신들은 과연 이를 지지할 것인가, 아니면 반대할 것인가?

장손무기와 저수량은 강경한 반대를 선택했다. 도의적인 측면에서 보면 이때 장손무기는 대신이 가져야 할 자질과 지조를 확실히 드러냈다고 할 수 있다. 그는 비록 권력을 얻기 위해 수단을 가리지 않았지만 오로지 권력을 차지하고 부리는 것을 궁극적인 목적으로 여기는 정치인은 아니었다. 그에게는 권력으로는 더럽힐 수 없는 대도大道와 대의大義가 있었다. 선대 황제의 후궁이었던 무측천이 만약 아들인 이치의 황후가 된다면 이는 곧 유가의 윤리 질서에 대한 공개적인 모독이었다. 고명을 받든 대신이자 일국의 권력을 가진 장손무기가 이렇게 도리에 어긋나는 일이 일어나는 것을 앉아서 보고 있을 수만은 없었다. 결정적인 순간에 장손무기는 자신의 도덕적 소양과 지조 있는 성품을 드러냈고 귀족으로서 가져야 할 고귀한 정신을 보여주었다.

다른 관점에서 생각해보면 장손무기가 무측천이 황후가 되는 것을 완강히 반대한 이유는 아마도 이해득실을 깊이 따진 결과일 것이다. 어떤 이는 모든 정치적 투쟁은 결국 '구귀족'을 향한 '신귀족'의 도전이라고 말했다.

무측천도 '구귀족'과 공개적으로 맞서는 대신 신귀족과 구귀족의 타협을 통해 문제를 평온하게 해결하고 싶어 했다. 황제도 무측천을 황후로 세우기 위해 몸을 굽히는 것도 마다하지 않고 장손무기에게 사정했다. 황제는 은밀히 사람을 보내 장손무기에게 금은보화 한 수레, 면포 열 수레를 하사했다. 이렇게 황제가 몸소 나서서 정성을 보였지만 장손무기는 여전히 꿈쩍하지 않았다. 또 무측천의 어머니가 직접 장손무기를 찾아가 허락하여 줄 것을 거듭 간청했지만 이번에도 역시 실망하며 돌아올 뿐이었다. 그 후 예부상서 허경종도 여러 차례 권고했으나 장손무기는 노기를 띤 얼굴로 거절했다. 황제와 무측천은 이미 충분히 자세를 낮춰 장손무기의 체면을 살려주고 마음을 돌이킬 기회를 주었다. 그러나 장손무기는 한사코 반대했고 이는 공개적으로 황제의 뺨을 때리는 격이나 다름없었다. 이로부터 대립과 충돌은 피할 수 없게 되었다.

마침내 황제 이치는 처음으로 황제가 된 기분을 느낄 수 있었다. 바로 황제가 원래 누려야 할 독단적인 권력을 행사하여 장손무기 등의 의견에 따르지 않고 무측천을 황후로 세울 의지를 굳힌 것이다. 뒤이어 무측천은 황제와 권신 사이의 부드러운 면사를 찢어내고 권력투쟁의 가장 잔인한 면모를 드러냈다.

장손무기, 자기 덫에 걸리다

죄를 판정하려면 진상을 규명한 뒤 법에 따라 처결해야 하지만 '역모의 모함'은 황제가 심의 없이 판결하고 교화 없이 처벌하게 만들 수 있었다. 장손무기는 바로 이러한 방법으로 강적들을 무너뜨렸는데 무측천 일당의 앞잡이 허경종은 장손무기가 자기 덫에 걸려들도록 만들었다.

막강한 권력을 손에 쥐고 있는 장손무기를 어떻게 해야 넘어뜨릴 수 있을 것인가? 무측천 일당도 역시 '역모의 모함'이라는 지름길을 선택했고 여기서 허경종이 본격적으로 등장했다. 허경종은 당시 유명한 역사가로 권력에 빌붙기 위해 자진해서 무측천의 사수를 맡아 권력의 개편 과정에서 이익을 챙겼다. 허경종도 장손무기처럼 우회적인 방법을 사용하지 않고 적극적으로 나서서 핵심을 찔렀다. 그는 당 고종에게 사람을 보내 봉선 의식을 권할 때 어사禦史 이소李巢가 장손무기와 함께 역모를 꾸몄다고 말했다.

황제는 허경종을 보자마자 한탄하기 시작했다. "우리 가문이 불행하여 친척 간에 악한 일이 많구나. 고양공주는 짐과 같은 기운으로 태어났으나 일찍이 방유애와 모반을 꾀하기 좋아하더니 이제는 외숙부마저 악한 마음을 품었구나. 가까운 친척끼리 이러하니 백성을 보기가 부끄럽구나." 분명 황제는 조사 결과가 나오기도 전에 이미 장손무기를 유죄로 확정지은 것이다.

허경종은 황제의 의심을 파고들었다. 우선 황제에게 장손무기의 역모가 방유애의 역모보다 더 엄중한 사안이라고 분석했다. 그는 방유애는 그저 풋내기에 불과한데 어떻게 일을 성사시킬 수 있겠느냐고 말했다. 그러나 장손무기는 선대 황제 이세민과 함께 천하를 도모했고 30년 동안 재상을 지냈으며 많은 이들이 그의 지혜에 따랐고 백성들은 그의 위엄을 두려워했다. 이른바 위엄으로 만물이 따르게 하고 지혜로 많은 이들을 움직일 수 있는 인물이라 할 수 있었다. 허경종이 황제에게 장손무기는 황실을 무너뜨리기 충분한 자원과 능력을 가지고 있다고 밝히자 사실을 규명하기도 전에 황제의 두려움을 불러일으켰고 즉시 처벌할 수 있는 논리적 전제조건도 세울 수 있었다. 이어서 그는 장손무기가 사실이 발각되었음을 알게 되면 즉시 소매를 걷어붙이고 자기 세력을 불러 모아 분명 황실에 큰 근심거리가 될 것이라며 우려를 표했다. 그러니 황제에게 가장 안전한 방법은 바로 수일 내에 즉시 그를 붙잡아 처단해야 한다는 것이다.

허경종은 매우 똑똑했다. 그는 "용기와 지략으로 군주를 떨게 하는 자는 몸이 위태롭고, 공로가 천하를 덮는 자는 상을 받지 못한다"는 중국 고대 정치의 법칙을 교묘하게 활용했다. 장손무기의 막강한 권세와 국구의 지위는 한때 가문을 빛내는 영광이었지만 허경종의 분석에 따라 이제는 황제 권력의 거대한 위협이자 장손무기를 급속한 몰락으로 이끄는 촉매제가 되었다.

허경종은 이미 황제의 마음을 동요시켰다. 왜냐하면 뒤이어 이치가 후대의 관리들이 황제인 자신이 친척들과 잘 지내지 못했다고 기록할까 두려워 차마 장손무기를 처벌할 수 없다고 말했기 때문이다. 황제는 마

허경종

허경종은 장손무기가 정적을 제거할 때 쓰던 '역모의 모함'을 그대로 가져와 장손무기를 쓰러트린다.

음속 깊은 곳에서 이미 허경종의 처리 방식에 동의하고 있었고 역사서에 그 내용이 남는 것이 유일한 근심거리였다는 사실을 알 수 있다. 허경종은 《진서晉書》, 《성씨록姓氏錄》 등 많은 역사서의 주요 집필인이었다. 그는 경전 중의 어구와 고사를 재차 인용하여 한나라 문제文帝는 모두가 인정하는 명 군이었으나 외숙부가 죄를 지어 주살한 것을 사관들은 실책으로 여기지 않는다고 말했다. 하물며 장손무기가 저지른 죄행은 한 문제의 외숙부보다 훨씬 더 엄중한데 그를 죽이지 못할 것이 무엇이겠는가? 허경종은 황제의 마지막 근심을 제거한 뒤 거듭 경고했다. 지금 즉시 행동하지 않으면 장손 무기에게 반격을 당할 수도 있다는 내용이었다. 허경종이 혹시 일어날 수 도 있는 일을 마치 벌써 일어난 것처럼 말하자 황제는 황위를 곧 빼앗기게 될 것처럼 공포에 떨었다. 그 결과, 이치는 장손무기에게 역모를 꾀한 이유 도 직접 묻지 않은 채 허경종이 모함하는 말만 듣고 즉시 장손무기의 작위 를 박탈하고 검주로 유배 보낼 것을 명령했다.

진상도 증거도 심판도 없이 장손무기는 이렇게 추락하고 말았다. 황제 사이에 있었던 혈육 간의 정이 사라지자 그는 황제와 의절하기에 이 르렀다. 장손무기는 자신도 모르는 사이 한때 자신이 즐겨 쓰던 효과적인 방법에 걸려 넘어지고 말았다.

허경종의 말을 자세히 살펴보면 그는 시종일관 사실에 입각하여 말하지 않았다. 장손무기에게 정말 역모를 꾀한 증거가 있는지 여부는 회 피한 채 그가 역모를 일으켰을 경우 가져올 수 있는 피해를 과장함으로써 등골이 오싹해지고 손에 땀을 쥐게 할 정도로 황제를 점차 압박했다. 허경 종의 의도는 매우 분명했다. 그는 조정에서 진상 규명에 대한 변론을 하지 않았고 밀실에서 황제의 마음속 깊은 곳에 있는 두려움을 직접 공략했다. 사실 장손무기도 강하왕 이도종과 오왕 이각을 넘어뜨릴 때 마찬가지로 이러한 심리적 무기를 사용하지 않았던가? 이는 이성적이고 공정한 사법 심판 없이는 진상에 대한 규명은 물론 인간은 절대적으로 안전할 수 없음을 다시 한 번 말해준다.

두려움, 권력을 향한 욕망의 원천

운명은 자신을 사랑하는 사람에게도 결코 관대한 법이 없다. 장손무기는 하늘처럼 높은 곳에 올랐다가 눈부신 정점에서 깊은 나락으로 떨어졌다. 그의 안타까운 운명은 여러 가지 역설로 가득했다. 그가 사용한 '역모의 모함'은 정치의 법칙처럼 언제나 효과를 발휘했지만 아이러니하게도 전성기에 자신의 목숨을 빼앗아간 도구가 되었다. 일단 역모를 뒤집어씌우기만 하면 필요한 사법 절차를 정정당당하게 피해갈 수 있었고 진상을 밝히지 않고도 판결을 내릴 수 있었다. 이는 중국 고대 정치의 근본적인 문제 중 하나로 황제 권력의 깊은 불안감을 보여준다.

허경종은 이를 분명 명확히 꿰뚫고 있었고 매우 확실하고 적절하게 사용했다. 비록 '역모의 모함'은 헛소문을 내는 것에 불과했지만 황제의 마음속에 거대한 트라우마를 드리웠다. 대개 황제는 천하를 지키기 위해, 혹은 만약을 대비하기 위해 역모가 거짓이라 믿기보다 차라리 사실이라고 믿었다. 따라서 '역모의 모함'은 권력투쟁에서 매우 효과적인 방법이 되었다.

물론 '역모의 모함'이 장손무기에게 통했던 중요한 원인은 바로 그가 이전부터 "용기와 지략으로 군주를 떨게 하고, 공로가 천하를 덮는" 위험한 위치에 있었기 때문이었다. 중국 고대 역사에서 황제와 권신의 관계는 영원히 정답이 없는 어려운 문제다. 사이좋게 잘 지내려면 서로 간의 신뢰와 거리낌 없는 마음이 필요하지만 자기 보호 본능으로 인해 안정감이 결여되게 마련이다. 시기의 씨앗이 일단 뿌려지고 나면 날조된 유언비어도 잔혹한 승부를 일으킬 수 있다.

이러한 사례는 무수히 많다. 왕조가 바뀔 무렵, 황제와 권신의 관계는 종종 황위를 계승한 새 황제와 고명을 물려받은 대신 사이의 갈등으로 표현된다. 한나라 곽광霍光은 재위한 지 불과 27일 된 창읍왕昌邑王을 폐위시킨 뒤, 민간에서 자란 유병이劉病已를 황제로 택했다. 하지만 곽광에 대한 유병이의 마음은 매우 복잡했다. 한편으로는 그에게 감사했지만 다른 한편으로는 두려움을 느꼈다. 그래서 그를 대할 때마다 가시를 등에 짊어진 듯 마음이 편치 않았다. 그 후 곽광이 죽자 그의 자녀들은 모두 역모로 묶여 죽었다. 수나라 양소楊素는 탁월한 공적을 쌓은 훈신으로 양광을 도와 동궁을 차지한 양용楊勇을 꺾고 그를 수양제로 만들었다. 그 결과, 양광은 황위를 계승하자마자 양소를 시샘했다 이로 인해 양소의 아들 양현감이 반역을 일으켰고, 결국 양광에게 죽임을 당했다. 고명대신과 새로 부임한 천자, 기득권 세력과 신생 귀족 사이에는 해결하기 어려운 갈등이 항상 존재하기 마련이며 이는 세상에서 가장 어려운 관계에 속한다.

태평한 시기에 황제와 권신의 관계는 종종 황제와 재상 간의 권력 균형으로 표현된다. 이른바 '군주의 권력'과 '재상의 권력' 간의 관계다. 재상은 조정의 실질적인 '집권자'로 여러 정사를 처리하고 음양을 중재한다. 특히 당나라 때는 재상에게 반드시 예를 갖추어야 했는데 황제조차 몸을 숙여 인사를 했다. 바로 이와 같은 재상의 높은 지위로 인해 '군주의 권력'과 '재상의 권력'은 언제나 한쪽이 높아지면 다른 한쪽은 낮아지는 게임 같았다. 장손무기가 황제에게 두려움을 주었던 것도 그가 30년간 재상을 역임하며 명망으로나 실질적인 능력으로나 충분히 소매를 걷어붙이고 자기 세력을 불러 모을 수 있었기 때문이었다.

'역모의 모함'이 효과가 있었던 이유도 역모가 실제로 성공해 황제 권력을 부지불식간에 빼앗은 사례가 많기 때문이었다. 남북조 시기에는 강력한 신하가 많아 1년에 한 번씩 군주가 바뀌었는데 남조의 송宋, 제齊, 양梁, 진陳으로 이어지는 네 차례의 정권 교체는 모두 강력한 권신이 황제가 된 이야기다. 참주僭主가 원래 황제를 없애려 할 때, 마지막 황제들은 독주를 삼키며 비탄했다. "다시 태어나도 다시는 황제로 태어나지 않겠다!" 역모의 성공 사례는 황제의 불안감과 대신에 대한 경계심을 더욱 심화시켰다.

황제와 권신의 긴장 관계는 황제 권력의 절대성과 완전성에서 비롯된다. 일단 황제 권력을 잃으면 모든 것을 잃는 것을 의미하기 때문이다. 황위는 완전하게 얻거나 전부 다 잃는 것 중 하나이며 그 사이에 권력을 나눠 가지는 완충 지대나 타협점은 존재하지 않는다. 분할할 수 없는 황제 권력의 절대성으로 인해 황제는 어떠한 권력 계층보다도 안정감을 필요로 하며 두려움과 시기심도 생기기 더 쉽다. 그러므로 황제가 '역모를 꾀했다'는 소식을 듣기만 하면 사법 조사를 진행하기도 전에 두려움에 휩싸여 일을 재빨리 처리해버리게 된다. 이때 권력만이 모든 것을 결정하는 변수일 뿐, 진실은 결코 중요하지 않다. 만일 황제가 한발 늦어서 상대편에게 기선을 제압당하면 심판을 받는 자리에 앉게 될 사람은 바로 자기 자신이 되고 만다. 이러한 논리 아래 공정하고 독립된 사법 절차는 실행될 여지가 없고 황제도 끊임없는 투쟁과 승리 속에서 안정감을 찾을 수밖에 없다. 결국 권력투쟁의 게임에서는 어느 누구도 절대적인 안정감을 얻을 수 없다.

장 자크 루소Jean Jacques Rousseau의 《사회계약론Du Contrat Social》에는 이런 말이 있다. "지도자에 대한 복종이든 신에 대한 복종이든 모든 복종은 두려움에서 비롯된다." 이는 두려움이 권력을 만드는 과정에서 중요한 역할을 한다는 사실을 설명해준다. 인간은 두려움 때문에 복종한다. 황제도 두려움으로 인해 안정감을 추구하고 그 결과 어떠한 잠재적인 도전에도 의심하고 두려워하게 된다.

이는 중국 고대 역사의 발전에 깊은 영향을 미쳤다. 황제 권력의 깊은 불안감으로 인해 황제는 대신을 잠재적인 적수로 여겼다. 이에 따라 모든 제도가 더욱 높은 목표를 추구하도록 설계되기보다 어떻게 하면 황제 권력을 지키고 강화하며 역모를 방지하고 백성의 힘을 약화시킬지에 대해 지나치게 많은 정력을 쏟았다. 한비자는 "만승 대국의 군주나 천승 소국의 군주나 천하를 제압하고 제후를 정복하는 것은 그 위세에 의한 것이다"라고 분명하게 밝혔다. 즉 군주의 가장 큰 적은 적국이 아니라 자기 왕조의 대신임을 적나라하게 드러낸 것이다.

중국 고대 정치 제도에서 매우 명확한 기조 중 하나는 역사의 발전에 따라 제도가 점점 '역모 방지'를 중요한 고려 요소로 삼고 설계되었다는 점이다. 이는 재상의 권력과 지역의 발전, 사회의 역동성을 약화시킨 데서 주로 드러난다. 예를 들어, 송나라의 군사 제도에서 군대를 이끌고 전투에 나갈 통수권자를 그때그때 정한 것은 전투의 효율을 높이기 위해서가 아니라 역모에 가담하지 못하도록 하기 위해서였다. 또한 원나라 때 시행된 지방 행정 구역은 지역 발전을 촉진하기 위해서가 아니라 비옥한 땅을 분할하고 지세가 뛰어난 산천을 나누어 어떤 지역도 조정에 대항하지 못하도록 하기 위함이었다. '역모 방지'를 출발점으로 삼은 제도 설계의 배후에는 황제와 대신, 중앙과 지방의 대립에 대한 어렴풋한 잠재의식이 있다. 이는 물론 황제 권력을 보호할 수는 있었지만 사회 발전의 효율성과 다원성, 역동성을 희생시켰을 뿐 아니라 공정하고 독립된 사법 심판이 살아남지 못하도록 했다.

무측천 武則天

4장

무질서

질서라는
면역체계에
맞서지 마라

질서는 마치 면역체계처럼 작동한다.
자신에 대한 도전이 등장하면 그 도전자를
적으로 여기고 결국 도전자는 시대 전체와
싸움을 벌이는 곤란함에 빠진다.

무측천은 마치 역사의 단절점처럼 시간의 흐름으로부터 의연하게 동떨어져 있다. 중국 역사를 한 폭의 수묵화에 비유한다면 무측천은 속세를 벗어나 고고하게 홀로 선 산봉우리와 같다. 그녀는 전무후무한 기적을 만들고 전대미문의 고독을 맞닥뜨린 인물이었다.

중국 고대에는 많은 영웅들이 배출되었지만 무측천처럼 복잡한 인물은 극히 드물다. 따라서 오랜 세월이 흘렀지만 여전히 그녀의 업적과 과오를 평가하기 어렵다. 그녀의 사악함과 잔인함에 분노했다가도 여성으로서 사랑스러운 면모에 이내 매료되고 만다. 또 어질고 유능한 인재를 등용하는 진보성과 기개를 칭찬하려다가도 그녀가 일으킨 '혹리혁명酷吏革命'[18]을 보면 곧 두려움에 떨게 된다. 즉 어떠한 측면에서 보더라도 허를 찔리고 마는 곤경에 빠지게 되는 것이다. 이처럼 무측천은 짐작하기 어렵고 또 바로 그 점 때문에 거부할 수 없는 매력을 가지고 있다.

---

18 혹리(酷吏)를 이용해 당나라 종실과 인척을 잔혹하게 진압하고 자신의 정치권력을 공고히 한 사건 을 일컫는다.

무측천은 모순의 집합체다. 그녀에게는 너무도 많은 극단적인 대립 요소들이 한데 뒤섞여 있다. 정치가의 음험함과 여인의 부드러움, 역모를 꾸미는 간교함과 훌륭한 군주의 도량, 방자한 욕정과 예리한 통찰, 아름다움을 좋아하는 마음과 살인도 마다하지 않는 음산함……. 아마도 이러한 다중적인 성격 덕분에 그녀는 인생의 여러 단계를 두려움 없이 헤쳐 나갔고 여러 사람들 속에서도 여유 있게 행동할 수 있었던 것인지도 모른다. 그녀는 영원히 한길만 좇는 일방적인 사람은 아니어서 융통성 있게 행동하여 어디에서나 성공할 수 있었다.

정치는 가능성의 예술이다. 무측천은 중국 역사에서 이를 증명해 보였다. 즉 여자로서 황제에 오른 것이다. 그녀는 조정에 출입하며 정사에 관여했던 한 고조의 황후 여치呂雉와 달랐고 수렴청정을 했던 청나라의 서태후와도 달랐다. 비록 그들도 군주에 못지않은 권력을 누렸지만 사실 남자와의 관계를 빌려 호가호위한 것이었다. 그들과 비교하면 무측천은 '무주혁명武周革命'[19]을 일으켜 남자라는 큰 나무를 직접 베어내고 여자로서 권력의 근원이자 주체가 되었다. 무측천은 어떤 제약에도 불구하고 자유로운 상상력을 펼쳤고 모든 것에 도전하는 뛰어난 패기를 가지고 있었다. 어찌되었든 불가능을 가능으로 만든 무측천의 상상력과 용기는 가히 현대성을 띄고 있다.

그러나 비극은 무측천이 권력의 선봉에 섰을 때 찾아왔다. 그녀는 이미 한 시대를 장악하고 있었지만 그것이 곧 인생의 마지막 종착점이

---

19 무측천이 당나라의 국호를 주(周)로 고치고, 스스로 황제에 오른 사건을 말한다.

었다. 앞으로 나아가도 뒤로 물러서도 모두 깊은 낭떠러지인 상황에서 그녀는 처절한 좌절감을 느꼈다. 무측천은 갖은 애를 다 써서 최고의 권력을 쟁취했지만 그 권력을 근본적으로 계승할 수 없다는 사실을 깨달았다. 그녀는 유가의 정치 질서에서 버려진 고아가 되었다. 고통스러운 몸부림 끝에 그녀는 자신의 권력을 당나라의 자손들에게 다시 돌려주기로 결정했다. 당나라에 혁명을 일으켰다가 다시 그 권력을 되돌려준다는 것은 평생에 걸친 노력이 결국 실패로 돌아갔음을 선고하는 것이나 마찬가지였다. 도대체 무엇이 한때 모든 것을 정복했던 이 여인을 무너뜨린 것인가?

무측천은 역사를 창조했지만 미래를 얻지는 못했다. 그녀가 성공을 거두었을 때 정치는 가능성의 예술임을 증명해보였지만 결국 실패함으로써 중국 정치를 안정적으로 유지시키는 철학적 기반의 한계를 드러냈다. 그녀는 모두를 이기고 유형有形의 정치 제도도 무너뜨렸지만 무형無形의 정치철학을 물리치지는 못했다. 그렇다면 무측천은 여자로서 어떻게 권력의 선봉에 한 걸음씩 올라설 수 있었던 것인가? 그리고 말년에는 어떻게 눈에 보이지는 않지만 어느 곳에나 존재하는 정치철학에 결국 패하고 만 것인가?

권력을 위해서라면 자식도 죽인다

무측천은 14세 때 이미 남다른 담력과 식견이 있었다. 그때 마침 결혼할 수 있는 나이가 되자 타고난 미모가 워낙 뛰어나 규방에서 자랄 때도 그 명성이 당대 황제 이세민을 놀라게 했다. 그리하여 이세민은 조서를 내려 그녀를 입궁시켰다. 딸이 하루아침에 군왕의 곁으로 가게 된 것은 당연히 좋은 일이었지만 궁 안이 흉험한 탓에 어린 나이에 입궁하면 앞날을 예측하기 어려웠다. 이에 무측천의 어머니가 눈물로 통곡하며 배웅하자 무측천은 태연하게 웃으며 말했다. "천자를 뵙는 일을 복으로 알거늘 어찌 슬퍼하십니까?" 궁 안에는 사방에 위험이 도사리고 있었지만 14세의 꽃다운 나이의 딸은 아무런 두려움 없이 낙관적인 태도를 보였다. 무측천의 인생은 이렇게 서막을 열었다.

무측천의 인생 역정은 전형적인 '고생 끝에 낙이 온' 경우다. 이세민이 서거한 뒤 무측천은 선대 황제의 후궁으로 궁 밖으로 나가 절에 들어가 비구니가 되었다. 과연 그녀의 인생은 되돌리기 힘든 나락으로 떨어졌다고 할 수 있었다. 이세민이 살아 있을 때 무측천은 아름다운 후궁들 중에서 아직 승은을 입지 못했다. 그러나 이세민이 죽은 뒤에도 명목상 선대 황제의 여인이니 감히 누가 아내로 삼으려 하겠는가? 무측천은 삭발을 하고 비구니가 되어 좁은 길을 홀로 걸어가야 할 것처럼 보였다. 그러나 어떻게 될지 알 수 없는 인생의 나락에서 뜻밖에도 놀라운 역전을 맞았다. 후임 황제 이치는 자주 감업사에 들러 선대 황제를 애도했는데 그때 무측천과 사랑의 불꽃이 튀었던 것이다. 무측천의 마음은 분명했다. 오직 황제만이 선대 황제의 과부를 구할 수 있기에 이치는 그녀의 유일한 희망이었다.

무측천은 발 빠르게 기회를 잡았다. 그녀는 이치의 성격이 유약하고 감성적인 것을 알아보고 물처럼 부드러운 자신의 마음과 비참한 처지를 이용해 이치의 마음을 사로잡기로 결심했다. 한번은 이치가 감업사를 찾았는데 무측천은 멀리서 황제가 다가오는 것을 보고 슬픔에 빠져 울면서 다가왔다. 눈물이 그렁그렁 맺힌 채 애처롭고 가냘프게 우는 무측천의 모습은 과연 이치의 마음을 녹였고 그를 감동시켰다. 그 순간, 이치는 이미 속으로 결심했다. 선대 황제의 후궁을 자신의 후궁으로 삼는 것이 아무리 비난받는 일이라 하더라도 반드시 무측천을 이 나락에서 구해내겠다고 말이다. 한편 궁 안에서는 왕 황후와 소숙비蕭淑妃가 황제의 총애를 둘러싸고 다툼을 벌이고 있었는데 이는 마침 무측천에게 절호의 기회가 되었다. 오래도록 후사가 없었던 왕 황후는 소숙비가 황제의 총애를 받자 소숙비를 견제할 지원군을 끌어들일 생각을 하고 있었다. 그때 마침 이치가 무측천과 추파를 주고받았다는 사실을 듣고 무측천을 후궁으로 들여 소숙비를

무측천(좌)과 당 고종(우)

무측천은 당 태종의 후궁 출신이었지만, 당 고종의 눈에 들어와 다시 후궁의 지위를 갖는다. 그리고 이에 만족하지 않고 황후 자리를 차지한 뒤, 당 고종이 죽자 직접 황제에 올라 당나라를 멸망시키고 주나라를 개창한다.

방해하기로 마음을 먹었다. 무측천에 대한 이치의 애정에 왕 황후의 속셈이 더해져 무측천은 예법이 막아놓은 한계선을 넘어 다시 후궁으로 입궁했다. 그때 왕 황후는 자기가 끌어들인 사람이 지원군이 아니라 자신을 무덤으로 이끌 사람이라는 사실을 미처 알지 못했다.

후궁들의 암투가 극에 달하자 무측천은 악랄함과 냉혹함, 교활함을 유감없이 발휘했다. 먼저 왕 황후와 함께 총애를 독차지하던 소숙비를 무너뜨린 뒤, 한때 은인이었던 왕 황후를 이간질하기 시작했다. 옛말에 '배고픈 호랑이도 자기 새끼는 잡아먹지 않는다'는 말이 있지만 무측천은 권력을 얻기 위해 친딸의 생명을 걸기까지 한다. 당시 왕 황후는 무측천과 함께 소숙비를 무너뜨린 뒤 마치 전쟁을 함께 치른 듯 그녀에게 동지애를 느꼈고 별다른 경계심을 갖지 않았다. 무측천이 딸을 낳자 왕 황후는 기뻐하여 달려가 아기를 안고 놀아주었다. 그러나 자신이 아기를 안은 그 순간, 이미 큰 화를 당하게 되었다는 사실을 황후가 알 리 없었다. 무측천은 황후가 떠나길 기다렸다가 이불로 딸을 질식시켜 죽게 만들었다.

여기까지 전개된 이야기를 살펴보면 무측천은 인간성을 상실한 간악하기 그지없는 인물임을 알 수 있다. 이후 펼쳐지는 그녀의 음모는 인간성을 통달한 교활함을 보여준다. 무측천은 딸을 죽인 뒤 아무 일도 없는 것처럼 행동했다. 황제가 공주를 보러 오자 무측천은 평소처럼 환하게 웃으며 이불을 열고 마치 그제야 딸이 죽어 있는 것을 알아차린 것처럼 연기했다. 무측천은 몹시 놀란 척을 하며 환관과 궁녀들에게 대체 무슨 일인지 따져 물었다. 그러자 곁에 있던 시종들이 모두 "황후께서 다녀가셨습니다"라고 대답했다. 무측천은 그 말을 듣고 아무 말도 하지 않고 다만 가슴을 치며 대성통곡을 하면서 어떻게 할 수 없는 비통함을 드러낼 뿐이었다. 이에 황제는 "황후가 내 딸을 죽였구나"라고 하며 그녀가 의도한 해답을 스스로 찾았고 상상력을 동원해 '진상'을 밝혔다. 즉 후사가 없는 왕 황후가 무측천을 질투하여 직접 그 딸을 죽였다는 것이었다.

그 결과, 황제는 황후와 점점 소원해졌고 무측천을 날로 더 신임하고 총애했으며 마침내 황후를 폐위시키고 무측천을 황후로 삼기로 결심했다. 14세 때 천자를 뵙는 일을 복으로 여기며 어둠 속에서 신비로운 계시를 느꼈던 것처럼 무측천은 인생 역전을 실현했다. 다만 그 수단이 너무도 잔인했다.

무측천의 잔인함은 승부를 가르는 것에서 멈추지 않았다. 그녀는 성공을 얻은 뒤 황후와 소숙비의 손발을 잘라 술 항아리에 담그도록 명하여 그렇게 죽게 만들었다. 소숙비의 두 딸인 의양공주와 고안공주도 유폐를 당하여 40세가 되도록 결혼하지 못했다. 무측천의 잔인함과 악독함은 소름이 끼칠 정도였지만 그 냉정함과 무정함 속에도 심리적인 트라우마가 남았다. 이후 그녀는 항상 환각에 시달렸는데 종종 황후와 소숙비가 핏방울을 뚝뚝 흘리며 나타났고 아무리 무당을 불러 혼령을 달래도 뿌리칠 수 없었다. 하지만 역사서에는 그녀가 천하를 군림할 때 갓 태어난 새까맣게 어린 딸을 생각했는지는 기록되어 있지 않다. 만약 그녀가 단 1초라도 자신의 딸을 떠올렸다면 그것은 분명 가슴이 찢어질 듯한 고통이었을 것이다.

아마도 당시의 무측천은 이러한 평가를 받기에 적합할 것이다. "용모는 복숭아꽃처럼 아름다웠으나 마음은 독사처럼 악독했다."

혹리혁명 혹은 공포정치

한 번 피가 흐르기 시작하면 쉽게 멈추지 않는 법이다. 무측천이 권력을 쟁취하는 과정은 피비린내가 진동했고 권력을 강화하는 과정은 더하면 더했지 덜하지는 않았다.

무측천은 황제와 함께 권력의 선봉에 서서 조정에 나와 정사를 돌보아 '이성二聖'이라 불렸다. 그녀는 당 고종 이치의 심리적 약점을 정확하게 파악하고 있었다. 그녀는 어리석고 무능한 황제에게 끝까지 공격적인 태세를 취해 끊임없이 타협하도록 만들었다. 한편 이치도 날로 높아져 가는 무측천의 권세에 두려움을 느껴 시랑侍郎 상관의上官儀에게 그녀를 폐위시키는 조서를 쓰도록 명하자 곁에 있던 시종이 그 사실을 무측천에게 알렸다. 그러자 그녀가 갑자기 황제 앞에 나타나 한바탕 하소연을 했고 황제는 이에 마음을 돌리고 심지어 무안해하기까지 하며 변명을 했다. "모두 상관의가 내게 가르쳐 준 것이오!" 심리적인 좌절을 경험한 이치는 무측천의 말을 더욱 잘 따랐고 심지어 무측천에게 양위하려고까지 하여 재상 학처준郝處俊으로부터 완강한 반대를 끊임없이 받았다.

이치가 죽자 다년간 힘써 정사를 돌보아 온 무측천은 조금도 지체하지 않고 후임 황제를 폐위시키고 천하를 군림하기 시작했다. 일찍이 그녀에게 황제가 권력의 선봉에 오르기 위한 계단이었다면 그 계단은 이제 더 이상 필요하지 않았다. 무측천이 머릿속에 그린 미래는 역사상 조정에 나와 정사를 돌본 황태후라는 진부한 이야기를 되풀이하는 것이 아니라 부계 사회에서 여인의 신화를 창조하는 것이었다. 바로 스스로 황제가 되는 것이었다. 황태후가 조정에 나와 정사를 돌보는 것은 선대 황제의 부인이나 당대 황제의 어머니 같은 신분으로 권력을 행사하는 것으로 즉 남자와의 관계를 통해 자신의 존재를 정의하는 것이었다. 무측천은 이러한 제약에서 벗어나 여성의 독립적이고 주체적인 존재를 확립하려 했다.

그러나 남성 중심적인 사회에서 이 목표를 실현하기란 얼마나 어려운가. 혁명을 일으켜 당나라를 주周나라로 바꾸고 스스로 황제라 칭하기까지 했던 강렬한 야심은 필연적으로 끊임없는 저항을 불러일으켰다. 그래서 무측천은 권력을 장악한 시절에도 가시방석에 앉은 듯 항상 모든 조정의 문무 대신들을 적으로 여겼고 역모를 일으키는 자가 생길까 걱정했다. 그녀는 두려운 마음에 이끌려 중국 역사상 가장 무섭고 어두운 혹리혁명을 일으켜 신임이 아닌 시기와 의심으로 천하를 다스렸다. 이때부터 밀고는 정식으로 통치술이 되었다.

무측천은 모두에게 역모를 고발할 것을 공개적으로 알렸다. 대신들 사이에 내분을 일으켜 황위를 공고히 하려 했던 것이다. 역사서의 기록에 따르면 밀고하려는 자는 지방 관리가 호송했고 경성에 이르면 조정의 객사에 머무르게 했으며, 말을 잘한 자는 승급할 수 있었고 말을 잘 못했더라도 금과 은을 상으로 받을 수 있었다. 그뿐만 아니라 밀고를 하려고 하면 관리들도 막을 수 없었고 시골의 평범한 농부라도 무측천이 직접 만나주었다. 이렇게 무측천은 국가의 힘을 이용해 온 천하에 밀고를 장려했다. 그리하여 밀고하려는 자가 천하를 덮었고 모두 숨을 죽이고 감히 비판하는 자가 없었다. 거듭된 포상을 받으며 주흥周興, 내준신來俊臣, 색원례索元禮, 구신적丘神勣 등의 혹리들이 생겨났고 사회 전체가 '모든 사람이 모든 사람을 반대하는' 내분에 빠지며 중국 전통의 사회적 신임과 정치 생태계를 심하게 파괴했다.

내준신는 원래 글을 알지 못했으나 밀고를 통해 단번에 높은 지위에 올랐다. 그들은 무측천이 밀고를 장려하는 이유가 대신들을 억압하기 위해서이며 실제로 반역을 일으키려는 음모가 존재하는 것은 아니라는 사실을 잘 알고 있었다. 그래서 그들은 잇달아 대신들의 죄를 물어 죽이는 것을 공으로 여겼다. 시간이 흐르자 그들은 없는 사실을 꾸며내는 밀고 형식을 발명했다. 즉 '밀고-모함-영전'의 경로로 밀고의 특권을 제멋대로 남용하기 시작했다. 순서는 대개 다음과 같았다. 먼저 밀고할 대상을 고르고, 그 다음으로 극형을 사용한 뒤, 마지막으로 자백을 강요해 옥에 가두고 구족을 멸했다. 밀고의 이유는 반드시 '역모를 꾀했다'는 것이었으나 밀고할 대상을 선택할 때에는 대개 역모와는 전혀 관계가 없었다. 반대 세력을 없애려고 하거나 보복을 하려고 하거나 또는 다른 사람의 아내가 마음에 들어 밀고를 통해 그를 죽이려 하는 등 터무니없는 지경에 이르렀다.

고문 수단은 더욱 참혹하기 그지없었다. 색원례는 죄수의 머리에 쇠침이 가득 박힌 바구니를 씌우는 것을 좋아했다. 또 죄수를 들보에 걸고 머리에 돌을 매다는 것도 좋아했다. 연루된 자들이 수백 명에 이르러 극형이 끝이지 않았다. 이러한 잔인무도함은 오히려 무측천의 표창을 받았다. 내준신은 심문할 때 경중을 따지지 않고 식초를 코에 쏟아부은 뒤 땅을 파 그 안에 가두고 식량을 끊었는데 죄수는 옷을 갉아먹기에 이르고 얼마 버티지 못하고 죽었다. 또 내준신은 열 가지 형틀을 제작했는데 이러한 고문 도구를 보여주기만 해도 모두 두려움에 떨며 어쩔 수 없이 자백했다. 내준신이 밀고의 순서와 고문 절차, 고문 도구에 대해 부문별로 나누어 체계적으로 정리한《나직경羅織經》은 밀고와 고문 문화의 기원이 되었다.

밀고와 고문이 성행하자 강직한 신하들은 앞날을 장담할 수 없게 되었다. 적인걸狄仁傑, 위원충魏元忠, 송경宋璟, 장설張說, 요원숭姚元崇 등 이름난 신하들은 돌아가며 죽음의 문턱을 넘었고 혹리들의 모함을 받고 패가망신한 사람은 셀 수 없이 많았다. 그중 가장 큰 피해를 입은 사람은 당 왕조의 종실 자손들이었다. 무측천은 한왕韓王 이원가李元嘉의 봉기를 진압한 뒤 당 왕조의 종실 자손들을 큰 잠재적 위협 요인으로 여기게 되었다. 이에 10여 명의 친왕과 그 가족들을 은밀히 처형했고 종실 자손들도 잇달아 처형하여 남은 사람이 거의 없었다.

혹리혁명으로 많은 사람들이 두려움에 떨게 되자 무측천의 통치는 나날이 완고해지는 것처럼 보였다. 그러나 프랑스 철학자 미셸 푸코Michel Foucault가 말한 것처럼 권력은 유동적이어서 반작용도 존재한다. 무측천은 군신들을 억누르고 종실들을 제거하기 위해 혹리혁명을 추진했지만 표면적인 복종만 얻었을 뿐 속으로 반란을 일으키도록 부추겨 많은 사람들이 당나라를 그리워하게 만들었다.

그러나 만약 이 방법만 사용했다면 무측천은 우리가 아는 무측천이 될 수 없었을 것이다. 그녀는 당근과 채찍의 법칙을 잘 알고 있었다. 불순한 자를 처형하는 동시에 순종하는 자는 발탁해 잔혹함 속에서도 혹시나 하는 희망을 주었다.

엘리트 계층을 포섭하다

혹리혁명이 절망만을 가져다주었다면 세상의 지식인들은 '반대해도 죽고 반대하지 않아도 모함을 받아 죽는다'는 논리 하에 죽을 각오로 맞서 싸웠을 것이고 무측천이 일으킨 백색 공포도 정반대의 결과를 가져왔을 것이다. 그러나 무측천은 한 가지 방법만을 고수하지는 않았다. 그녀는 절망적인 스산함 속에서도 따뜻한 온기를 조금씩 더해 사람들 마음속의 분노를 누그러뜨렸다.

만일 국정을 돌보는 능력에서 출발한다면 무측천은 남자 황제들과 비교해도 결코 뒤지지 않는다. 심지어 대부분의 군주들보다 훨씬 더 뛰어났다고 할 수 있다. 비록 그녀는 잔인하고 악독하여 권력을 위해서라면 온갖 극악무도한 수단을 동원했지만 권력의 경계가 어디인지 명확하게 알고 있어서 예법 질서를 보호하고 지식인을 존중하는 모습을 보였다.

그녀의 이러한 모습을 잘 보여주는 일화가 있다. 승려 설회의薛懷義는 원래 낙양 길거리의 무뢰배였으나 추천을 받아 무측천의 총애를 받았다. 무측천은 사람들의 이목을 가리기 위해 그에게 머리를 깎고 출가한 것처럼 행세하게 하여 승려의 신분으로 궐문을 출입하게 했다. 그때부터 설회의는 초고속으로 관직이 상승했다. 그는 황실의 궁전 건축 시 총감독을 맡았을 뿐만 아니라 수십만 대군을 이끌고 북쪽 돌궐을 토벌하기도 하여 당시 가장 많은 총애와 영예를 받았다.

설회의는 믿는 구석이 있어 두려움 없이 오만하게 설쳤고 법이나 규율 따위는 안중에도 두지 않았다. 왕손의 자제들이나 문무백관 할 것 없이 그 앞에서 방자하게 굴었고 심지어 대장부를 공개적으로 모욕하기도 했다.

당시 소량사蘇良嗣라는 재상이 있었는데 아첨하는 법이 없이 강직하기로 이름나 있었다. 하루는 궁 안에서 설회의가 소량사를 만나자 오만한 표정으로 무례하게 행동했다. 당나라 시기의 재상은 국사를 돌보고 지위가 매우 높아 역사서에 '예절백료禮絶百僚'라 불렸고 황제도 재상을 만나면 예를 갖춰야 했다. 뜻밖에 소량사는 이를 보고 크게 노해 시중에게 설회의의 뺨을 때리라고 명했다. 무측천의 잔인함과 악독함으로 미루어 볼때 설회의가 이를 무측천에게 고하면 소량사는 분명 큰 화를 면치 못할 것이 분명했다.

그러나 뜻밖에도 무측천은 남아南衙는 재상이 출입하는 곳이니 북문으로 다니라고 하면서 "이를 어기지 말라!"라고 설회의를 꾸짖었다. 이는 무측천이 권력을 얻기 위해 무슨 짓이든 저질렀지만 권력을 행사하는데 있어서는 여전히 그 경계를 잘 지켰음을 보여준다. 그녀는 역모를 일으킬까 두려워 무고한 사람들을 무참히 죽였지만 사리사욕 때문에 조정의법도를 무너뜨리는 것은 절대 눈감아주지 않았다. 사람을 벌벌 떨게 만드는 냉혹함의 이면에는 깨어 있는 군주가 갖춰야 할 절도와 기개가 있었다.

그러한 면모는 인재를 등용하는 방면에서 두드러지게 나타났다. 현대 정치학의 연구 결과에 따르면, 정치체제를 안정적으로 유지하기 위한 관건은 정치 엘리트를 정치체제 안으로 최대한 흡수하는 것이다. 바로 이러한 이유 때문에 당 태종 이세민은 "천하의 영웅들이 모두 내 올가미에 걸려들었구나" 하고 감격하며 민심을 안심시키고 천하를 태평하게 다스렸다. 무측천도 이 이치를 꿰뚫고 있었으며 오히려 이세민보다 더욱 앞서나갔다. 무측천은 인재를 흡수하고 민심을 안정시키기 위해 사람들에게 신분 상승에 대한 희망을 주었다. 무측천이 사용한 비장의 카드는 관직과 작위, 관록을 넘치게 하사하는 것이었다.

역사서에 따르면 "태후는 관직을 하사하기를 아끼지 않았다. 사방의 호걸들을 등용했으며 무지한 사람이라도 말이 잘 통하면 절차와 상관없이 바로 관직을 하사했다"라고 기록되어 있다. 또 대개 과거에 급제한 사람을 소개받으면 지혜의 깊이를 따지지 않고 모두 등용했고 수준의 높고 낮음과 상관없이 모두 중임을 맡겼다. 운이 좋은 사람은 봉각사인鳳閣舍人 또는 급사중給事中을 맡아볼 수 있었고 그보다 낮은 사람은 외랑外郎 또는 시어사侍御史를 맡아볼 수 있었다. 중국 역사의 '시관試官' 제도는 바로 여기에서 비롯되었다. 이 제도는 오늘날의 인턴과 유사한데 사실상 잉여 인원으로 일보다 사람이 더 많았고 명목만 있을 뿐 실체가 없었다. 당시 어떤 이가 이러한 태세를 비웃는 풍자시를 지었던 것을 보면 불필요한 관원이 얼마나 넘쳐났는지 짐작할 수 있다. 후에 과거에 급제한 사람이 그 풍자시에 당국을 비꼬는 말을 덧붙이자 어사가 조정을 비방한 것으로 여겨 벌할 것을 청하니 무측천은 뜻밖에 크게 웃으며 말했다. "허나 경들을 부리는 이는 넘치지 않으니 어찌 소문에 신경을 쓰는가? 죄를 면하라."

과연 무측천은 높은 곳에 군림하며 아랫사람을 부리고 그들의 마음을 통제하는 법을 잘 알고 있었다. 사대부로 대표되는 엘리트 계층을 자기 체제 안으로 흡수할 수만 있다면 실체가 있든 한가하게 놀든 상관이 없었다. 그들이 그 명예와 지위를 받아들이고 권력의 계단에서 더 높은 곳으로 오르려는 마음만 있다면 그들은 절대 역모를 일으키지 않을 것이고 따라서 정권은 안정을 얻을 수 있었다.

인재를 적재적소에 등용하는 무측천의 능력도 대신과 선비들이 기꺼이 그녀를 따랐던 이유였을 것이다. 일대 명신인 적인걸, 송경, 요원숭 등은 모두 무측천에게 중용되었는데 특히 송경은 아첨을 모르는 강직한 성품으로 이름나 있었다. 당시 장창종張昌宗과 장역지張易之 형제가 득세했는데 무삼사武三思와 무승사武承嗣 같은 황친과 국척들도 서로 앞다투어 그들의 곁을 따라다니며 시중을 들었으나 송경은 본체만체했다. 당시 모든 조정 신료들은 장역지를 '오랑五郎', 장창종을 '육랑六郎'이라 불렀는데 오직 송경만이 따르지 않았다. 그는 오히려 대신들을 꾸짖으며 우리가 종이 아닌데 어찌 그들을 '랑郎'[20]으로 칭하느냐고 했다. 그때부터 송경과 장씨 형제는 사이가 틀어졌고 장씨 형제는 기회를 틈타 송경을 암살하려고까지 했으나 무측천의 비호 아래 송경은 화를 면할 수 있었다.

확실히 무측천이 강건한 신하들을 용납한 것은 인심을 매수하는 효과가 컸다. 설령 흉내만 낸 것일지라도 매우 성공적으로 해냈다. 송경과 요원숭 등과 같은 그녀가 남긴 정치적 유산이 없었다면 당 현종玄宗은 '개원의 치[開元之治]'[21]를 펼치기 어려웠을 것이다.

무측천은 통치의 본질을 철저하게 해부했고 이른바 '정치의 핵심은 오직 사람을 얻는 데 있음'을 정확히 파악했다. 단지 기술적인 측면에

---

20 주인이라는 뜻을 내포한다.
21 개원은 713~741년의 시기로 당 현종의 연호다. 당 왕조가 가장 전성기를 누렸던 시대를 일컫는다.

서의 인재 등용보다 더욱 중요한 것은 엘리트 계층에 대한 '정치적 흡수'였다. 무측천은 이 통치의 비밀을 붙들고 체제의 문을 모든 사람에게 활짝 열었다. 그리하여 학문과 무예를 익혀 황제에게 이바지할 것을 꿈꾸는 사대부들은 금새 무측천의 잔인함을 잊고 출세의 원대한 목표를 위해 기꺼이 올가미에 걸려들었으며 자의반 타의반으로 피비린내 나는 권력 찬탈과 잔인한 통치를 지지했다.

무측천의 부드러움과 강함, 밝음과 어두움은 천하의 선비들의 나약한 마음을 정확하게 포착했다. 그들은 두려움 때문에 굴복하고 또 희망 때문에 순종하면서 수동적으로나 적극적으로 무측천과 적절하게 타협했다.

무측천, 권력 계승 앞에서 무너지다

한 손에는 뜻 있는 자들도 모두 오싹하게 만드는 날카로운 검을 쥐고 다른 한 손에는 천하의 선비들을 모이게 만드는 관리의 모자를 쓴 채, 무측천은 지금껏 어느 누구도 달성하지 못한 거대한 성공을 이루었다. 그러나 권력의 선봉 위에 섰을 때 무측천의 몸은 시간의 침식 속에서 빠르게 늙어갔다.

말년의 무측천은 여전히 아름답게 꾸미는 것을 좋아했다. 이는 일찍이 그녀가 이세민의 마음을 움직인 비밀이자 이치의 마음을 정복할 수 있었던 무기였다. 무측천은 일흔 살이 되어 이미 눈은 침침하고 머리는 희끗희끗하고 치아는 흔들렸다. 그러나 나이가 들었어도 화장을 좋아하여 주변 사람들이 그녀가 노쇠해진 것을 알아보지 못했다. 한동안은 치아 두 개가 새로 나서 기뻐하며 즉시 조서를 내려 연호를 '장수長壽'로 바꾸도록 명했다. 그러나 안타깝게도 젊음을 유지하는 비결도 결코 시간의 침식을 막을 수는 없었다. '장수'는 희망사항일 뿐 결국 현실의 곤궁함을 막기는 어려웠다. 무측천은 권력 계승에 대해 진지하게 고민할 때가 되었다.

원래 권력과 시간 사이에는 긴장감이 흐르게 마련이다. 조지 오웰 George Orwell의 소설《1984》는 둘 사이의 힘을 이렇게 표현하고 있다. "과거를 지배하는 자가 미래를 지배하고, 현재를 지배하는 자가 과거를 지배한다." 다시 말하면, 역사를 정의하는 것은 미래에 영향을 줄 수 있고 권력을 장악하는 것은 역사를 정의할 수 있는 권리를 얻는 것이다. 무측천도 역시 정권을 손에 쥐고 역사를 고쳐 쓰고 시간의 궤도를 바꾸려고 했다. 그녀는 고대 주나라의 문왕과 무왕을 새 왕조의 시조로 만들고 자신의 역대 조상들을 모두 황제로 추서하여 묘를 지어 공양하고 천지를 모셨다. 주나라 문왕을 추서한 것은 새 왕조의 정당성을 위해 역사적 토대를 마련한 것이었고, 옛 조상들을 추봉한 것은 새 왕조의 권력 계승을 위해 연속적인 계보를 쓴 것이었다.

역사를 정의하는 것은 미래를 바꾸기 위해서다. 무측천이 이렇게 애를 써서 역사의 서사를 바꾸려 한 목적은 모두 주 왕조가 오래도록 지속되도록 하기 위해서였다. 그러나 무측천은 평생 동안 천하를 종횡무진하며 가는 곳마다 성공을 거뒀지만 이번만큼은 실패의 나락으로 떨어졌다. 유가의 윤리 질서가 가지고 있는 면역체계 때문에 그녀는 자신의 바람대로 '과거를 지배하는 자가 미래를 지배한다'는 목적을 실현할 수 없었다.

주나라 왕조를 이어나가기 위한 전제는 성이 무씨인 자가 황제가 되는 것이었다. 무측천도 당나라 이씨 황손을 말살하고 무씨의 후손으로 이를 대체하는 방안을 생각해보기도 했다.

　　무측천이 막 조정에 나가 정사를 돌보기 시작했을 때 셋째 아들 당 중종中宗 이현李顯을 여릉왕廬陵王으로 강등시키고 넷째 아들 예종睿宗 이단 李旦을 태자로 세웠다. 그러나 시종일관 그를 엄히 경계하여 조정 대신들이 감히 그와 왕래하지 못했다. 그녀는 당나라 이씨 종실을 쌀쌀맞게 대한 반면 무씨 후손들에게는 따뜻하게 대했다. 그녀는 무씨 조상들을 추서했을 뿐만 아니라 무씨의 일가친척들 모두에게 관직을 하사하기로 약속했다. 천지에 제사를 지내는 중요한 행사에서도 조카들인 무승사와 무삼사를 각각 두 번째와 세 번째에 서게 했다. 이러한 의식에서의 자리 배치는 이씨를 폐위시키고 무씨를 세우려는 무측천의 의중을 드러낸 것이었다.

　　두 왕조 동안 황제의 곁을 지킨 무측천은 재상에게 무씨의 자손을 태자로 세우려는 생각을 제안했으나 같은 이유로 서로 다른 재상에게 두 번이나 제지를 당했다. 처음에는 무승사를 태자로 세우려고 하자 재상 이소덕李昭德이 무승사가 천자가 되면 고모에게 묘를 세워주겠냐고 말했다. 일언지하에 무측천은 마음을 접었다. 두 번째는 무삼사를 태자로 세우려고 하자 재상 적인걸이 동일한 이유를 말했다. 무측천의 아들 여릉왕을 태자로 세운다면 세세토록 종묘에 머무를 수 있겠지만 만약 무삼사에게 물려준다면 후에 그가 조상에게 제사를 지낼 때 과연 고모를 포함시키겠는가? 그제야 무측천은 이씨를 폐위시키고 무씨를 세우려는 생각을 확실히 접었고 즉시 사람을 보내 여릉왕을 다시 조정에 데려오도록 했다.

　　무측천은 유형有形의 적들을 모두 물리쳤지만 유가의 윤리 질서 앞에서는 실패를 맛보았고 어쩔 수 없는 무력감을 느꼈다. 고모와 조카 사이에는 유가의 윤리 질서가 규정한 권력 계승의 근거가 없었다. 무측천은 권력을 쟁탈하기 위해 피 튀기는 싸움을 일으켜 수많은 무고한 사람들의 피를 흘리게 만들고 마침내 권력으로 통하는 길을 펼쳤다. 그러나 그녀가 권력을 잃는 과정에는 사방에서 일어나는 전쟁도 없었고 우여곡절이 반복되지도 않았다. 다만 유가 사대부들의 몇 마디 말이 이 거만한 여인을 넘어뜨렸을 뿐이었다.

이소덕과 적인걸은 당대 최고의 유학자라 부를 만하다. 그들은 역사의 궤도를 바꿀 수 있는 방법을 정확히 알고 있었고 그 방법을 사용하면 만고강산도 변할 수 있다는 사실을 알고 있었다.

유가의 윤리 질서의 초안정성

아무리 높은 산도 흐르는 강물을 막을 수는 없는 법이다. 무측천은 갖은 수를 쓰며 몸부림을 쳐 보았지만 자신이 유가의 윤리 질서 앞에서 얼마나 고독하고 무력한지 깨달았다. 결국 그녀는 당나라 이씨 황손인 여릉왕을 다시 태자로 받아들인다. 이제 정치 구도는 이미 정해진 것이나 다름없었지만 조정과 재야에서는 진전이 너무 느리다며 여전히 불만을 드러냈다. 이에 재상 장간지張柬之는 결국 참지 못하고 금위군禁衛軍을 이끌고 궁궐로 진격하여 병변을 일으켰다. 칼끝에 선 무측천은 그렇게 약하고 무력해보였다.

무측천은 함께 병변을 일으킨 최현위崔玄暐에게 다른 사람은 그렇다 치더라도 자기 손으로 직접 뽑은 네가 어찌 나를 배반할 수 있느냐고 말했다. 그때 최현위의 대답은 가히 명언이라 할 수 있다. "폐하께 보답하기 위해 이렇게 바로잡는 것입니다." 그 말을 들은 무측천은 분명 뼈에 사무치는 냉혹함을 느꼈을 것이다. 그것은 은혜와 의리를 저버리는 야박한 세태가 아니라 역사의 깊은 곳에서부터 비롯된 한기였다. 최현위의 말은 틀리지 않았다. 유가 윤리에 따르면 그는 분명 옳은 일을 하고 있었다. 그 것은 바로 무측천이 잘못을 깨닫고 바른 길을 가게 하여 유가 윤리의 정상적인 궤도로 돌아오게 만드는 것이었다. 최현위는 잘못을 바로잡는 것을 황제의 은혜에 보답하는 방식으로 여겼다. 사람의 뜻이 이렇다는데 무측천이 어떤 대답을 할 수 있었겠는가? 오직 침묵으로 실패를 맞을 수밖에 없었다.

　　무측천은 역사에게 버림받고 말년에 냉궁에서 은거하는 세월 동안 역사 밖으로 내쳐진 무력감과 고독감을 느꼈을 것이다. 무측천은 같은

비문 없는 비석, 무자비(無字碑)

무측천은 자신의 비석에 아무것도 기록하지 말라는 유언과 함께 황제가 아닌 황후의 예로 장사를 지내고 남편인 당 고종의 곁에 묻어달라고 유언을 남겼다.

시대에 살았던 그 어느 누구에게도 지지 않았지만 오직 시대의 주축을 이루었던 공자孔子라는 철학자에게 패하고 말았다. 공자는 중국의 정치를 움직이는 세밀한 '운영 시스템'을 설계했고 무측천의 노력은 번식할 수 없는 실패한 '소프트웨어'일 뿐이었다.

아들은 아버지를 섬기고[父爲子綱], 신하는 임금을 섬기고[君爲臣綱], 아내는 남편을 섬긴다[夫爲婦綱]라는 삼강오륜이 확립한 것은 남성과 부권을 기반으로 하는 권력 구조였다. 군주와 신하, 아버지와 아들로 이어지는 삼강오륜은 부자 관계를 군신 관계로 확장한 것이자 사회 전체를 움직이는 윤리의 기반이었다. 이 기초 위에서 누구든지 권력의 부자승계 원칙에 도전한다는 것은 곧 국가와 사회가 의지하는 생존의 토대에 도전한다는 것이었고 이는 스스로 역사에게 버림받는다는 것을 의미했다. 무측천은 유가의 윤리 질서에 맞선 최초이자 최후의 도전자였지만 이 질서를 준수하면 아들의 공양을 받으며 한 자리를 차지할 수 있다는 사실을 알아차렸다. 유가의 윤리 질서는 무측천에게 오직 두 가지 차선책을 남겼다. 그것은 당나라 권력 계보에서 곁가지가 되거나 주나라 권력 계보의 어두운 구석이 되는 것이었다. 두 가지 선택 모두 실패를 의미했지만 그럼에도 후자는 얻을 수 있는 것이 아무것도 없었다.

무측천의 실패는 중국 사회의 초안정적 구조에 철학적인 설명을 더해주었다. 유가의 윤리 질서의 기초는 인간을 독립성을 잃어버린 개체로 여기지 않으며 윤리 관계 속의 교차점으로 여긴다. 인간은 윤리적 역할을 맡은 후에야 비로소 자신의 존재 가치와 의의를 찾는다. 이 윤리의 그물망은 닿지 않는 곳이 없으며 어디에서나 존재한다. 각 사람은 이 그물망 안에 속해 있으며 시간이 흐름에 따라 부자승계의 원칙이 이러한 윤리 질서를 지속시키고 재생산한다.

확실히 무측천은 처음에는 이 질서의 수혜자였다. 무명의 대갓집 규수에서 단번에 지존의 자리에 올라 천하를 다스리고 위세를 떨칠 수 있었던 것은 무측천이 황후라는 윤리적 역할을 맡았기 때문이었다. 또한 최후의 실패 역시 이 윤리 질서 때문이었다. 황후의 명분으로 정권을 탈취한 것은 이미 유가 철학이 말하는 정의가 아니었다. 심지어 그 정권을 후대에 이으려 한다면 이는 유가의 윤리 질서에 대한 치명적인 타격을 의미했다. 이 질서는 마치 면역체계처럼 작동하여 일단 자신에 대한 도전이 등장하면 모든 사람들이 그를 적으로 여기고 도전자는 시대와 싸움을 벌이는 곤란한 지경에 빠지게 한다.

더 심층적인 문제는 무측천 본인에게 있었다. 몸이 도망갈 곳이 없었지만 마찬가지로 정신도 이 윤리의 그물망에 의해 정의되었다. 만일 유가의 윤리 질서가 무측천의 가치관에 내재되어 있지 않았다면 어째서 거대한 세속적인 성공을 얻고 난 후에도 오래도록 이어질 역사적 평가에 급급해 했겠는가? 또 자신이 죽고 난 뒤 자신의 위패가 향안香案[22]의 어떤 위치를 점하게 될지에 대해 구태여 급급해 할 필요가 있었겠는가? 유가의 정치철학은 사람의 몸뿐만 아니라 마음에도 각인되어서 초안정적인 특징을 가진다. 문제는 지나치게 안정적이라는 것이다. 이 질서가 끊임없이 지속되고 강화되면서 고대 중국의 정치체제는 줄곧 다른 가능성이 출현하기

---

22 제사 때에 향로나 향합을 올려놓는 상.

어려웠다.

어찌 되었든 무측천은 상상력이 풍부했고 열정을 품었으며 상식과 규범을 깨뜨리고 불가능을 가능으로 바꾸었다. 간사한 계략과 피비린내 나는 잔인함을 제쳐두면 그녀의 열정은 중국 역사상 독특한 정신적 기질을 드러냈다. 이는 유교적 규범을 순순히 따르는 데 습관이 된 민족에게 용감한 개척 정신을 불어넣어 주었다. 무측천이 살았던 시대는 여자가 가장 기를 펴고 살았던 시대였다. 태평공주太平公主, 안락공주安樂公主, 상관완아上官婉兒 등 여중호걸들이 연이어 나타나 수천 년 동안 계속된 진부한 남성적 정취의 역사에 여성적 풍모와 기풍을 불어넣었다. 천하를 호령하는 무측천의 등장은 반대 세력에게 재난을 가져왔지만 역사에 새로운 활력을 가져다주었다.

하지만 무측천은 자신의 이름이 암시하는 것처럼 외로웠다.[23] 이 글자는 무측천 본인이 직접 만든 것으로 이전에도 없었고 이후에도 없었다. 바로 이 글자처럼 무측천은 중국 역사의 발전 과정에서 단지 '하나의 단절점'이었다. 얼마나 높이 솟았는지와 관계없이 무측천은 외로운 산봉우리일 수밖에 없었다.

무측천 이후 그녀의 두 아들 이현과 이단은 차례로 당 왕조의 황제가 되었으나 무측천이 끼친 영향을 완전히 없애지는 못했다. 특히 무측천은 여성에게 상상의 여지를 가져다주었는데 이는 더욱 많은 여성들의 마

---

23 무측천은 황제로 즉위한 뒤 '무조(武照)'에서 '무조(武曌)'로 개명했는데 '조(曌)' 자 안에 공허함을 뜻하는 '공(空)' 자가 들어 있어 외로움을 은유한다라고 저자는 보고 있다.

음속에 희망의 씨앗을 뿌렸다. 그러나 안타깝게도 역사에 두 번째로 등장하면 반드시 비극이 된다. 당 중종 이현의 황후 위씨韋氏가 조정과 재야에 막강한 권력을 휘두르며 무측천이 열었던 여인 시대를 재현하려고 했다. 그러나 그때 영민하고 용맹스러운 청년이었던 임치왕臨淄王 이융기李隆基가 군사를 이끌고 궁으로 진격하여 무측천에서 시작된 혼란을 단번에 끝내고 당 왕조를 또 다른 태평성세의 전성기로 이끌었다. 그러나 그 역시 곤경에 처했다. 바로 지고지상의 황제 권력이 그의 인간성을 타락하게 만든 것이었다.

5장 타락

이융기 李隆基

권력이 심판하려
할 때 부패가
시작된다

절대 권력은 절대 부패한다. 그것이

한 사람에게 행위자와 심판자의 두 가지

역할을 동시에 부여하기 때문이다.

당 현종 이융기는 중국 역사상 가장 비참한 황제다. 그보다 더 기복이 심한 인생을 살았던 황제는 아무도 없었다. 그는 역사에 오래도록 회자될 개원성세開元盛世를 열었지만 그 모든 영화를 자기 손으로 직접 날려버렸다. 비극이란 인생의 소중한 무엇이 파멸되는 것을 지켜보는 일이라면 이융기는 이를 철저하게 경험했다. 그의 성공은 너무나 찬란했기에 그의 실패는 더 처량했다.

　　755년, 약 43년간 황제의 자리를 지킨 이융기는 인생의 만족스러운 경지에 이르러 있었다. 천하는 오랫동안 태평했고 창고에는 재화가 쌓였으며 강력한 군대는 당나라 주위의 이민족들에게 위엄을 드러냈고 백성들은 편하게 생활했다. 이러한 정치·군사상의 공적으로 그는 명군의 대열에 들어섰고 오래도록 숭배받을 만했다. 그러나 이융기는 세속의 성공에 싫증을 느끼고 가슴에 사무치는 사랑에 온몸을 바치고 싶어 했다. "모란꽃과 경국지색이 서로 마주 보고 즐거워하니, 군왕은 늘 웃음 지으며 바라보네. 봄바람에 모든 근심 날려보내고, 침향정 북쪽 난간에 기대어 서 있네[名花傾國兩相歡 常得君王帶笑看 解釋春風無限恨 沉香亭北倚

欄干]."[24] 이융기와 양귀비楊貴妃는 비운의 한 쌍이 될 운명이었고 오직 낭만주의 문학의 상상 속에서만 서로를 위로할 수 있었다.

바로 그 해, 이융기가 총애하던 신하 안녹산安祿山은 군사를 이끌고 반란을 일으켜 이융기가 방어하지 못한 순간을 틈타 그가 애써 이룩한 공적과 사랑을 부수었다. 이융기는 군신들을 이끌고 서쪽으로 도망친다. 황급히 도망가는 그의 모습은 지난날의 부귀영화와 대비되어 더욱 낭패스러웠다. 관원들은 길에서 도망쳐 뿔뿔이 흩어졌고 내내 배고픔을 견뎌온 장병들은 마외역馬嵬驛에 이르자 결국 지쳐 분위기가 살벌해졌다. 그들은 먼저 재상 양국충楊國忠의 사지를 절단한 후, 황제에게 양귀비를 죽이라고 협박했다. 이미 고희에 이른 이융기는 몸을 휘청거리며 지팡이를 짚고 아우성치는 병사들과 홀로 마주했다. 그는 지팡이에 몸을 기대 머리를 숙이고 한참을 서 있다가 끝내 병사들의 요구에 암묵적으로 동의했다. 천하를 잃고 사랑하는 사람까지 잃은 그 순간 이융기의 마음은 얼마나 큰 괴로움과 고통에 시달렸겠는가?

하지만 시간을 되돌리더라도 이융기가 이러한 지경에 이를 것이라고 생각한 사람은 아무도 없을 것이다. 젊은 시절 그는 뛰어난 기품과 수려한 외모로 비범한 자태를 뽐냈다. 27세 때 태평공주와 연합하여 군사를 이끌고 궁으로 진격하여 정변을 일으켰고 당시 조정에 출입하며 정사를 돌보던 위 황후를 죽임으로써 당 왕조가 또다시 외척의 농단과 찬위의 비극에 빠지는 것을 막았다. 이어서 그는 당나라의 지존의 자리에 오른 뒤

---

24 이백의 《청평조(淸平調)》 3수 중 하나로 양귀비를 향한 당 현종의 사랑과 감개가 담겨 있다.

양귀비의 최후와 무기력한 당 현종

안녹산의 반란으로 도망가던 당 현종은 이 일을 초래한 양귀비를 죽이지 않고서는
한 발짝도 움직이지 않겠다는 호위병사들의 파업에 결국 양귀비를 버린다.

다시 한 번 선제공격을 가하여 태평공주를 따르는 세력을 제거했다. 이렇
게 해서 그는 당 왕조의 정치를 원래의 궤도로 되돌려놓았다. 무측천이 국
위를 찬탈한 이래 이융기는 당 왕조의 정치적 혼란을 확실히 끝내고 잘못
을 바로잡았으므로 그 공이 매우 크다고 할 수 있다.

그 후 이융기는 전력을 다해 나라를 다스렸다. 요원숭과 송경 등을
잇달아 재상으로 임용했고 조정을 정비하고 상벌을 공정히 나누어 천하를
태평하게 다스렸다. 요원숭과 송경은 당 태종 때의 재상인 방현령과 두여

회杜如晦에 이어 당 왕조의 가장 유능한 재상이었다. 이를 통해 이융기가 인재를 알아보고 적재적소에 사용하는 지혜와 포용력이 있었다는 사실을 알 수 있다.

그 순간은 가히 태평성세라 할 수 있을 것이다. 위로는 영명한 군주가 다스리고 아래로는 현명한 신하가 보좌하며 훌륭한 인재가 모이고 천하가 태평했다. 누구도 이융기를 의심하지 않았고 미래에 대해 조금이라도 비관적인 견해를 가지는 사람도 존재하지 않았다.

그러나 이렇게 뛰어난 재지才智를 타고난 황제가 집정 후반에 완전히 다른 사람이 되어 있으리라고 감히 누가 생각이나 할 수 있었겠는가? 일찍이 이융기는 자신의 이해관계와 상관없이 오직 현명한 인재를 임용했으나 후에 이임보李林甫, 안녹산, 양국충 등 간신들을 총애하고 신임했다. 또 그는 일찍이 근검절약을 실천했으나 후에는 무절제하게 상을 하사했고 사치스럽고 방탕한 생활을 했으며 주색잡기에 빠졌다. 그뿐 아니라 이전에는 간언을 겸허히 받아들였으나 이후에는 강퍅하고 독선적으로 변했으며 다른 소리를 잠재우는 것만을 능사로 여겼다. 완전히 다른 사람처럼 변한 이융기의 모습은 결코 우연이 아니다. 그 안에는 어떠한 의의가 담겨 있다. 그 내적 논리와 필연적 요인은 바로 인간성을 타락하게 만드는 권력이다.

이융기의 인생 역정은 인간성과 권력의 심층적인 관계를 드러낸다. 즉 권력은 인간성을 타락시키고 절대 권력은 인간성을 절대적으로 타락시킨다는 것이다. 이융기의 이야기는 자율, 절제, 반성 등과 같은 인간성의 고유한 미덕이 황제 권력의 부패 속에서 점차 어떻게 타락했고 결국 정반대의 결과에 이르렀는지 보여준다.

청년 이융기, 당 왕조를 구하다

마르크스는 이렇게 말했다. "세계사의 모든 위대한 사건과 인물은 두 번 반복된다. 첫 번째는 비극으로 나타나고 두 번째는 희극으로 나타난다." 이 말은 무측천과 위 황후의 운명을 묘사하기에 적절하다고 할 수 있다. 무측천의 비극은 위 황후를 만들었고 위 황후의 희극은 이융기를 만들었다.

무측천이 퇴위당하고 당 중종 이현이 즉위하자 마침내 이씨 후손이 오랫동안 빼앗긴 황제 권력을 되찾고 당 왕조는 바른 궤도로 회귀한 것처럼 보였다. 그러나 그 배후에는 여전히 큰 위기가 숨어 있었다. 이현이 권력에 이르는 길은 우여곡절로 가득했다. 그는 한때 폐서인이 되었다가 무씨 후손들로부터 호시탐탐 노림을 받았다. 그가 목숨이 경각에 달려 인생의 밑바닥에 이르렀을 때에도 위 황후는 그를 떠나지 않았다. 그래서 두 사람은 언젠가 환란에서 벗어나 광명을 보는 날에는 서로 제약하지 않기로 약속했다. 그 후 이현이 황제로 즉위하자 위 황후도 세력을 이루고 천하를 얻었다. 이현은 어려움이 닥칠 때마다 위 황후의 말을 듣고 그녀에게 많이 의지했고 심지어 위 황후가 무삼사와 침상에서 노골적으로 놀더라도 무조건 눈감아주었다.

위 황후의 권력욕은 나날이 커졌고 급기야 상관완아 등의 도움을 받아 거대한 음모를 품기 시작했다. 바로 무측천을 본받아 조정에 출입하며 정사를 돌보고 몰래 혁명을 도모한 것이다. 얼마 후, 이현이 갑작스럽게 서거하자 위 황후는 조정에 출입하며 정사를 돌보았다. 우여곡절 속에 되찾은 당 왕조는 또다시 폭풍우를 맞은 듯 위태로운 처지에 빠지고 말았다.

세상에는 비상한 사람이 나타나야 비상한 일이 일어나고, 비상한 일이 일어나야 비상한 공이 세워지는 법이다. 바로 그 위기일발의 순간에 황실 자손들 중에서 흔쾌히 천하를 자신의 임무로 여기고 앞장서서 무너져가는 조정을 일으킬 사람이 없다면 곧 위씨가 정세를 장악하여 종묘사직을 되찾을 수 없게 될 것이다. 역사가 구세주의 출현을 필요로 하던 그때 임치왕 이융기가 본격적으로 등장하며 '시대가 영웅을 낳고 영웅이 시대를 연다'는 오래된 격언을 증명한다.

　　위 황후가 유가 경전의 도리에서 멀어진 것은 하루 이틀의 일이 아니었고 이융기가 반역자를 처단키로 모의한 것도 이미 오랜 시일이 지났다. 이융기는 정세를 읽고 아군과 적군을 가리는 데 능했다. 그는 정세의 변화에 따라 동맹을 통해 합종연횡을 했다. 무측천에게는 두 아들과 딸 하나가 있었다. 이들 중 당 중종 이현은 갑작스럽게 죽었고 당시 당 예종 이단은 번왕藩王의 자리에 있었으며 태평공주는 따르는 자가 매우 많았다. 정치란 '자신을 지지하는 사람은 더 많아지게 만들고 적을 지지하는 사람은 더 줄어들게 만드는 것'이라 할 때, 이융기는 정치 투쟁이란 일시적인 동지 관계를 맺어 공공의 적에 함께 맞서는 것에 불과함을 분명히 알고 있었다. 그가 태평공주와 동맹을 맺고 위 황후의 반란에 맞선 것, 후에 다시 태평공주를 제거하게 되는 것 모두 동일한 정치의 법칙에서 비롯된 것이었다.

　　이융기는 정세를 잘 판단했을 뿐만 아니라 기민하고 과감하게 결단을 내릴 줄도 아는, 타고난 정치가였다. 그때 거사를 앞두고 어떤 이가 먼저 아버지인 당 예종 이단에게 고해야 한다고 말하자 이융기는 만일 아버지가 동의하면 사실상 아버지를 끌어들이는 것이 되고 반대로 아버지가 동의하지 않으면 계획은 반드시 실패할 것이라고 말했다. "나는 사직을 위기에서 구하고 아버지를 위해 힘을 다할 것이오. 일이 성공하면 나라에 복이 될 것이고 성공하지 못하면 충효를 다하려다 죽게 될 것이오." 이는 청년의 영민함과 용맹스러움, 목숨을 불사하고 정의를 위하는 대장부의 의지, 영웅의 위엄 있는 기개였다. 일촉즉발의 순간, 이융기는 과감하게 군사를 이끌고 궁으로 진격하여 닫힌 빗장을 열고 들어가 위씨 일당을 죽이고 도통을 바로잡았다. 이융기는 반대 세력을 성공적으로 제거한 뒤, 권력을 다시 이씨 자손에게 되돌려놓았다. 그는 아버지 이단이 황제가 되도록 도왔고 자신은 여러 사람들의 바람대로 그 후계자가 되었다. 이융기는 처음으로 '총대에서 나온 정권'의 기분을 맛보았다.

한편 공공의 적이 무대에서 사라짐에 따라 한때 동맹을 맺었던 이는 반목하여 원수가 되었다. 태평공주는 황제에 버금가는 권력을 휘둘렀고 일곱 재상 중 다섯 명, 문무 대신 중 과반수가 그녀를 따랐다. 태평공주의

당 현종 이융기

제2의 무측천이 되려는 위 황후와 태평공주와의 권력 다툼에서 승리한 이융기는 당나라를 재건하는 데 성공할 뿐 아니라 당나라 역사상 가장 화려한 시기를 연다.

권세는 이미 이융기의 안전을 위협하기에 이르렀다. 영원한 친구는 없으며 오직 영원한 이익만 존재할 뿐이며, 변하지 않는 정은 없으며 오직 변하지 않는 권력만 존재할 뿐이다. 궁중 내부의 권력투쟁은 종종 인간성 가운데 가장 어두운 면을 인정사정없이 끄집어내고 이는 그 안에 속한 사람들에게 지혜와 양심에 대한 이중적 시련을 안긴다. 이융기 역시 주저한 적이 있었다. "주상과 같은 기운을 가지고 태어난 이는 오직 태평공주뿐인데 주상의 뜻을 상하게 할까 두렵소." 그는 부황父皇이 태평공주를 깊이 아낀다는 사실을 잘 알고 있었다. 하지만 만약 태평공주가 부황의 총애를 믿고 교만해져서 정사에 관여한다면 당 왕조는 무측천부터 이어진 여인의 정사 관여를 진정으로 끝맺지 못할 것이었다. 그리하여 정치적 이성은 마침내 혈육의 정을 극복했다. 이융기의 결단력은 결정적인 순간에 또다시 발현되었다. 그는 과감하게 예상을 뛰어넘는 선제공격으로 태평공주의 일당을 먼저 잡아놓고 황제에게 아뢰어 태평공주의 권력 네트워크를 단번에 제거했다.

이융기는 당 왕조의 정치를 정상 궤도로 되돌려놓고 무측천 이래로 문란해진 조정의 기강을 바로 세우는 역사적 사명을 완성했다. 그러나 이 젊은 황제가 의기양양하게 황위의 보좌에 앉았을 때 사직을 위기에서 구하고 황실의 위기를 바로잡겠다는 맹세는 정반대에 이르고 말았다. 그가 검약함을 실천했던 것과 부지런히 정사를 돌보았던 것, 겸허하게 간언을 받아들였던 것 이 세 가지 측면을 자세히 살펴보자.

검약을 버리고 무절제에 빠지다

천하의 화를 없애는 자는 천하의 복을 누리고, 천하를 위기에서 구하는 자는 천하의 안정을 얻는다. 이융기는 훌륭한 공적을 세우면서 많은 사람들의 관심과 성원을 얻었고 온 세상이 주목하는 천자가 되었다. 반대 세력을 제거할 때 그가 보여준 뛰어난 판단력과 기회를 놓치지 않는 결단력, 신속하고 단호한 실행력은 거사를 일으키고 대업을 이루는 데 반드시 필요한 자질이자 사람들의 마음속에 있는 명군에 대한 기대에 부합하는 것이었다. 그러나 누구나 처음에는 노력하지만 끝까지 지속하는 사람은 적은 법이다. 이융기의 시작은 거의 완벽하다고 할 수 있었지만 최후는 모든 것이 산산조각으로 끝을 맺었다.

이융기의 비극은 '물이 차면 넘치고, 해도 한낮이 지나면 저문다'는 간단한 변증법에 있는 것이 아니라 절대 권력의 부패가 가져다준 인간성의 변질과 타락에 있다. 황산이 세상에서 가장 단단한 금속을 부식시킬 수 있는 것처럼 절대 권력도 세상에서 자기 절제력이 가장 강한 사람을 자기도 모르게 변하게 만들 수 있다. 그것은 영민하고 용맹스러웠던 이융기를 무능하고 어리석게 만들었고, 자신의 욕심을 누르고 예의범절을 따르던 자를 무절제한 사치에 이르게 만들었다. 또한 마음속에 천하를 품었던 자를 호화로운 생활에 빠지게 했고, 겸허하게 간언을 받아들이던 자를 강퍅하고 독선적으로 변하게 했다. 권력을 누리는 것은 칼끝에 묻은 꿀을 핥는 것과 같아서 달콤함을 맛보았을 때 이미 칼끝에 상처를 입고 만다. 이융기는 권력이 가져다주는 달콤함에 빠져서 나날이 계속되는 상처도 전혀 느까지 못했다.

　　권력은 본래 형체가 없어서 그 부패도 더 고요한 법이다. 이융기의 인생 역정은 이에 대한 분명한 사례를 제공해준다. 그의 집권 초기와 후기에 일어난 변화를 통틀어보면 권력이 인간성을 변질시키는 과정과 메커니즘이 생생하게 드러난다.

　　먼저 검약함을 실천했으나 무절제한 호화 생활에 빠진 부분에 대해 살펴보자. 예부터 농업 국가는 줄곧 근검절약을 숭상해왔다. 《대학大學》에 이러한 글귀가 실려 있다. "재물을 생산하는 데도 큰 도가 있다. 생산하는 사람이 많으나 먹는 사람이 적고 만드는 사람은 빠르나 쓰는 사람은 느리면, 곧 재물이 항상 풍족할 것이다[生財有大道 生之者衆 食之者寡 爲之者疾 用之者舒 則財恒足矣]." 그러나 무릇 현명한 군주는 모두 근검절약을 몸소 행하여 나라를 검약하게 다스렸다. 이융기가 처음 보위에 올랐을 때도 역시 근검절약을 실시하여 사치하고 낭비하는 풍속을 없애고 백성들과 함께 새로운 정치를 펴고자 했다. 그는 먼저 화려한 수레와 복식, 금과 은으로 된 그릇을 아끼고 이를 군대와 국가를 위해 쓰도록 명하는 조서를 내렸다. 또한 이융기는 조서를 내려 문무백관들의 복식에 대한 엄격한 규정을 만들었다. 3품 이상은 옥, 4품은 금, 5품은 은으로 꾸미도록 하고 기타 관원들에게도 수놓은 비단과 주옥으로 치장하는 것을 엄격히 금지했다. 또한 앞으로 주옥과 수놓은 비단 등과 같은 물건을 만들지 못하도록 하고 이를 어기는 자는 장 100대를 치고 계급을 강등시키기로 했다. 명확한 의도와 엄격한 표현이 담긴 두 조서를 통해 나라를 검약하게 다스리려는 굳은 의지를 엿볼 수 있다.

이융기가 처음 천하를 얻었을 때에는 자기 욕심을 억누르고 예의 범절을 따르며 근검절약을 몸소 실천했다. 그는 자신의 욕망을 제어하기 위해 거침없이 돌진하는 코뿔소 같았다. 개원 30년(725년), 이융기는 봉선 의식을 행하기 위해 태산에 가는 길에 각지의 관원들이 검약을 잘 실천하고 있는지 관찰했다. 황제가 여러 지역을 두루 살피고 돌아다니자 지방 관리들은 당연히 황제의 환심을 사기 위해 자신을 드러내려 했다. 당시 이융기는 아직 욕망에 눈이 멀지 않았고 맑은 정신을 유지하고 있었다. 그래서 선물을 더 많이 바친 지방 관리에게는 낮은 점수를 주고 오히려 아무것도 바치지 않은 지방 관리를 더 높이 평가했다. 이융기는 수행하던 군신들에게 말했다. "회주자사懷州刺史 왕구王丘는 가축 외에는 아무것도 바치지 않았다. 위주자사魏州刺史 최면崔沔은 수를 놓지 않은 비단을 바쳐 내게 검약함을 보였다. 제주자사濟州刺史 배요경裵耀卿은 수백 마디의 말 중 충심으로 권하지 않는 것이 없었다. 이 세 사람처럼 사람을 고생시키지 않고 은혜로 인심을 사는 것이야말로 진정 좋은 관리다." 환심을 사기 위해 애써 백성을 동원하지 않고 재화를 낭비하지 않는 것이 이융기가 생각하는 미덕이었다. 그 시절의 이융기는 아직 욕망의 거친 파도와 틈만 있으면 파고드는 권력의 유혹을 스스로 억누를 수 있었다.

그러나 시간이 지나면서 '검약의 역설'은 나날이 드러나고 말았다. 근검절약을 실천한 결과 부가 축적되고 국고가 가득 차자 사치의 풍조가 다시 일어나면서 점차 검약의 궤도에서 벗어나게 되었다. 수년간 나라를 검약하게 다스린 이융기도 재화가 산처럼 쌓이고 국고가 차고 넘치자 '검약의 역설'이라는 시련에 부딪혔다. 황제 권력이 감독을 받지 않는다는 것은 곧 황제가 원한다면 무엇이든 할 수 있음을 의미한다. 따라서 이융기의 강한 절제력도 욕망의 공격 앞에서 서서히 느슨해지기 시작했다. 처음에는 우문융宇文融이 개혁을 잘 추진하여 부가 배로 늘자 이융기의 신임을 받았다. 이융기가 이익을 주장하는 관리들을 중용한 것은 그때부터 시작되었으며 이는 이융기가 검약에서 사치로 접어드는 심리적 전환점이기도 했다. 백관들이 본분을 잃고 이익과 사치에 마음을 두자 백성들의 원망과 고통은 깊어졌다. 이융기는 자기 절제의 속박에서 벗어나 욕망의 이끌림에 순응하여 사치의 극락으로 향하기 시작했다.

우문융 이후 양신긍楊慎矜, 왕홍王鉷, 위견韋堅, 양국충 등은 무절제하게 재물을 수탈하고 돈을 모으는 재주가 있어 이융기의 신임을 받았다. 황제 권력의 지고지상함과 무엇이든 마음대로 취하는 정세 속에서 죽을 위험을 무릅쓰고 황제를 깨우치려는 사람이 있을 리 없었다. 한때 했던 약속과 마음에 새긴 절제는 제멋대로인 권력 앞에서 이미 연기처럼 바람에 휩쓸려 사라져버렸다. '보위에 오래 앉을수록 날로 사치가 심해지고 후궁과 하사품이 무절제하게 늘어난다'는 말은 바로 말년의 이융기의 모습을 그대로 묘사한 것이었다. 한편 왕홍은 황제의 욕망에 영합하는 법을 알고 있었다. 왕홍은 황제가 국고의 돈을 사용하면서 마음에 거리낌이 있는 것을 알아채고 황제에게 이는 국가의 세금이 아니라 여유 자금이니 마음껏 사용해도 된다고 일러주었다. 그 결과, 왕홍은 더 신임을 얻게 되었고 그에 따라 조정의 지출도 점점 증가했다.

말년에 이르러 이융기의 사치와 호화로운 생활은 이미 돌이킬 수 없는 정도가 되었다. 조정의 경비 지출뿐만 아니라 이융기가 내린 하사품만 보더라도 가히 짐작할 수 있다. 당시 이융기는 양귀비를 총애하여 양귀비의 세 언니를 각각 한국부인韓國夫人, 괵국부인虢國夫人, 진국부인秦國夫人에 책봉하기까지 했다. 이 세 사람은 서로 경쟁하며 집을 크고 화려하게 지었다. 그뿐만 아니라 집을 지은 후에도 다른 사람이 자신보다 더 나은 것을 보면 즉시 집을 부수고 고쳐 지었다. 외척들도 이 정도로 사치하고 낭비가 심했음을 보면 이융기의 생활이 얼마나 호화스러웠을지 감히 상상하기 어려울 정도다.

이융기는 처음에 검약함을 실천했지만 최후에는 정반대 방향에 이르러 부귀와 여색에 빠져 스스로 헤어나지 못했다. 감독을 받지 않는 권력 앞에서는 절제력으로 자신의 욕망을 다스릴 수 있는 사람이 없다. 사마광은 이융기에 대해 처음에는 나라를 잘 다스리고 검약하게 생활했지만 말년에는 사치에 빠졌으니 사람이 이 사치라는 것에 얼마나 빠지기 쉽냐고 평가했다. 사실 사람이 빠지기 쉬운 것은 사치와 호화로운 생활이 아니라 어떠한 제약도 받지 않는 권력이자 그 권력에 의해 타오르는 욕망이다.

성실을 버리고 태만에 빠지다

《상서尙書》에 이르기를 "하늘이 아래에 백성을 내리고 황제를 세우고 스승으로 삼는다[天降下民 作之君 作之師]"라고 했다. 황제에게 천하를 군림할 수 있는 대권을 부여한 것은 한 일가의 사익을 만족시키기 위해서가 아니라 권력을 사용하여 온 천하의 백성들이 복을 누리게 하려는 것이다. 그러므로 황제에게는 도통을 계승하고 종묘사직을 이어나갈 사명감과 부지런히 정사를 돌보고 백성을 마음에 품는 책임감이 있어야 한다. 즉위 초기, 이융기는 늘 백성을 생각하고 주의 깊게 살폈으며 밤낮으로 성실히 정사를 돌보며 전전긍긍했다. 다시 말해 백성을 사랑하고 지혜롭게 다스리는 군주의 모범이었다.

개원 연간 재상이었던 한휴韓休는 성품이 올곧고 영예와 이익을 좇는 데만 급급해하지 않았다. 이융기가 궁중에서 연회를 즐기거나 후원에서 사냥을 하며 정사에 태만하고 향락을 추구하기만 하면 한휴는 시간과 장소를 가리지 않고 간언을 올려 종종 이융기를 난감하게 만들었다. 시간이 흐르자 이융기는 작은 실수만 해도 스스로 안절부절못하며 주위의 신하들에게 몰래 물었다. "한휴가 알고 있느냐?" 어느덧 황제의 말 한마디만 끝나도 한휴가 간언하기에 이르렀다. 어느 날, 이융기가 말없이 거울을 바라보며 우울해하자 주위의 신하들이 말했다. "한휴가 재상이 되고부터 폐하께서는 이전보다 훨씬 수척해지셨습니다. 어찌 그를 쫓아내지 않으십니까?" 그렇다. 재상을 세우고 폐하는 것과 대신을 삼고 내쫓는 것은 모두 황제의 말 한마디면 되는 일이었다. 한휴가 황제를 가시방석에 앉은 듯 불편하게 만들고 걸핏하면 질책했는데도 왜 이융기는 이 '거슬리는 자'를 재상의 자리에 남겨두려 한 것이었을까?

이융기의 대답은 국가 통치에 대한 그의 명확한 인식과 백성에 대한 깊은 마음을 충분히 보여준다. 그는 말했다. "소숭蕭嵩이 고할 때는 대개 순조로우나 그가 물러가고 나면 잠자리가 불안하다. 반면 한휴는 자주 힘써 논쟁하나 그가 물러가고 나면 잠자리가 편안하다." 황제의 마음을 두 부분으로 나누면 한 부분은 제멋대로 내버려두는 욕망에 속하고, 다른 한 부분은 나라를 바르게 다스리는 이성에 속한다. 그렇다면 한휴의 강직한 성품이 상처를 입힌 것은 욕망의 부분이고 만족시킨 것은 이성의 부분이다. 그는 이어서 말했다. "짐이 한휴를 기용한 것은 사직을 위해서이지 내 한 몸을 위해서가 아니다." 한휴를 임용한 것은 자신의 욕망을 따르기 위해서가 아니라 오래도록 천하를 평화롭게 다스리기 위해서라는 것이다. 그리고 이융기는 천고에 빛날 말을 남겼다. "비록 짐의 용모가 수척해지더라도 천하는 분명 살찔 것이다."

황제의 수척해짐으로 천하를 살찌우려면 황제가 이기적인 욕망을 극복하고 만민의 기쁨을 추구해야 한다. 이융기는 이 간결하고 힘 있는 말을 통해 '권력' 본연의 오랜 비밀을 말했다. 즉 권력을 가진 자가 편안하지 않아야 상대방이 권력으로부터 상처를 받지 않으며, 반대로 권력을 가진 자가 지나치게 편안하면 권력도 반드시 남용되게 된다는 것이다.

이 시기의 이융기는 나라에 이로운 일이라면 자신의 안일을 희생하는 것도 마다하지 않았고, 정의를 지키는 일이라면 친척이나 측근이 법을 어겨도 절대 봐주지 않았다. 당시 이융기를 곁에서 모시던 소인이 있었는데 이융기가 그를 매우 의지하고 총애했다. 이 소인은 황제의 총애를 믿고 오만하여 법과 기율을 안중에 두지 않았다. 하루는 그가 늦게 입궐하자 이융기가 이유를 물었다. 그가 대답하길 길에서 도둑을 잡는 관원을 만났는데 사람들이 서로 부딪혀 한바탕 소동이 있었다고 했다. 원래 공무를 방해할 경우 마땅히 죄로 다스려야 하나 이렇게 작은 일인 경우에는 황제가 조금 감싸주기만 하면 덮고 넘어갈 수도 있었다. 하지만 이융기는 자신의 사심으로 인해 법률의 공정성을 훼손하고 싶어 하지 않았고 즉시 장형을 가하여 그를 죽게 했다. 자신이 아끼는 사람도 잘못을 엄하게 처벌해 온 천하에 공정한 정의를 드러내 보인 것이다.

그러나 이렇게 권력의 비밀을 잘 파악하고 자신을 경계하던 이융기는 오랜 시간 동안 집권하면서 날로 게으르고 태만해졌으며 초기에 품었던 꿈과 열정을 잃어버리고 말았다. 그는 매일같이 바쁜 생활 속에서 점차 권태를 느끼기 시작했고 한때 마음에 품었던 백성의 행복을 잃어버린 채 심리적인 은신처에서 풍요롭고 호화롭게 생활했다. 집정 후기, 그가 환관 고력사高力士에게 한 말은 그의 심리적 변화를 보여준다. 그가 말했다. "짐이 장안 밖으로 나가지 않은 지 거의 10년이 되었으나 천하가 무사하다. 이에 짐은 높은 곳에 거하며 아무것도 하지 않고 모든 정사는 이임보에게 맡기고자 하는데 어떠한가?" 비록 의견을 구하는 말투였지만 그의 마음속에는 이미 생각이 정해져 있었다. 바로 자잘하고 번잡한 일들의 속박에서 벗어나 "높은 곳에 거하며 아무것도 하지 않는" 향락의 세계로 들어가는 것이었다.

이융기는 교만하고 태평한 자세로 천하에 더 이상 근심할 것이 없다고 여겼다. 그는 궁 안에 깊이 은거하며 오로지 가무와 여색을 즐기고 모든 정사는 이임보에게 맡겼다. 그는 더 이상 문무 대신들을 직접 대면하지 않았고 군국대사를 직접 처리하지도 않았으며 가무와 여색을 즐기며 신선처럼 도를 닦는 몽환 속으로 빠져들었다. 이렇게 조정의 기강은 문란해졌고 법도는 더 이상 존재하지 않았으며 민심도 잃게 되자 안녹산이 군사를 일으켜 궁을 향해 진격했다. 그는 그제야 꿈에서 깨어난 듯 이미 변해버린 세상을 바라보며 마음속으로 남몰래 회환의 눈물을 흘렸다.

　　　이융기가 양귀비를 총애한 것 자체가 곧 유가의 윤리 질서에 위배 되는 것이었다. 왜냐하면 양귀비는 그의 수많은 며느리들 중 한 명이었기 때문이다. 물론 사랑이란 마음이 가는 대로 해야지 세속의 예법과 도덕의 구속을 받아서는 안 된다. 하지만 국가의 군주로서 이토록 방자하게 사랑 을 좇는 것은 국체를 훼손하는 일이었다. 게다가 본래 사랑과 정치는 선악

양귀비

그녀는 당 현종 이융기의 치세 후반기 몰 락을 상징한다.

과 시비의 구별이 확실한 법이나 이융기는 사랑의 불꽃이 정치의 테두리를 다 태워버리도록 내버려두었다. 시인 백거이白居易는 이미 오래 전에 사랑에 미쳐 있는 이융기에 대해 다음과 같이 기록했다. "봄밤이 짧은 것을 한탄하며 해가 높이 떠야 일어나고, 이때부터 군왕은 아침 조례를 열지 않았네[春宵苦短日高起 從此君王不早朝]." 이러한 일화는 이융기 말년의 황음무도함을 더욱 잘 증명해준다.

한 번은 양씨 자매가 밤에 노닐다가 서시문西市門에서 이융기의 딸인 광녕공주廣寧公主와 다툼이 생겼다. 양씨 자매가 종이 채찍을 휘둘러 공주의 옷깃에 닿자 공주는 말에서 떨어졌고 부마가 채찍에 맞았다. 이에 광녕공주가 울며 이융기에게 고하자 그는 양씨의 종에게 장형을 내려 죽게 했지만 부마를 면직시키고 알현에 응하지 않았다. 이는 지난 일과 극명하게 대비된다. 이융기가 법을 지킬 당시에는 보잘것없는 시종이라도 멋대로 굴도록 내버려두지 않았지만 사리사욕에 사로잡혀 있을 때에는 혈육의 일이라도 법으로 엄히 다스리지 않았다.

이융기는 이미 권력을 마음대로 휘두르는 기분을 맛보았다. 내면의 욕망은 최대한 해방되었고 이성적 사고는 오랫동안 가려져 있었다. "비록 짐의 용모가 수척해지더라도 천하는 분명 살찔 것이다"라는 이성적 인식은 마치 예리한 칼 같았다. 이 예리한 칼로 또다시 이 태평성대의 시절을 헤집어 어렵고 피곤하게 살 필요가 있겠는가? 이융기는 이미 자기 자신을 욕망의 세계로 내쫓았다.

포용을 버리고 독선에 빠지다

누구나 의견을 말할 수 있게 하고 겸허하게 간언을 받아들이는 것은 중국 역사에서 좋은 정치의 시작으로 여겨진다. 이와 반대로, 언로를 차단하고 보지도 듣지도 않는 것은 종종 정치적 쇠퇴의 전조로 여겨진다. 무릇 현명한 군주는 모두 여러 사람의 장점을 받아들이고 좋은 의견을 택하여 그대로 실천했다. 이융기는 처음 보위에 올라 자신에 대한 비판을 기쁘게 받아들이는 넓은 도량과 좋은 의견은 적극적으로 수용하는 기개를 보이며 군왕으로서 뛰어난 잠재력을 드러냈다. 그리하여 당나라 정치의 단절점에서 아름답고 희망찬 미래를 향해 도약했다.

　　이융기가 자세를 낮추었을 때 요원숭, 송경, 장구령張九齡 등 조정 대신들의 말을 모두 듣고 따랐다. 또 이름을 알지 못하는 말단 관리나 문서 작성을 담당하는 하급 관리인 도필리刀筆吏의 말이라도 좋은 의견이 있으면 진지하게 받아들이고 고쳐 행했다. 한 번은 이융기가 황실의 사냥터에 두고 즐길 진귀한 조류들을 수집하기 위해 환관을 강남으로 파견했다. 황제의 명을 받은 사자는 위풍을 과시하며 가는 지역마다 백성을 근심케 하고 수탈했다. 변주汴州를 지날 때 당시 자사刺史 예약수倪若水가 이를 비판하는 진언을 올렸다. 이융기는 상서를 읽고 새들을 놓아주었을 뿐만 아니라 예약수에게 후한 상을 내리고 면 40단을 하사했다. 진언에 대해 상을 내림으로써 말로 인해 죄를 얻을 수도 있다는 사대부의 마음속 염려를 없애주고 이들이 아는 것을 모두 빠짐없이 황제에게 말하게 만들었다.

또 한 번은 어느 호인胡人이 해남에 진주와 비취 등 기이한 보석이 많고 사자국獅子國이라는 곳에는 명약과 신묘한 의술이 있어 먼 길을 마다하지 않고 이를 모두 궁에 가져올 수 있다고 했다. 본래 먼 곳의 물건은 언제나 미지의 신비감을 불러일으키는 법인지라 이융기도 마음속 호기심을 억누르지 못하고 감찰어사 양범신楊範臣과 호인을 함께 보냈다. '상사를 따라 100가지 좋은 일을 하는 것보다 한 가지 나쁜 일을 하는 것이 더 낫다'는 말이 있듯이 황제를 위해 사적인 일을 대신 처리해준다면 황제의 욕망을 만족시킬 수 있을 뿐만 아니라 이를 통해 황제와의 관계를 가깝게 할 수 있었다. 그러나 양범신은 원칙을 고수하여 침착한 태도로 황제에게 간언했다. "폐하께서는 재작년 주옥과 비단을 소각하시어 다시는 사용하지 않을 뜻을 보이셨습니다. 지금 구하시는 것이 어찌 소각하신 것과 다르겠습니까!" 양범신은 지난날의 나로 오늘날의 나를 일깨우려 했다. 그 순간 이융기는 진주와 비취 등 기이한 보석과 명약과 신묘한 의술에 대한 호기심이 산산조각 나버렸고 즉시 잘못을 뉘우치고 일을 멈추었다.

이 일화는 자신과 다른 의견을 포용했던 아량과 자기 자신에게 매우 엄격했던 이융기의 태도를 더욱 잘 설명해준다. 작은 일 속에서 큰 마음을 엿볼 수 있고 사소한 부분 속에 큰 이치가 담겨 있는 법이다. 이융기는 자신에 대한 비판을 기쁘게 받아들이는 인품뿐만 아니라 잘못을 바로잡을 수 있는 실천력을 보여주었다. 이로 인해 일대 명군의 형상은 더욱 공고해졌다.

그러나 이융기는 연령이 높아짐에 따라 다른 의견에 대해 더욱 반감을 드러내기 시작했다. 과거에 황제는 자신의 뜻에 위배되고 귀에 거슬리는 말을 자신을 요순 임금에 이르게 하고 사직을 위하는 정확한 인식과 투철한 견해로 여겼다. 그러나 이제 그 말들을 시국을 알지 못하고 시기에 맞지 않는 이상하고 황당한 이야기이자 심지어 황제의 권위에 도전하는 것으로 여기게 됐다. 반면 자신의 의견에 영합하는 달콤한 말은 일찍이 아첨하는 말로 여겨 거들떠보지도 않았으나 이제는 점점 그것이 가져다주는 쾌감에 깊이 빠져들었다. 수레를 타고 순행한 일화는 이융기의 이러한 심리적 변화를 가장 잘 반영해준다.

당 왕조 중후반기, 관중關中에는 자주 기근이 들었으나 낙양은 강회江淮와 인접하여 재물이 모이고 식량을 운송하는 지역이 되었다. 황제는 풍족한 생활을 유지하기 위해 자주 장안과 낙양 사이를 분주히 오갔다. 황제가 수레에 오르면 황친과 국척, 온 조정의 문무 대신들이 따르지 않는 자가 없어 이들을 접대하는 것이 지역에 매우 큰 부담이 되었다. 특히 황제가 제멋대로 행하고 아무 때나 움직일 경우 사회적 비용은 더욱 높아졌다. 이융기가 바로 그러했는데 번화하고 풍족한 낙양에 싫증을 느껴 푸짐하고 소박한 장안을 동경하여 종종 농번기에 수레를 타고 대규모로 이동했다. 집정 초기, 송경은 이에 대해 농사일에 방해가 된다 여겨 힘써 간언했고 이융기도 간언을 기꺼이 받아들였다. 그러나 통치 중후반기에 이르자 이융기의 마음에 조용한 변화가 일어났다. 동일한 상황에서 장구령, 배요경이 황제가 마음대로 순행하는 것을 저지했는데 그때 이융기는 간언을 깊이 받아들이지 않고 오히려 언짢음을 드러냈다. 바로 그때 이임보가 그 틈을 타고 들어가 온 천하가 천자의 집이거늘 어떻게 제약을 받을 수 있겠냐고 말했다. 또 만일 농사일에 방해가 된다면 해당되는 농민들의 조세를 감면하면 될 일이라 했다. 두말할 나위 없이 이융기는 크게 기뻐하며 그후로 편안한 마음으로 도덕의 경계선을 마음껏 넘었다.

누구나 의견을 말할 수 있게 했던 이융기의 집권 초기에는 비록 보잘것없는 사람의 목소리라도 충분히 존중해주었다. 그러나 강퍅하고 독선적으로 변한 집권 중후반기에는 설령 가까운 사람이더라도 다른 의견을 내는 것을 용인하지 않았다. 고력사는 이융기가 번왕의 자리에 있을 당시 그를 보좌했는데 시종일관 세심하게 보살펴 그의 총애를 받았다. 이융기가 말년에 자신은 높은 곳에 편안히 거하고 정사는 모두 이임보에게 맡기겠다고 하자 고력사가 군주의 권력은 다른 사람에게 빌려줄 수 있는 것이 아니라고 조심스럽게 답했다. 이에 이융기는 즉시 차가운 눈빛으로 그를 대했고 그 결과 고력사는 천하의 일을 감히 깊이 고하지 못하게 되었다. 그때부터 제멋대로 악을 행하는 이임보에 대해 황제에게 감히 직언하는 자가 더 이상 없었다.

가장 아이러니한 부분은 집정 말기에 이르러 안녹산이 모반을 획책했다는 사실을 모든 사람들이 기정사실화하고 있었다는 점이다. 그러나 이융기는 아무런 의심 없이 그를 기용했고 심지어 안녹산이 역모를 꾸민다고 간언하는 자가 있으면 그를 결박하여 멀리 안녹산에게 보내 그에게 직접 처리하게까지 했다. 여기서 드라마틱한 장면은 안녹산이 군사를 이끌고 역모를 일으켜 남쪽으로 내려가는 도중에 이융기에게 간언을 올렸다고 결박당한 자와 서로 어깨를 스치고 지나간 순간이었다. 자기 의견만 옳다고 고집하다가 결국 여기까지 이르고 만 것이다.

"나무는 먹줄로 바로잡아야 곧아지고, 쇠는 숫돌에 갈아야 날카로워진다[木受繩則直 金就礪則利]"《순자荀子》)는 말로 군주가 간언을 겸허하게 받아들여야 함을 비유하곤 한다. 이는 인간성은 연마와 규범이 필요하고 그 과정이 순탄하지 않다는 점을 말해준다. 그러나 당시 이융기의 마음속 욕망은 물줄기가 땅으로 향하듯 이미 한껏 쏟아져 내리고 있었다. 이처럼 시원하고 상쾌한 기분을 즐기고 있던 그가 어떻게 귀에 거슬리는 말을 받아들일 수 있었겠는가?

정신적 폐쇄 상태에 이르게 하는 절대 권력

당나라가 흥성한 이래로 변방에 주둔하는 장수들은 모두 '오래 맡지 않고, 멀리 이끌지 않으며, 겸하여 다스리지 않는다'는 원칙을 따랐다. 오래 맡지 않는 것은 장수와 사병이 하나가 되어 은밀히 다른 뜻을 품는 것을 막기 위함이다. 멀리 이끌지 않는 것은 조정 대신이 장수와 재상을 겸직하여 권위가 지나치게 커지는 것을 막기 위함이다. 겸하여 다스리지 않는 것은 관리들이 지역을 넘어 연합하여 세력이 지나치게 커지는 것을 막기 위함이다. 이 세 가지 원칙은 모두 지방의 무장 세력이 조정을 위협하지 못하도록 하기 위함이었다. 하지만 이융기는 말년에 이르자 이 세 가지 원칙을 차례차례 없앴다. 특히 안녹산이 범양절도사[范陽節度使]를 오래 맡고 여러 지역을 겸하여 다스리게 했다. 또 당시 정예 병력을 모두 북방에 배치시켰다. 이로 인해 안녹산이 이들을 이끌고 천하를 뒤집을 수 있었다.

젊은 시절 이융기는 두 번이나 과감하게 군사를 이끌고 조정의 혼란을 끝낸 적이 있어 '총대에서 나온 정권'의 이치를 잘 알고 있었다. 그러나 말년에는 군권을 안녹산의 손에 쉽게 넘겨주면서 결국 당나라를 태평성세에서 전란의 나락으로 빠뜨리고 말았다. 전과 후를 비교했을 때 어떻게 이렇게 확연한 차이가 있을 수 있는가?

이후 다시 이융기가 서촉西蜀에서 장안으로 돌아오자 백성들이 거리로 나와 길가에 늘어서서 그를 환영했고 그는 백성들과 마주하고는 눈물을 흘렸다. 그러나 시간은 이미 모든 것을 변하게 만들었다. 천하는 더 이상 이융기의 천하가 아니었고 장안은 더 이상 그의 장안이 아니었으며 황궁은 더 이상 그의 황궁이 아니었다.

이융기는 아들에게 황위를 물려준 뒤 태상황太上皇이 되었지만 사실상 넓디넓은 황궁 안에 갇힌 고귀한 신분의 죄수였다. 그는 자신이 거하는 궁전에서 별 볼 일 없는 지방 관리만 접견했다. 또한 권력을 장악한 환관 이보국李輔國이 아들인 당 숙종肅宗에게 태상황이 대신들과 모반을 꾸민다고 무고했기 때문에 홀로 기거할 수밖에 없었고 결국 아무도 그의 거처에 찾아와 관심을 가지는 이가 없었다. 한편 이융기와 함께 평생을 전전했던 고력사도 유배를 당했다. 이융기는 더 이상 영명하고 용맹스러운 명군으로 여겨지지 않았고 천하를 큰 혼란에 빠뜨린 원흉이자 기존 질서 가운데 둘 수 없는 난감한 존재가 되어버렸다.

이융기의 인생보다 더 비극적인 것은 오랜 세월이 흐른 뒤 그가 무수한 낭만적 상상의 시대를 열었다는 점이다. 당나라의 태평성세는 이융기 이후 시간의 강물 속으로 철저하게 침몰했다. 다시 말해 당나라는 이융기를 기준으로 확연히 다른 두 시대로 나눌 수 있다. 이융기가 초래한 환관의 권력 독점과 번진藩鎭[25] 할거는 당 왕조의 정치를 부패하게 만들었고 결국 당시 세계에서 가장 강성한 제국을 무너뜨렸다.

이융기는 한때 당 왕조를 고통의 나락으로부터 구출해냈지만 마지막에는 결국 더 큰 고통의 나락으로 빠뜨리고 말았다. 한때 그는 천고의 황제로서 높은 정신적 기개를 보여주었지만 시간의 마찰 속에서 점차 그 빛을 잃어갔고 붕괴의 덫에 빠지고 말았다. 오랜 세월이 지난 지금도 이융기의 굴곡 있는 인생은 여전히 깊이 생각해볼 필요가 있다. 절대 권력은 어떠한 작용으로 인해 인간성을 타락시키는 것일까?

일반적인 논리에 따르면 태평성세가 위기를 맞게 된 원인은 이융기가 외부의 유혹을 뿌리치지 못하고 자기 절제력을 느슨하게 하여 결국 권력의 경계를 넘은 데 있다. 이러한 해석은 그럴듯해 보이지만 실제로는 그렇지 않다. 이 해석은 만일 한 개인이 오랜 기간 동안 절제할 수 있다면 충분히 절대 권력을 통제할 수 있다는 전제를 내포하고 있다. 바로 이 가설에 기반하여 중국은 수천 년 동안 군주제를 벗어나기 어려웠다. '500년마다 반드시 성인이 나타난다'는 믿음을 항상 갈망하면서 국가의 운명과 온 백성의 행복을 오로지 명군의 절제력에 의지했고 정작 권력을 규제하는 제도를 만들지 않았다.

일찍이 이융기는 이러한 희망에 의존했지만 통치 중반부를 지나면서 철저하게 변질되어 뜨거운 희망은 차디찬 절망으로 변하고 말았다. 자기 절제력은 결코 확신할 수 없다. 자기 절제력이 떨어지는 이유는 도덕적

---

25 변경과 중요 지역에서 군정을 관장하던 절도사 체제를 가리킨다.

타락 때문이 아니라 절대 권력이 반드시 '인지적 딜레마'를 초래하기 때문이다. 다시 말해 절대 권력을 가진 사람은 어떠한 행위도 용인받으면서 동시에 그 결과까지 심판하는 사람이다. 이렇게 두 가지 역할을 모두 맡게 되면 반드시 자기 논리의 모순에 빠지게 되고 이성적 판단의 상실과 정신적 폐쇄 상태를 초래하게 된다.

각 시대의 황제들은 모두 가장 우수한 교육을 받았다. 그들은 어린 시절부터 가장 뛰어난 스승에게 보고 배웠으며 사서오경을 읽고 도덕적 소양을 키웠다. 다시 말해 결코 어떤 황제도 천하를 잘 다스려 역사에 길이 남기를 원하지 않는 이가 없었고, 또 욕망을 억누르고 어진 정치를 베풀어야 함을 모르는 자가 없었다. 그러나 근본적인 원인은 바로 일단 황제가 절대 권력의 최면에 걸려 인지적 딜레마에 빠지면 욕망과 이성의 경계를 구분하기 어렵고, 옳고 그름과 진짜와 가짜를 구별하기 어려워진다는 데 있다. 또한 황제에게 진리의 기준이 필요하지 않은 이유는 그가 자기 자신을 진리와 동등하게 여기기 때문이다. 이렇게 되면 황제의 욕망은 결국 제멋대로 분출된다.

이융기가 180도로 바뀐 근본적인 원인은 바로 여기에 있었다. 한 가지 구체적인 사례를 통해 황제의 인지적 딜레마를 분석하기 위한 실마리를 찾을 수 있다. 수레를 타고 순행했던 일화를 다시 한 번 살펴보면 이융기가 이러한 인지적 딜레마에 부딪혔다는 사실을 알 수 있다. 736년 10월, 이융기는 낙양의 궁에서 기이한 현상이 나타나 즉시 장안으로 돌아가고 싶어 했다. 재상 배요경과 장구령은 금년 농사가 수확을 아직 마치지 않았으니 조금 더 기다릴 것을 청했다. 두 재상은 모두 백성의 이익을 생각하여 황제에게 너무 서두르지 말 것을 간언했다. 그러나 그때 같은 재상이었던 이임보는 장안과 낙양은 각각 폐하의 동궁이자 서궁인데 순행하는 것이 무엇이 문제냐고 말했다. 또 설령 수확에 방해가 된다 해도 지나가는 길에 해당되는 농민들은 조세를 감면하면 된다면서 가까운 시일 내에 순행할 것을 청했다.

예상대로 황제는 기뻐하며 이임보의 말에 따랐다. 이임보는 황제의 비위를 잘 맞췄지만 겉으로는 조금도 황제의 욕망을 용인하거나 백성들의 이익을 무시하는 듯한 태도를 드러내지 않았다. 그는 장안과 낙양을 황제의 동궁이자 서궁으로 정의하고 국가의 수도를 황제의 사저로 교묘하게 맞바꿨다. 이제 황제는 자신의 사저에서 마음대로 할 수 있는 것이 당연했다. 이렇게 이임보는 황제의 욕망을 만족시키기 위해 충분하고 정당한 이유를 만들었는데 그것은 마침 이융기가 맞닥뜨린 인지적 딜레마에 해당했다. 백성을 마음에 품은 배요경과 장구령의 간언은 이치가 정당하고 엄중하게 보였지만 황제의 비위를 맞추는 이임보의 아첨도 마찬가지로 위엄이 있어보였다.

사실 황제는 거의 모든 정치적 의제에 대해 그럴듯한 간언을 마주하게 된다. 이때 과연 무엇을 따르고 어떻게 판단해야 하는가? 이융기는 자신의 욕망을 따르기로 선택했다. 그는 자신의 행위에 대한 최후의 심판자이므로 언제나 자신의 행위를 정의라고 말할 수 있었다. 심지어 이임보가 충분하고 정당한 이유를 마련해주기까지 했으니 말이다. 바로 이렇게 해서 이융기는 나쁜 일을 하더라도 옳은 일이라 말할 수 있었고 욕망을 따르더라도 정당한 것으로 인정받을 수 있었다. 그는 마지막에 이르기까지 자신의 욕망을 끊임없이 키워나갔고 결국 자신도 모르는 사이에 검약을 실천하고 법도를 준수하는 생활에서 무능하고 황음무도한 생활로 타락했다.

황제는 행위자이자 심판자의 두 가지 역할을 동시에 맡아 자기 폐쇄 상태에 빠졌다. 황제는 언제나 참고로 삼을 수 있는 자신과 독립된 객관적 대상이 결여되어 있었다. 그는 자신의 욕망을 자신의 편견에 따라 끊임없이 확장시킬 수밖에 없었다. 본래 누구나 의견을 말할 수 있게 하고 겸허하게 간언을 받아들이는 것은 황제에게 객관적인 참고 자료를 제공해주고 따라서 황제가 자기 논리의 모순에 빠지지 않도록 해준다. 반면 정신적 폐쇄 상태에 빠지게 되면 다른 의견을 자신에 대한 도전과 불만으로 여기고 달콤한 말은 자신을 지지하는 표현으로 여기게 된다. 이융기가 북방의 절도사 우선객牛仙客을 상서尙書로 발탁하려 하자 장구령은 완강히 따르지 않았다. 장구령은 우선객이 무지하다며 상서의 자리는 덕망이 높은 자가 맡아야 하고 상으로 하사할 수 있는 관직이 아니므로 함부로 맡겨서는 안 된다고 주장했다. 강건한 신하의 간언에 부딪힌 이융기는 분개하며 반문했다. "항상 경의 말에 따라야 하는가?" 얼마 지나지 않아 장구령은 재상에서 파면당했다.

황제가 정신적 폐쇄 상태에 이르면 다른 의견에 대해 적의를 품게 되고 동시에 전례 없던 기쁨을 느끼게 된다. 그가 만든 정책과 글, 발언은 무수한 사람들에게 절대적인 법으로 신봉되고 그에 따라 자기 자신을 진리와 동일시하게 된다. 만일 어떤 사람이 다른 의견을 제시하면 이는 곧 적대적 인물임을 인정하는 것이자 공격의 대상이 된다. 한편 황제는 자신의 언행이 기준에 부합하는지 더 이상 걱정할 필요가 없다. 자기 자신이 곧 기준이기 때문이다. 또한 황제는 자신이 지나치게 무절제한 생활을 하고 있는지 더 이상 걱정할 필요가 없다. 그의 욕망이 곧 정의이기 때문이다. 이렇게 말년의 이융기는 자신만의 세계에서 살았고 그 심리적 은신처는 너무도 달콤하여 벗어나기 어려웠다.

절대 권력이 인간성을 절대적으로 부패시키는 이유는 그것이 한 사람에게 행위자와 심판자의 두 가지 역할을 동시에 부여하기 때문이다. 이는 자기 절제력이나 도덕성과는 무관하기 때문에 도덕적으로 훌륭한 성인聖人은 이 덫에서 빠져나올 수 있다고 기대할 수 없다. 올바른 해결책은 성인이나 천자의 출현을 기대하는 깊게 뿌리박힌 사고방식을 버리고 권력을 규제할 수 있는 제도를 마련하는 것이다.

한편 이융기가 눈과 귀를 가린 정신적 폐쇄 상태에 빠지는 과정에서 이임보는 매우 중요한 역할을 했다. 재상 이임보는 황제가 욕망을 좇는 것을 기쁘게 바라보았다. 그렇게 해야 자신이 조정을 좌지우지하고 권력을 남용할 수 있었기 때문이다. 또 이임보는 황제가 정보를 얻는 통로를 통제함으로써 황제의 생각까지 통제했다. 황제가 어떻게 판단하는지는 대개 황제가 무엇을 알고 있는지에 따라 결정되게 마련이다. 이임보는 정보를 다루는 데 있어 고대 사회의 전문가였고 '정보의 비대칭'을 이용하여 황제를 계속 통제했다.

이임보 李林甫

6장

정보 통제

사람은 자신이
가진 편견의
노예다

사람은 자신이 가진 편견의 노예다.
그가 접한 정보가 자신의 주관적인 선호를
끊임없이 증명해준다면 진실한 세계를
인식하는 능력을 잃게 된다.

중국 역사상 '간사하다'는 단어에 어울리는 사람을 찾는다면 그는 분명 이임보일 것이다. 서로 속고 속이는 권력투쟁의 무대에서 이임보보다 더 권세에 잘 아부하고 겉과 속이 다른 사람은 없었고 연합과 분열을 꾀하는 데 능한 사람도 없었다. 의심의 여지없이 그는 권모학의 집대성자였다.

'구밀복검口蜜腹劍'이라는 성어는 이임보 때문에 널리 알려졌다. 사람의 마음이 얼마나 강해야 몸속에 날카로운 검을 숨기고 있으면서도 전혀 내색하지 않고 심지어 달콤한 말까지 할 수 있을까? 또 사람의 인격이 얼마나 분열되어야 마음속으로는 가장 비열하고 염치없는 음모를 꾸미고 있으면서도 얼굴에는 항상 따뜻한 미소를 지닐 수 있을까? 이임보는 오랜 시간 동안 인격의 심각한 분열을 견뎠다. 그는 간사함과 위선이 섞여 있었고 뼛속까지 파고드는 악독함과 온화한 겉모습이 함께 녹아 가슴속에 깊이를 헤아릴 수 없는 골짜기를 만들었다. 그래서 그와 사귀는 사람들은 모두 한 치 앞을 예측할 수 없는 공포 속에 빠져들었다.

이것이 바로 이임보가 기대한 효과였다. 그는 사냥꾼이 사냥감을 포획하기 전에 반드시 미끼를 던져야 한다는 사실을 잘 알고 있었다. 여기서 위장과 연기가 바로 선한 생각을 품은 사람들을 유혹하려고 그가 심혈을 다해 준비한 미끼였다. 그가 한 사람에게 다가가기 시작했을 때가 바로 칼을 빼낼 전조였고, 그가 한 사람에게 선의를 내보였을 때가 바로 재빠르게 칼을 휘두르려는 순간이었다. 이임보는 '얻고자 하면 반드시 먼저 주어야 한다'는 권모의 법칙을 최대한 활용했다. 그는 송곳니를 드러내기 전에 반드시 선의를 활용해 다른 사람의 경계심을 완화시켰다.

하지만 이임보를 두고 무조건 나쁘기만 한 간신이라고 한다면 이는 후대인들의 뒷북치기식 도덕적 분풀이가 되고 만다. 당시 다른 사람들이 모두 그를 무서워하며 벌벌 떨 때 황제는 그를 안전하고 믿을 만하다고 여겼다. 또한 다른 사람들이 모두 그에게 씻을 수 없는 죄가 너무 많다고 여겼을 때 황제는 오히려 그를 더없이 총애하고 의지했다. 이렇게 당 현종 이융기는 조정의 문무 대신들과 정보 비대칭의 위기 속에 빠졌고 '온 천하가 다 알지만 집권자만 모르는' 역설이 발생했다. 이임보는 황제와 대신 사이에 '무지의 장막'을 쳐놓고 이를 자유자재로 주무르면서 황제와 대신들 모두를 손바닥 안에서 가지고 놀았다.

이임보가 19년간 재상의 자리에 있으면서 당나라의 정치는 쇠락했다. 그는 자신이 권력을 독점하기 위해 유능한 선비들을 권력의 핵심 밖으로 밀어냈다. 나머지 재상들은 그의 말에 따르거나 그에게 모해를 받았다. 이임보는 황제의 총애를 독차지하기 위해 한인漢人 사대부의 군사 지휘권을 빼앗았고 그리하여 안녹산, 사사명史思明 등이 등장하게 만들어 결국 당나라의 큰 혼란을 자초했다. 또한 그는 자신의 못된 행적이 드러나는 것을 막기 위해 황제가 정보를 얻는 모든 통로를 봉쇄했다. 이임보는 마지막까지 부귀영화 속에서 평안하게 세상을 떠났고 살아 있는 동안 존귀와 영예를 마음껏 누렸다. 그렇지만 그가 성공을 얻은 대가로 전성기를 누리던 왕조는 쇠퇴의 길을 걷게 되었다.

오랜 세월이 흐른 지금, 도덕적 측면에서의 비판은 아무런 의미가 없다. 역사상 이임보를 권모학과 후흑학厚黑學[26]의 대가로 여기고, 앞에서는 그의 인격을 경멸하면서도 뒤에서는 그의 수완을 배우고자 하는 사람들이 얼마나 많았는지 모른다. 이임보의 사악한 속마음은 이미 시간과 장소를 초월했고 권력과 인간 본성의 핵심을 직접적으로 겨냥하고 있었다. 과연 이임보는 어떻게 했기에 그토록 많은 영웅호걸들이 형을 당하게 만들고 당 현종을 꼭두각시처럼 만들 수 있었던 것일까? 관건은 바로 정보였다.

궁중 정보에 기대어 빠르게 부상하다

이임보는 학문과 재주가 부족하고 언사가 천박하기 그지없어 줄곧 지식인들로부터 무시를 받았다. 그러나 그는 사람들을 인정으로 잘 대하면서 유용한 정보를 빠르게 포착했다. 특히 조정의 정세와 관련된 궁중의 정보를 꽉 붙들고 있어 언제나 먼저 기선을 제압하고 남보다 한 발 앞설 수 있었다.

이임보는 본래 종실의 자손이었으나 그의 세대에 이르기까지 정치적 자원을 남김없이 다 써버린 탓에 결코 출발점이 우월하다고 할 수는 없

---

26 두꺼운 얼굴과 시커먼 속마음을 뜻하며 실리를 위해 도덕을 폐하는 미학을 가리킨다.

었다. 당시 원건요源乾曜라는 자가 시중이었는데 어떤 이가 이임보를 사문 낭중司門郎中으로 추천했다. 원건요는 원래 이임보를 무시했기에 거들떠보 지도 않고 말했다. "사문낭중은 행실이 바르고 재능과 명망이 높은 자여야 하거늘, 가노哥奴가 어찌 사문낭중이 되겠는가?" 가노는 이임보의 아명이 었다. 원건요가 아명을 부른 것으로 보아 속으로 이임보를 얼마나 무시했 는지 알 수 있다.

물론 이임보는 한 번의 실패 때문에 낙담하지 않았다. 그는 계속해 서 문을 두드렸고 마침내 우문융의 추천을 받아 조정의 어사중승禦史中丞이 되었다. 그때 정보를 포착하는 이임보의 뛰어난 능력은 그가 승진 기회를 잡도록 해주었다. 이임보는 환관들과 잘 지냈는데 그들로부터 궁중 정치의 최신 동향을 얻을 수 있었다. 본디 사대부 계층들은 줄곧 환관들을 거세당 한 사람을 뜻하는 '엄수閹豎'라 부르며 무시했고 그들과 같은 지위에 있는 것을 부끄럽게 여겼다. 그러나 이임보는 성공을 위해 못할 것이 없었고 명 예나 절의는 더욱 개의치 않았다. 그가 중요시한 것은 오직 환관들이 장악 하고 있었던 궁중의 정보였다. 오랜 정보 교환으로 마침내 그는 환관들로 부터 중요한 실마리를 얻게 되었다. 당시 무혜비武惠妃는 후궁들 중에서 당 현종에게 총애를 가장 많이 받고 있었고 그녀의 두 아들인 수왕壽王과 성 왕盛王도 함께 각별한 총애를 받았다. 그리하여 무혜비와 태자 이영李瑛 간 의 갈등은 나날이 깊어지고 있었다.

궁중 투쟁은 조정의 권력 분배와 앞으로의 동향을 결정한다. 이임 보는 맨 처음 정보를 입수한 뒤 이를 활용하여 궁중 투쟁의 무대에 한발 먼저 내디뎠다. 그는 환관을 통해 수왕이 황제가 되는 것을 돕고 싶다는 뜻을 밝히면서 무혜비의 욕망을 자극했다. 무혜비는 비록 황제의 총애를 받았지만 황제의 마음은 원래 종잡을 수 없었고 태자와 총애를 다투려면 조정 대신들의 지지가 필요했다. 그때 이임보가 먼저 나서서 자신에게 다가오니 어찌 반갑지 않았겠는가? 그리하여 무혜비는 이임보를 고맙게 여기며 그를 몰래 돕기 시작했다.

당시 재상 배광정裴光庭이 세상을 떠나자 황제는 재상 소숭에게 새로운 재상을 천거하도록 했다. 소숭은 오래 망설인 끝에 상서우승尙書右丞 한휴를 추천했다. 조서의 초안이 아직 완성되지 않았을 때 환관 고력사가 이 소식을 무혜비에게 누설했고 무혜비는 이를 다시 이임보에게 알렸다. 이임보는 또다시 조정의 최고 기밀을 얻은 것이었다. 그는 어떻게 하면 정보를 자신에게 유리하게 사용할 수 있는지 알고 있었다. 그리하여 그는 조정의 조서가 도착하기 전에 먼저 정보를 한휴에게 전했다. 그러자 한휴는 자연스럽게 이임보를 자신에게 행운을 가져다 준 사람으로 여겼고 이임보가 정보를 미리 알려준 것이 곧 자신을 의지한다는 표현으로 여겼다. 이후, 소숭과 한휴 두 재상 사이에 불화가 생기자 한휴는 이임보를 끌어들여 자신을 돕게 하려고 황제에게 이임보를 재상으로 추천했다. 무혜비도 손을 써서 결국 두 사람의 힘으로 이임보가 재상의 월계관을 쓰게 된다.

환관들에게서 몰래 궁중 투쟁의 최신 동향을, 무혜비에게서는 재상 임명에 관한 최고 기밀을 얻은 데서 알 수 있듯이 정보에 대한 이임보의 갈망은 새끼 양을 찾는 호랑이나 썩은 고기를 찾는 파리처럼 탐욕스러웠다. 동시에 이임보는 정치적 민첩성과 판단력이 매우 뛰어나 정보 속에서 정치적 비밀을 읽어내고 승진에 가장 유리한 경로를 파악할 수 있었다.

재상이 된 후 이임보는 정보의 우위를 활용하여 강력한 경쟁 상대들을 물리칠 수 있는지 더 잘 알게 되었다.

당시 배요경과 장구령이 모두 재상의 자리에 있었는데 이임보가 재상이 된 후 역시 그 두 사람과 사이가 매우 좋지 않았다. 배요경과 장구령은 모두 당대의 대학자로 정도正道를 추구하여 신망이 두터웠고 황제의 노여움을 사는 바른말도 서슴지 않았다. 황태자와 악왕鄂王, 광왕光王이 모함을 당하자 당 현종은 세 아들을 폐위시키려고 했다. 이에 장구령이 직언을 하니 황제가 언짢아했다. 조정에서 한마디 말도 하지 않았던 이임보는 황제가 언짢아하는 모습 속에서 이미 황제의 속내를 감지하고 어떻게 하면 황제의 뜻에 영합하고 적을 칠 수 있을지 파악했다. 그는 고의로 환관에게 말을 흘렸다. "천자의 집안일에 외부인이 어찌 관여하는가?" 이 말은 환관을 통해 자연스럽게 황제의 귀에 전해졌고 그 후 세 아들은 과연 폐위되었다.

이임보가 먼저 계략을 꾸민 뒤 행동에 나선 것은 황제의 속마음이라는 가장 중요한 정보를 얻기 위해서였다. 일단 황제의 뜻을 파악하고 나면 황제의 비위를 맞추고 환심을 사는 방법을 바로 알아차렸다. 후에 황제가 동도 낙양에서 서경 장안으로 돌아가려 하자 배요경이 의견을 제기했다. "농부들의 일이 아직 끝나지 않았으니 조금 기다린 후에 돌아가시는 것이 좋겠습니다." 그때 이임보는 일부러 다리를 절룩거리는 척하며 여러 재상들의 뒤쪽으로 물러났다. 그가 이렇게 시간을 번 것은 배요경의 간언을 들은 뒤 황제의 반응을 살피기 위해서였다. 그는 황제의 얼굴이 새파랗게 변하는 것을 분명히 보았고 이에 태연하게 황제에게 말했다. "본디 둘다 황제의 동궁과 서궁이거늘 오가며 순행하는 데 어찌 기다림이 있을 수 있겠습니까? 만약 농사에 방해가 된다면 지나가는 길에 있는 농민들의 조세를 감면하면 될 것입니다." 황제는 그 말을 듣고 금세 얼굴에 화색을 띠며 즉시 서궁으로 행차했다.

또 한 번은 황제가 북방의 절도사 우선객을 발탁하려 하자 장구령은 황제를 알현하기 전 이임보를 만나 이 일은 규율에 맞지 않으니 완강하게 맞서기로 약속했다. 그러나 황제를 알현할 때 장구령은 끝까지 소신을 지켜 바른말을 했지만 이임보는 입을 꽉 다물고 아무 말도 하지 않고 오히려 장구령의 말을 우선객에게 누설했다. 한창 황제의 총애를 받던 우선객이 다음 날 황제에게 나아가 억울하다며 눈물을 흘리자 황제의 분노를 더욱 불러일으켰다. 그때 이임보는 또다시 소문을 외부로 퍼뜨렸다. "오직 재능이 중요하거늘 구태여 학문을 언급할 필요가 있겠습니까? 천자가 사람을 쓰는 일에 어찌 불가함이 있을 수 있겠습니까?" 마침내 황제는 우선객을 등용했고 이임보가 꽉 막혀 있지 않은 자라고 칭찬했다. 한편 장구령은 점점 황제와 사이가 멀어졌고 배요경과 함께 정사에서 물러나게 되었다.

이임보는 교활하고 음흉했으며 임기응변에 능했다. 그는 정보를 먼저 입수할 수 없을 경우에는 '후발자 우위' 전략을 잘 활용했다. 그는 황제와 재상들이 정사를 논의할 때 긍정도 부정도 하지 않은 채 애매한 태도를 취하면서 정세를 관망하다가 황제의 의중을 살핀 후에 토론에 참여했다. 그는 격앙된 어조로 황제의 뜻에 부합하는 말을 쏟아내는가 하면 한마디 말도 없이 정적들을 중상모략하는 일거양득의 효과를 거두었다.

황제의 정보 통로를 차단하다

두 재상은 이미 멀리 떠났지만 신임 재상이 곧 빈자리를 채울 예정이었다. 권력이 공고하게 자리를 잡기 전, 이임보는 다시 한 번 가시덤불로 가득한 길을 뛰어넘어야 했다. 잔혹한 투쟁 속에서 불패의 자리를 차지하기 위해 이임보는 야심차게 꾸민 계획을 행동에 옮기기 시작했다. 그것은 바로 황제와 군신들 사이에 '무지의 장막'을 만들어 황제와 군신들이 정보 비대칭의 위기에 빠지게 만드는 것이었다.

그의 최종적인 목적은 오직 자신만이 완전한 정보를 손에 쥐어 정보의 우위를 점하는 것이었다. 정보가 고르게 분배되지 않는 형국이 일단 만들어지고 나면 정보가 부족한 사람은 무지의 장막에 가로막혀 정보를 가진 사람의 말을 믿고 따를 수밖에 없게 된다. 바로 이러한 방법으로 정보에서 우위를 차지한 이임보는 제멋대로 악행을 일삼아 결국 스스로 화를 자초했다.

이임보가 우선 농단한 정보 통로는 황제 주위의 '비공식' 소스였다. 이 정보 통로는 비록 조정의 정식 제도에 속하지는 않지만 인격화된 권위가 제도화된 권위에 앞서는 조정에서 그 가치가 정식 제도를 훨씬 뛰어넘었다. 이유는 간단했다. 이 비공식 정보 통로는 환관, 궁녀, 비빈 등 황제의 측근들로 이루어져 있기 때문이었다. 그들은 황제의 일상생활을 책임졌으며 황제의 개인적인 영역에 속했다. 바로 이 점 때문에 황제는 종종 무심결에 그들에게 의중을 드러내기도 했는데 그것은 바로 조정의 정치에서 가장 귀중한 정보였다. 이임보는 처음부터 이 비공식 정보 통로를 중요시했고 재상이 된 후에도 그것을 더욱 자기 것으로 여기고 다른 사람이 넘보지 못하도록 수시로 경계했다.

물론 이 비공식 정보 통로를 농단하기 위해서는 황제의 측근들을 끌어들여야 했다. 따라서 이임보는 대대적으로 뇌물을 뿌리기 시작했다. 그는 황제에게 주청할 일이 있으면 반드시 먼저 측근들을 후하게 대접했는데 황제의 뜻을 미리 살피기 위한 목적이었다. 한편 이임보는 뇌물을 주는 기술도 매우 뛰어났는데 황제의 식사를 준비하는 사람이나 황제가 부리는 노비도 모두 빠뜨리지 않았다. 이임보가 뇌물을 건네기만 하면 모두들 기뻐했고 따라서 황제의 동정과 의중도 분명해졌다.

황제 측근의 비공식 정보 통로를 농단한 이임보는 이어서 조정의 공식적인 정보 통로를 차단하려 했다. 이에 신료들은 자신의 의견을 황제에게 전하지 못하고 또 황제도 자신의 뜻을 신료들에게 전하지 못해 황제와 군신들 사이의 정보 소통이 가로막혔다. 이임보는 간언을 올리는 관리를 공격하고 언로를 차단하여 감히 누구도 진실을 말하지 못하고 바른말을 듣지 못하게 만들었다.

예를 들어 당시 두진杜璡이라는 사람이 상서를 올려 정사를 논했다가 그 즉시 현령으로 강등되었다. 이임보는 간언하는 관리를 망아지에 비유해 소리를 내지 않으면 풍족하고 편안하게 지낼 수 있지만 소리를 내기만 하면 화가 빠르게 임할 것이라고 했다. 그 결과, 간언하던 관리들은 모두 풍족한 생활을 누리며 누구도 감히 바른말을 하는 자가 없었고 따라서 천자의 눈과 귀도 닫히고 말았다.

이임보가 정보 통로를 차단한 또 다른 방법은 바로 측근을 대거 발탁하고 붕당을 수립하여 문호를 만든 것이었다. 즉 뜻에 합하는 자는 등용하고 거스르는 자는 죽이는 것이라 할 수 있었다. 이임보 덕분에 더 높은 관직에 오른 사람들은 그의 간악함을 절대 폭로하지 않을 것이므로 이는 그 자체가 정보 통로를 차단하는 것이었다.

역사적으로 유명한 '야무유현野無遺賢'[27] 고사를 통해 정보를 통제하는 이임보의 능력이 얼마나 대단했는지 엿볼 수 있다. 당시 황제는 재능이 있는 선비들을 직접 선발하여 관료들의 삼엄한 등급 체계를 피해 천하의 인재들에게 직접 의견을 전달받을 수 있는 통로를 열고자 했다. 이임보는 이것이 곧 자신에게 위협이 될 것이라는 사실을 재빠르게 감지했다. 황제와 직접 대면하는 사람이 생기면 자신의 악행을 낱낱이 폭로할 수 있을 것이기 때문이었다. 그래서 그는 또다시 정보 차단이라는 무기를 꺼내들었다. 그는 황제에게 초야의 선비들을 직접 대면하지 말고 상서성 장관에게 대신 묻도록 할 것을 청했다. 이는 사실 황제와 선비들의 직접적인 접촉을 막기 위한 것이었다. 황제가 이에 동의하자 이임보는 곧 같은 파벌에 속한 사람에게 면밀히 조사해보았으나 그에 부합하는 자가 하나도 없다는 내용의 상서를 올리도록 시켰다. 이임보는 적절한 때를 틈타 인재를 알아보고 등용하는 황제의 능력이 '야무유현'의 경지에 이르렀다고 황제를 치켜세웠다.

이임보가 비공식 정보 통로를 농단한 것은 황제의 주관적인 선호도와 의중을 엿보기 위한 것이었다. 또 그가 공식적인 정보 통로를 차단한

---

27 어진 인재가 모두 등용되어 민간에 남은 인재가 없음을 이르는 말.

것은 진실을 여과하여 자신에게 이익이 되는 말만 황제에게 전달되도록 하기 위한 것이었다. 이 두 가지 임무를 완성한 이임보는 황제와 군신들 사이에 무지의 장막을 성공적으로 만들었다. 이어서 이임보는 정보 비대칭의 무한한 힘을 이용해 여러 사람들을 옥에 가두고 대신들을 모함하며 정적을 쓰러뜨렸다.

정보 비대칭을 이용해 음모를 꾸미다

이임보가 정보를 통제한 목적은 모두 황제의 총애와 신임을 영원히 독점하려는 데 있었다. 다시 말하면 이임보 외에는 누구도 황제와 가까이해서는 안 되었다. 즉 이임보에게 빌붙는 것 외에는 높은 관직과 큰 권세를 얻을 수 있는 길이 없었다. 그래서 이임보는 황제를 자신의 곁에 꼭 붙잡아 두고 누구도 끼어들지 못하게 했다. 황제의 총애를 받을 수도 있는 사람들은 자기 자신도 감지하지 못하는 사이에 이미 이임보의 공격 범위 안에 빠져들었다. 이때에도 이임보가 사용한 무기는 바로 군주와 신하 사이의 정보 비대칭이었다.

먼저 황제와 가까워 이임보와 권력 다툼이 적지 않았던 사람이 어떻게 물러났는지 살펴보도록 하자. 당시 이적지李適之가 우선객을 대신해 재상이 되어 한때 이임보와 대등한 권세를 누렸다. 당연히 이임보는 이에 대해 한이 뼛속까지 사무쳤고 동료를 밀어낼 계략을 꾸몄다. 그는 태연하게 이적지에게 말했다. "화산華山에 나는 금을 채굴하면 국가가 부유해질 것인데 황제께서 아직 이 사실을 모르시는 것 같소." 성격이 꼼꼼하지 못한 이적지는 그 말을 진짜로 믿고 기회를 엿보다가 황제에게 국고를 채울 수 있는 좋은 소식이라며 아뢰었다. 갑자기 재물이 굴러들어 온다니 황제는 당연히 화색을 띠며 이임보에게 괜찮을지 물었다. 거짓 정보를 만든 장본인인 이임보는 뜻밖에도 화산에 금이 난다는 것은 예전부터 알고 있었지만 화산은 황제의 천명과 관련된 것이며 이는 백성을 보살피는 황제의 마음에서 비롯되므로 지금까지 감히 황제께 아뢰지 못했다고 대답했다.

그의 대답은 매우 훌륭했다. 그는 황제에 대한 자신의 충성심을 완곡하게 전달했고 왕기王氣를 유지하기 위해 부국강병을 이룰 수 있는 금은보화를 기꺼이 포기했다고 답한 것이다. 그뿐만 아니라 은연중에 황제에게 이적지가 오로지 돈만 밝히고 황제의 천명을 전혀 걱정하지 않는다고 느끼게 만들었다. 사실 '화산에서 금이 난다'는 것과 이 산이 '황제의 천명과 관련이 있다'는 것은 모두 꾸며낸 헛소리였다. 그러나 이적지는 '화산에서 금이 난다'는 유혹에, 황제는 '화산은 황제의 천명과 관련이 있다'는 자기연민에 걸려들고 말았다. 두 사람은 전혀 알아챌 새도 없이 이미 무지의 장막에 가려져 마치 장난감 인형처럼 이임보에게 제멋대로 조종을 당했다. 이임보의 한마디 말에 황제는 이임보가 자신을 진심으로 위한다고 여겼고 이적지는 자신과 가깝지 않다고 여겼다. 이로 인해 이적지는 두려움에 떨며 스스로 재상의 자리에서 물러나는 것이 화를 피하는 안전한 길이라고 여겼다. 하지만 이임보가 그를 어찌 그대로 둘 수 있었겠는가? 그 후 이적지는 다른 중대 사건에 연루되어 의춘태수宜春太守로 좌천되었고 결국 스스로 목숨을 끊었다.

이번에는 조정과 재야에 이름을 날리며 이임보에게 잠재적인 위협 요인이 되었던 사람은 또 어떻게 박해를 당했는지 살펴보자. 엄정지嚴挺之는 자질이 매우 뛰어나 당시 명성이 높았으며 일찍부터 요원숭, 장구령 등 명재상들의 신임을 받았다. 장구령이 정사를 도울 때 엄정지를 재상으로 추천할 뜻이 있어서 엄정지에게 재상 이임보를 찾아가 도움을 구하도록 했다. 하지만 엄정지는 자부심이 강하고 고상한 성품이어서 공무가 아닌 일로 사사로이 이임보를 찾아가지 않았다. 이때부터 엄정지는 이임보의 미움을 샀고 역시 재상이 되지 못했다. 후에 당 현종이 불현듯 엄정지가 떠올라 이임보에게 물었다. "엄정지는 잘 있는가? 그의 재능이 쓸 만하다." 황제의 뜻은 아주 분명했다. 바로 엄정지를 재상으로 기용하려 했던 것이다.

엄정지가 재상이 되면 이임보와의 오랜 원한이 폭발할 것이었다. 이임보는 그런 일이 발생하는 것을 절대로 용인할 수 없었다. 그래서 그는 또다시 정보 비대칭의 무기를 꺼내들어 몇 마디 말로 빠르게 적을 물리쳤다. 그는 엄정지의 동생에게 찾아가 후하게 대접하면서 일부러 엄정지에 대한 일을 언급했다. 그 내용은 황제가 강주絳州를 중요시 여겨 엄정지를 그곳으로 보낼 뜻이 있다는 것이었다. 이는 고의로 엄정지에게 잘못된 정보를 흘리려는 술책이었다. 사실 조정 정치는 상대적으로 중심부가 중요하므로 지방 관직을 준다는 것은 강등되는 것이나 다름없다. 그래서 엄정지는 동생이 전한 소식을 들은 후에 몸에 병이 있어 수도에서 치료하고 싶다는 뜻을 황제에게 전했다. 황제는 그 소식을 듣고 오랫동안 그를 멀리한다.

황제는 엄정지가 재상직을 맡고 싶지 않아 자신의 뜻을 저버렸다고 분개했다. 멀리 강주로 가는 것이 두려워 스스로 살길을 도모한 엄정지는 잘못된 것인가? 사실 황제와 엄정지 모두 잘못한 것이 아니었다. 왜냐하면 황제는 엄정지가 재상직을 맡아달라는 요청을 받지 못했다는 사실을 알지 못했고, 엄정지는 황제가 허락한 것이 강주자사가 아니라 재상이었다는 사실을 알지 못했기 때문이다. 따라서 황제와 엄정지는 상대의 진정한 의도를 이해하지 못했다. 그들의 분노와 답답함은 모두 이임보의 농락과 기만에서 비롯된 것이었다.

마지막으로 이임보가 아직 잘 알려지진 않았지만 황제의 총애를 받을 가능성이 있는 사람을 어떻게 대비했는지 알아보자. 하루는 황제가 근정루勤政樓에서 군신들에게 연회를 베풀었다. 연회가 끝나자 병부시랑 노현盧絢이 말을 타고 나는 듯이 물러나자 황제가 그 풍채를 보고 아름답다 했다. 이임보는 이러한 광경을 주의 깊게 보았다. 그는 위협을 일으킬 수 있는 싹이라면 모두 극도의 경계심을 유지했다가 즉시 오랜 수법을 되풀이했다. 그는 엄정지를 쓰러뜨린 방법으로 노현의 앞길을 파멸시켰다. 이튿날, 이임보는 노현의 아들에게 또다시 틀린 정보를 전했다. 그는 노현을 겁주며 그가 영남嶺南으로 보내질 것이라고 말했다. 물론 결과는 엄정지의 퇴장과 마찬가지였다. 노현은 즉시 상서를 올려 사직을 청했고 황제는 스스로 사직을 청한 것을 보고 더 이상 중용하지 않았다. 이렇게 노현의 창창한 앞날은 하루아침에 무너지고 말았다. 노현이 황제의 진정한 뜻을 어떻게 알 수 있었겠는가? 황제는 또 어떻게 노현이 올린 상서의 배후에 감춰진 고충을 알 수 있었겠는가? 그들은 이임보에게 가로막혀 거짓 정보로 인해 잘못된 판단을 내릴 수밖에 없었다.

이렇게 해서 이미 재상의 자리에 있던 사람이든 재상의 대열에 오를 사람이든, 황제의 총애를 받는 사람이든 황제의 총애를 받을 가능성이 있는 사람이든 모두 정보 비대칭이라는 이임보의 무기에 의해 블랙리스트에 오르고 말았다. 이렇게 이임보는 황제를 자기 손바닥 안에서 마음대로 주무를 수 있는 장난감 인형으로 만들어버렸다.

우군 정책의 탄생

말년의 당 현종은 가무와 여색을 밝히며 마음대로 즐겼다. 그는 귀에 거슬리는 대신들의 말을 가리고 스스로 깊은 궁 안에 숨어 순간의 쾌락을 즐겼다. 그는 언젠가는 세속의 일에서 벗어나 오래도록 갈망한 자유를 얻을 수 있을 것이라 여겼다. 하지만 사실은 이임보가 꾸민 올가미 안에 있는 것이었다.

정치학에서 정보의 전달과 통제는 '정부의 신경'이라 불리며 정치체제의 운행에 매우 중요하다. 외부 환경에서 정보가 정치체제 안으로 들어오면 일정한 경로를 거쳐 위로 전달되어 최고 지도부에 이르게 되고, 최고 지도부는 마지막으로 관련 정보에 대해 피드백을 진행한다. 따라서 정보의 수집, 통제, 전달 중 한 가지 부분이라도 잘못되면 최고 지도부가 얻는 정보가 사실과 어긋나면서 잘못된 결정을 초래할 수 있다.

황제는 정치체제의 꼭대기에 위치하므로 정보를 전달하는 출처도 많고 그 절차도 가장 길다. 이 때문에 황제에게 도달하는 정보의 질을 보장하기 어렵고 조작하기도 가장 쉽다. 어떠한 정보를 얻는지에 따라 판단이 결정되게 마련이다. 즉 황제가 얻는 정보의 통로를 통제할 수 있는 사람은 황제가 어떤 결정을 내리는지를 통제할 수 있고 최종적으로 황제의 인지와 사고까지도 통제할 수 있다. 이는 정보를 통제하는 가장 높은 경지이며 바로 이임보의 꿈이기도 했다. 중국 역사에서는 황제가 백성 위에 군림하기 위해 '우민정책愚民政策'을 썼지만 동시에 황제의 통치 아래 있는 관료들도 황제를 통제하는 일종의 '우군정책愚君政策'을 발명해냈다. 이임보는 바로 그러한 관료들 중에서도 대표적인 인물이었다.

이임보가 재상이 되었을 때 당 현종은 이미 말년의 세월에 접어들었다. 당 현종은 오랜 시간 재위하면서 조정에 권태를 느꼈다. 대신들을 직접 만나면 요순 임금처럼 훌륭한 군주가 되도록 이끄는 것을 자신의 임무로 여기는 사람들에게 항상 언짢은 간언을 들어 사리사욕을 취하기 어려워졌다. 그래서 이임보가 재상이 된 후부터 당 현종은 마침내 무조건 자신에게 아첨하는 사람을 찾아 모든 정사를 위임했고 자신은 궁궐의 깊은 곳에서 은거하면서 마음대로 안락한 생활을 누렸다. 이임보가 군주의 무절제한 생활을 지지했던 것은 황제의 비위를 맞추기 위함과 동시에 당 현종이 스스로 눈과 귀를 닫고 이임보에게 갇혀 지내며 편안함과 즐거움을 느끼게 만들려는 속셈이었다. 이렇게 이임보는 황제가 자신에게 심리적으로 의지하도록 올가미에 가두고는 그 자물쇠를 단단히 걸어 잠글 수 있었다.

그리하여 당 현종은 정보를 차단하는 철옹성에 부딪혀 외부 세계를 상상으로만 접근할 수 있었고 그 상상 속의 모습마저 이임보가 그에게 묘사한 것이었다. 태자비의 오빠인 위견도 한때 돋보였다가 이임보에게 모함을 당해 죽었다. 당시 위견, 양신긍, 왕홍 등은 모두 약탈한 재물을 바쳐 황제의 총애를 얻었는데 특히 위견은 진상할 재물을 여러 사람들의 구경 거리로 만들기도 했다. 그는 약 300척의 배를 장안 교외에 모아 배에 탄 사 람들에게 강남江南 고유의 정취를 연출하게 하고 여인들에게 민간 음악을 합창하게 했다. "보물을 얻으려 농토를 넓히니 농사가 흥하여 보물을 얻었 구나! 연못은 배와 수레로 떠들썩하고 양주의 구리 그릇이 많구나. 황제께 서 조정에 임하니 〈득보가得寶歌〉 부르는 것을 보는구나!" 울긋불긋한 옷을 입고 아름답게 단장한 100여 명의 여인들이 뒤를 따랐고 노랫소리는 북소 리, 피리 소리와 함께 어울려 계속되었다. 구경하러 모인 사람들은 순식간 에 인산인해를 이뤘고 모두 그 광경에 경탄했다. 당연히 황제도 크게 기뻐 하며 포상을 내렸다.

위견은 황제의 총애를 받자마자 이임보의 공격 범위 안에 들어갔 다. 이임보는 겉으로는 위견에게 다가가 선의를 베푸는 것처럼 행동했다. 그러나 실제로 그는 위견에 대한 황제의 총애가 날로 깊어지는 것을 걱정 하여 마음속으로 그의 죄명을 꾸몄다. 이임보에게 마침내 기회가 찾아왔 다. 중추절 무렵에 위견과 하서절도사河西節度使 황보유명皇甫惟明이 밤에 노 닐다가 이임보에게 고발을 당했다. 이임보는 황제에게 위견은 외척에 속하 므로 용병을 장악하고 있는 절도사와 사사로이 교제해서는 안 된다며 이 는 분명 역모를 꾸며 태자를 옹립하려 한 것이라고 아뢰었다. 정보가 차단 된 올가미 속에 갇힌 당 현종은 그 말에 갑자기 두려움을 느껴 심문도 하 지 않고 진상도 밝히지 않은 채 재빨리 위견과 황보유명을 처벌했다. 당 현종의 인지와 사고는 이미 이임보에게 확실하게 통제되고 있었다.

사람은 무지의 상태에 처할수록 공포심이 한층 커지게 마련이다.

따라서 당 현종도 정보가 차단되고 난 뒤 점점 더 예민해질 수밖에 없었다. 외부 세계에 대한 이해가 부족해지면서 아주 작은 일에도 부정적인 추측을 하게 되었다. 한비자는 일찍이 황제에게 있어 원활한 정보 소통의 중요성을 인식했다. "정보가 차단되면 군주는 신하로부터 조종을 받게 된다[壅於言者制於臣矣]."

한편 정보의 전달 과정 속에서 진실의 소리는 가려지고 귀에 거슬리는 말은 줄어들면서 황제가 접하는 정보는 항상 공덕과 은덕을 찬양하는 내용으로 가득해진다. 이를 한비자는 다음과 같이 말했다. "대신들은 어리석고 타락한 자들을 옆에 끼고 위로는 그들과 함께 군주를 속이고 아래로는 백성들을 침탈해 이익을 거둔다. 또 그들은 무리를 지어 서로를 두둔하고 말을 맞춰 군주를 미혹에 빠뜨리고 법도를 무너뜨린다. 이로써 사민四民들을 혼란스럽게 하여 국가가 위태로워지고 군주가 욕을 당하게 만든다."

'비공식' 정보가 '공식' 정보 위에 있다

사마광은 《자치통감資治通鑑》에서 이임보에 대해 이렇게 평가했다. "이임보는 측근들에게 아첨을 하고 황제의 비위를 잘 맞춰 총애를 얻었고, 언로를 차단하고 황제의 총명을 가려 간악하게 행동했다. 또 어질고 능력 있는 자들을 시기하여 그들을 밀어내고 자신의 자리를 지켰고, 높은 신하들을 여러 차례 감옥에 집어넣고 죽임으로써 세력을 펼쳤다. 황태자 아래로는 모두 그를 두려워했다. 그는 19년 동안 재상의 자리에 있으면서 천하를 혼란에 빠뜨렸으나 황제는 그 사실을 알지 못했다." 앞서 언급한 바와 같이 이임보가 총애를 얻고 간악하게 행동하며 자리를 지키고 세력을 펼칠 수 있었던 것은 바로 그가 정보를 통제하고 농단했기 때문이었다.

이임보는 자신이 적을 많이 만들어서 황제의 총애를 잃으면 원수들에게 처참히 당할 것이라는 사실을 잘 알고 있었다. 이 때문에 그는 이미 되돌릴 수 없는 길에 들어서고 말았다. 어느 날 이임보의 아들은 눈물을 흘리며 간언했다. "자리에 오래 계셔서 적들이 가시처럼 깔렸는데 일단 화가 닥치면 감당하실 수 있겠습니까?" 그는 아들의 말을 듣고 어두운 표정으로 오직 한마디 말을 했다. "형세가 이미 이러한데 어떻게 하겠느냐?"

확실히 이임보는 이미 빠져나갈 길이 없었고 오직 끊임없는 투쟁 속에서 안정감을 얻을 뿐이었다. 그는 암살당하는 것을 막기 위해 당대 재상들이 간소하게 행차하던 전통을 바꿔 호위병들이 길을 트고 앞뒤로 자신을 지키게 했다. 또 그가 사는 곳은 이중 벽으로 되어 있었고 하루저녁에도 잠자는 곳을 여러 번 바꿔 가족들도 알 수가 없었다. 이임보는 다른 사람들에게 영원히 회복할 수 없는 재난을 가져다주었지만 동시에 자기 자신도 어둡고 무한한 공포에 빠뜨리고 말았다. 권력은 물리 세계의 힘과 마찬가지로 작용이 있으면 반작용도 반드시 존재하는 법이다.

이임보는 권력의 핵심에 들어서기 시작했을 때부터 정보를 자신의 출세의 발판으로 활용하는 법을 알고 있었다. 사실 환관, 궁녀, 비빈 등 황제의 측근들에게 접근하는 것은 이임보가 처음 생각해낸 방법이 아니었다. 그 전에도 많은 사람들이 이 비공식 정보 통로를 조정의 기밀을 얻어내는 지름길로 여기고 눈여겨보았다. 이 방면에서 이임보의 스승은 수문제 양견

楊堅이라 할 수 있다. 원래 양견은 북주 선제宣帝의 장인이었다. 황제가 승하한 뒤 당시 임시로 섭정의 지위에 있었던 양견은 북주 종실에 후계자가 아직 남아 있었기 때문에 기회를 잡을 수 없었다. 하지만 양견은 북주 선제의 심복이었던 유방劉昉, 정역鄭譯과 개인적인 친분이 매우 두터웠는데 그들은 양견에게 제때에 정보를 전달했을 뿐만 아니라 북주 종실에 양견을 조정으로 맞아 집정하게 할지 회답을 듣지도 않고 북주의 정치와 군사권을 독점했다. 이는 훗날 북주의 붕괴와 수나라가 탄생하는 기초를 제공했다. 양견의 성공은 분명 이임보에게 학습의 모범이 되었다.

비공식 정보 통로가 이렇게 큰 영향력을 가지고 있는 이유는 고대 정치에서 인격화된 권위가 제도화된 권위를 초월하기 때문이다. 바로 그러한 이유로 황제의 공적 생활과 사적 생활은 근본적으로 명확하게 구분되기 어렵다. 따라서 황제의 공적 생활 외에 사적 생활과 그의 주변인들도 조정의 정치 속에서 중요한 역할을 담당하게 된다.

물론 이임보의 마음은 매우 분명했다. 황제의 측근들의 수는 정해져 있었고 목표도 명확했기 때문에 농락하기 쉬웠다. 하지만 모든 조정 문무 대신들의 공식적인 정보 통로를 차단한다는 것은 온 천하의 무수한 입을 막는 것과 다름없을 정도로 어려운 일이었다. 따라서 이임보는 반대파를 공격하여 진실을 말하는 자를 패가망신케 하는 한편 황제의 비위를 맞춰 황제가 늘 자신의 편견 속에서 살게 했다. 그리하여 황제와 관료 체제 사이에 정보의 차단막을 놓는 어렵고 복잡한 목표를 성공적으로 완성했다.

이것이 바로 이임보가 사람을 두려움에 떨게 만든 방법이었다. 사람들은 그의 온화한 겉모습의 이면에 어떤 교묘한 속셈이 숨어 있는지 영원히 알 길이 없었고 그의 간교한 혀가 내뱉는 말 속에서 무엇이 진실이고 무엇이 거짓인지 알 수가 없었다. 이 때문에 진실과 거짓, 복과 화를 분간하지 못하는 사이, 그를 만나본 사람들은 모두 형언할 수 없는 공포 속으로 빠져들었다. 안녹산같이 간사하고 교활한 사람도 이임보를 만나면 한겨울에도 등줄기에 땀이 흘렀다. 이임보가 재상이었을 때 안녹산은 감히 반란을 일으키지 못했다.

'구밀복검'이라는 말처럼 다른 사람들이 이임보에게서 검처럼 날카로움을 느꼈다면 황제는 그에게서 꿀 같은 달콤함을 느꼈다. 이임보는 안에서는 황제의 주관적인 선호를 장악했고 밖에서는 정보가 흐르는 통로를 통제함으로써 정신을 무감각하게 만들어 황제가 자신의 심리적인 은신처에 영원히 갇혀 지내게 만들었다. 황제의 마음속에 있는 방자한 욕망은 이임보를 통하지 않고서는 정당성을 찾을 수가 없었다. 또 황제의 머릿속에 있는 주관적인 판단도 이임보를 거치지 않고서는 근거를 찾을 수가 없었다.

이것이 바로 정보가 차단되었을 때 가장 무서운 점이다. 원래 사람은 자신이 가진 편견의 노예인 법이다. 만약 그가 매일 접한 정보가 모두 자신의 주관적인 선호를 실증하는 것이라면 그는 주관적인 추측의 세계에서 안주하게 되고 진실한 세계에 대한 인지와 판단을 잃어버릴 수밖에 없다. 말년의 당 현종은 자신이 접하는 정보가 통제당하자 기본적인 판단 능력을 잃어버렸고 그 결과 필연적으로 조정도 진위를 판별하는 능력을 잃어버리게 되었다.

이임보가 허위로 조작한 사건들은 후대에 이르러서야 그 억울함이 드러났다. 그러나 당시 당 현종은 역모가 사실이라고 굳게 믿었고 먼저 수를 쓰지 않으면 역당들에게 보위를 빼앗기고 말 것이라고 여겼다. 역사적 진실은 종종 후대 사람들에 의해 시비가 밝혀지곤 하지만 당시 상황에서 조정은 종종 진위를 변별하기 어려웠다. 그로 인해 중국 역사에서 '온 천하가 다 알지만 집권자만 모르는' 역설이 생겨났다. 수나라 말, 온 천하에 도적이 들끓고 심지어 반란군이 장안성을 공격하기까지 했지만 수양제는 여전히 우세기虞世基에게 속아 세상이 평화롭고 백성들이 잘 살고 있다고 여겼다. 이임보가 죽은 뒤 얼마 되지 않아 안녹산이 반란을 일으키려 한다는 사실은 온 세상 사람들이 모두 다 아는 비밀이었다. 그러나 오직 당 현종만이 안녹산이 여전히 자신에게 충정을 다하고 있다고 믿었다.

　　이는 중국 역사상 훌륭한 군주들이 모두 언로를 열고 직언을 허용했던 이유이기도 하다. 즉 정보의 통로를 늘려 정보가 통제당하지 않도록 한 것이었다. 반면 황제가 스스로 절제하지 않으면 편견 속에 사로잡히기가 매우 쉽고 자신의 뜻에 부합하는 정보를 더 중시해 결국 심리적인 은신처에 떨어지게 된다. 그렇게 되면 황제가 눈으로 보고 귀로 듣는 모든 것은 진짜로 존재하는 세계가 아니라 권세 있는 신하가 꾸며낸 것이 되고 만다. 왜곡된 정보가 성행하면 조정도 진위를 변별하는 능력을 잃고 결국 조정의 정치적 붕괴는 돌이킬 수 없게 된다.

　　이임보는 밤낮을 두려움 속에서 살았다. 그는 모든 사람들이 침묵을 지키는 고요함 속에서 갑자기 하늘을 가르는 맑은 소리가 나타나 거짓말로 최면에 빠진 황제를 깨울까 두려웠다. 어느 날 그는 흰 수염이 많이 난 사람이 자신을 핍박하는 꿈을 꾸었는데 꿈에서 깨자마자 그 사람과 비슷하게 생긴 대신들을 조정에서 몰아낼 정도였다. 후에 양국충이 세력을 얻자 첫 번째로 한 일이 바로 이임보가 역모를 일으켰다고 모함한 것이었다. 뜻밖에도 양국충은 이임보가 꿈속에서 본 사람과 비슷한 모습을 하고 있었다.

양국충은 깊이 잠들어 있는 황제를 깨우지 않았고 또 다른 방식으로 황제를 차단시키고 현혹했다. 황제는 여전히 거짓말에 둘러싸여 있었고 조정도 여전히 진위를 변별하는 능력이 없었다. 전성기에 이른 당나라는 거대한 타격을 기다리고 있었다.

이임보가 19년 동안 재상의 자리에 앉은 후 당 왕조의 정치는 이미 돌이킬 수 없이 부패했다. 그 후 제국을 위해 동북의 변방을 수호해 온 장수 안녹산이 군사를 이끌고 반란을 일으켰다. 그도 이임보와 마찬가지로 정보를 통제하여 반란을 일으킬 의도를 숨기는 데 능했다. 하지만 안녹산의 행운은 결코 여기에서 그치지 않았다. 그가 이룩한 뜻밖의 성공은 그의 노력에서 비롯된 것만은 아니었다. 더 큰 원인은 양국충 등 조정의 기득권 자들이 조정의 정책을 왜곡한 데 있었다. 이민족 출신의 장수였던 안녹산이 하늘이 내린 기회를 붙잡게 된다.

7장 기득권

안녹산 安祿山

공익 뒤에는
언제나 사익이
있다

기득권은 일단 형성되고 나면 공익보다

사익을 더 중시하게 된다. 전자가 후자를

압도하게 되는 순간 쇠퇴가 시작된다.

중국인의 역사적 기억 속에서 안녹산은 영원한 죄인이다. 중국어에서 생각할 수 있는 온갖 사악한 단어들은 모두 그와 관련이 있다. 바로 그가 당나라의 태평성세와 연관된 아름다운 상상을 모두 무너뜨렸고 마치 추악한 '이'처럼 역사의 옷자락에 착 달라붙어서 전체의 아름다움을 한 번에 무너뜨렸다.

　　당나라 태평성세의 아름다운 역사를 보존하기 위해 사람들은 안녹산을 기록에서 제거해버리거나 보고도 못 본 척하는 '선택적 등한시' 속으로 도피했다. 또한 그의 사악함에 분개하고 비난함으로써 오히려 당나라 역사의 찬란한 측면을 부각시키기도 했다. 그러나 등한시하는 것도 좋고 분개하는 것도 좋지만 경멸하는 눈빛이나 무시하는 말투로는 그 '이'에게 어떠한 상처도 입힐 수가 없다. 안녹산은 분명 그곳에 존재했고 그의 사악함과 추악함도 원래 역사의 일부분이었다. 따라서 그의 역사는 정확히 봐야 할 뿐만 아니라 분명 되돌아볼 가치가 있다.

　　당 현종 이융기는 한때 안녹산을 매우 총애하고 신임했으며 많은 상을 하사하기도 했다. 심지어 양귀비는 안녹산을 양아들로 받아들였으며 궁 안에서 그를 직접 아명이었던 '녹아褓兒'라 불렀다. 그러나 안녹산은 몰래 양심을 품어 결국 의를 저버리고 군사를 이끌고 궁궐로 진격했다. 이에 당 현종은 황급히 서쪽으로 도피했고 마외역에 이르러 굶주림과 추위에 시달렸으며 앞날이 막막해졌다. 당 현종은 천자의 몸으로 지팡이에 의지하여 병변에 맞섰으나 결국 양귀비를 처형하는 것을 묵인할 수밖에 없었다. 당 현종은 안녹산에게 태산 같은 은혜를 베풀었다. 그러나 안녹산은 은혜를 원수로 갚았고 결국 천하를 어지럽혔다. 하늘 아래와 땅 위에 살아 있는 사람이라면 안녹산의 음험함과 악독함에 분노하지 않은 사람이 없을 것이다.

하지만 감정의 파도는 결국 물러가고 이성적 사고의 여지가 남게 마련이다. 눈물을 가득 머금고 온갖 질책만 일삼는 것보다는 이성적 시각을 가지고 자세히 탐구하여 원인을 규명하는 것이 더 낫다. 의를 저버리고 배신한 소인이 관료 체제 안에서 어떻게 자신을 위장하고 한 걸음씩 권력의 꼭대기에 오를 수 있었을까? 반란의 조짐을 이미 모든 사람들이 알고 있었음에도 어떻게 당 현종만이 알지 못했던 것일까? 왜 조정의 정보 전달은 또다시 '온 천하가 다 알지만 집권자만 모르는' 곤경에 처하게 되었을까? 안녹산이 가져온 이러한 문제는 당 왕조의 쇠락 그 자체보다 더 주목할 필요가 있다.

안녹산이 군사를 일으킨 뒤, 당 왕조는 건국 이래 계속 상승하던 흐름이 끝나고 마치 거대한 물체가 가파른 비탈에서 굴러 떨어지는 것처럼 최후의 붕괴를 향해 빠른 속도로 추락한다. 한편 안녹산이 반란을 일으키기 전, 이임보와 양국충 등의 간신들이 잇달아 집정했다. 그들은 황제의 총애를 독차지하고 자신의 지위를 보전하기 위해 결국 당 왕조의 훌륭한 제도를 붕괴시켰고 바로 이 붕괴는 안녹산에게 굴기의 기회를 제공했다.

　　이임보는 자신의 권세를 지키기 위해 한족漢族 출신의 장수를 억압하고 당 왕조에서는 처음으로 이민족 출신의 장수를 임용했는데 이로써 안녹산은 제도화된 신분 상승의 통로를 얻을 수 있었다. 이와 마찬가지로 양국충 등이 사리사욕을 위해 관군의 전투력을 약화시키게 되면서 안녹산이 반란에 성공할 수 있었다. 한편 수직적인 관료 체제 속에서 하급 관료들은 상급 관료의 환심을 사기 위해 일부러 상급 관료가 좋아하는 정보를 선택하게 된다. 따라서 정보는 상부로 전달되면서 점차 여과되고 정보가 황제가 있는 권력의 정점에 도달했을 때는 이미 완전히 왜곡되고 만다. 바로 이러한 정보 왜곡이 안녹산의 음모를 가렸고 그의 위장을 가능하게 했다. 당 현종은 반란이 일어나자 그제야 꿈에서 깨어난 듯 놀라며 슬퍼했다. 따라서 안녹산이 만든 비극을 통해 다음과 같은 문제를 되돌아볼 수 있어야 한다. 먼저, 관료 정치에서 기득권이 발생하면 조정의 정책이 사회의 공익이 아닌 세도가들의 사익을 최대화하려 한다. 한편 조정의 정보 전달이 관료 체제에 의해 농단당하면 정보의 왜곡을 초래하기 쉽다. 그러면 진상은 집권자와 점점 멀어지고 결국 조정 자체가 진상을 파악하는 능력을 상실하게 된다.

비주류에서 조정의 중심으로 부상하다

안녹산의 악명이 드높아 지자 후대의 역사학자들은 그의 출생에서도 원죄를 찾아냈다. 안녹산의 어머니는 돌궐족의 무녀였는데 그가 세상에 나온 날 저녁, 붉은 빛이 비추고 뭇짐승들이 울었으며 요성妖星[28]이 그의 집에 떨어지는 것을 본 자가 있었다. 지방 관리가 그 사실을 듣고 몹시 놀라 당일 밤 사람을 보내 조사하고 그를 죽이려 했다. 그의 어머니도 신령이 나타났다고 여겨 그의 이름을 '알훈산軋葷山'이라 지었다. 이는 돌궐족의 언어로 '전투의 신'을 뜻했는데 그에 대한 기대가 얼마나 컸는지 알 수 있다.

안녹산은 성인이 된 후, 다양한 이민족의 언어에 정통하여 유주幽州 변경에서 여러 민족들이 교류하는 데 통역을 했다. 그때까지 안녹산이 꿈꿀 수 있는 가장 좋은 미래는 풍족한 가정을 꾸리고 편안하게 사는 것에 불과했다. 그러나 운명의 거센 파도는 결코 억누르지 못했다. 안녹산은 도둑질이 발각되어 죽을 위기에 처하는데 여기서 그의 잠잠했던 인생이 크게 요동치게 된다. 칼이 그의 목에 가까이 닿으려던 순간, 안녹산은 범양절도사 장수규張守珪에게 큰 소리로 외쳤다. "대부大夫께서는 거란을 멸하려 하시지 않습니까? 그런데 어째서 장사를 죽이려 하십니까?" 장수규는 안녹산의 언행과 용모를 보고 신기하게 여겨 그의 죄를 용서하고 군대에 들어가게 해주었다. 과연 안녹산은 그 기대를 저버리지 않고 모든 전투에서 승리했고 포로도 배로 늘어 장수규의 보좌관으로 빠르게 승진했다.

---

28 재해의 징조로 나타난다고 하는 별.

안녹산

이란계 소그드 인과 터키족 돌궐 무녀 사이
에서 태어났다. 당 현종과 양귀비의 총애를
통해 범양과 하동절도사를 겸임하여 당나라
국경 군대의 3분의 1을 장악하게 된다.

　이렇게 해서 안녹산은 조정과 대화할 수 있는 기회를 얻었고 그의
인생은 다시 한 번 견고한 걸음을 내디뎠다. 당 왕조는 처음부터 군사 영
역에서는 한족 출신이 주도하도록 정해져 있었다. 이민족 출신 장수는 아
무리 재능이 있어도 원수로 승진할 수 없었고 한 지역을 담당하더라도 반
드시 한족 출신 원수의 통솔을 받아야 했다. 이민족 출신 장수는 한 지역
에 군대를 주둔시키고 방어할 수 있는 군권을 얻을 수 없었고 오를 수 있
는 가장 높은 군사 계급도 한족 출신 장수를 보좌하는 역에 불과했다. 안
녹산은 이미 조정이 만들어 둔 천장에 부딪혔고 인생은 앞으로 더 나아가
지 못할 것 같았다. 그러나 그때 정치 고위층에서 그 천장을 무너뜨릴 거
대한 변화가 꿈틀대고 있었다.

　당시 이임보가 재상의 자리에 앉아 정권을 장악한 지 이미 십수 년
이 지났다. 그는 비록 여러 차례 정적들을 감옥에 집어넣고 하나씩 제거했
지만 권력은 여전히 불안정했다. 특히 당 현종이 당나라 주위의 이민족을
평정하는 데 뜻을 두자 변방 장수들의 권력은 나날이 확대되었고 심지어

재상과 대등한 위치에서 대립할 정도로 위상이 올라갔다. 또한 변방의 장수들 중에서 공명이 뛰어난 사람들은 종종 재상이 되기도 했다. 곽원진郭元振, 장가정張嘉貞, 장설張說, 소숭, 이적지 등은 모두 장수의 신분으로 직접 재상의 대열에 오른 사람들이었다. 당시 이임보는 마침 이적지와 한 차례 피비린내 나는 권력투쟁을 펼쳤다. 두려운 마음이 아직 남은 이임보는 황제의 총애를 독차지하고 영원한 권세를 누리기 위해 당 왕조의 군사 체제를 바꿀 계획을 가다듬기 시작했다. 그중 핵심은 바로 한족 출신의 장수들을 이민족 출신으로 대체하고 앞으로 이민족도 장수가 될 수 있게 하여 한족 출신 장수들의 권력을 약화시키는 것이었다.

이를 위해 이임보는 특별히 당 현종에게 조서를 올려 군사 영역에서 한족 출신 장수들을 이민족 출신으로 대체할 경우의 이점을 역설했다. 그는 조서에서 폐하께서 영명하고 무용이 뛰어나지만 아직 주변 이민족들을 평정하지 못한 근본적인 원인은 바로 겁이 많은 문관들이 장수가 되어 전쟁에서 승리하지 못하기 때문이라고 주장했다. 따라서 폐하께서 이민족들을 멸하고 천하에 위엄을 드러내고자 한다면 이민족 출신 장수들을 기용해야 한다고 했다. 그 이유는 이민족 출신 장수들은 태어날 때부터 힘이 세고 어릴 때부터 말을 타고 자라 적과 맞서는 법을 연마하기 때문이라고 주장했다. 이임보는 황제의 마음을 붙드는 방법을 아주 잘 알고 있었다. 겉으로 보기에 이임보는 이민족 출신 장수가 한족 출신보다 용맹하여 이민족들을 정복하려는 황제의 꿈을 반드시 실현할 수 있을 것이라고 주장했다. 그러나 실제로는 한족 출신 장수들의 군권을 암암리에 빼앗고 더 이상 변방의 장수들이 재상이 되어 그의 강력한 적수가 되지 못하도록 하기 위해서였다.

조정의 문이 서서히 열리자 안녹산도 힘을 발휘하기 시작했다. 처음부터 그는 조정을 향한 정보의 전달 통로를 통제하여 더 많은 주목을 얻는 방법을 알고 있었다. 어사중승 장이정張利貞이 하북河北 지방을 탐방하기 위해 평로平盧에 이르자 안녹산은 온갖 비위를 맞추며 큰돈을 뇌물로 바쳤다. 장이정은 조정에 돌아가 안녹산을 매우 칭찬했다. 조정은 허위 정보에 의지해 잘못된 결정을 내렸다. 안녹산은 즉시 평로절도사로 발탁되었고 이에 따라 보좌직인 비장에서 한 지역 전체를 담당하는 정직으로 승진하면서 그의 인생에서 처음으로 눈부신 도약에 성공했다.

한편 세도가들은 사익을 위해 공의를 버리고 편리한 대로 행동했다. 관료들은 뇌물을 받고 거짓으로 보고했고 왜곡된 정보를 사실이라고 주장했다. 이 두 가지 요소는 안녹산이 인생의 정점에 오르도록 한 핵심이었다.

야만인의 이미지로 황제를 미혹하다

남의 비위를 맞추고 환심을 사는 것은 안녹산의 타고난 장점이었다. 하지만 민심이 동요할 때조차도 당 현종의 마음을 붙잡을 수 있었던 것은 바로 안녹산이 이민족 출신이었기 때문이었다. 그의 출신은 당 현종에게 문명인이라는 우월감을 마음껏 느끼게 해주었기 때문이다.

안녹산은 미개한 야만인의 어수룩함과 우직함, 단순함으로 자신을 자주 위장하며 노골적으로 황제의 환심을 사기 위해 노력했다. 안녹산은 황제에게 올리는 상서에서 자신의 충성심을 표현하기도 했는데 사대부들의 문장처럼 화려하고 기세가 드높지는 않았다. 구어체로 해석하면 그야말로 초등학생 수준의 문장이었다. 대략적인 뜻은 다음과 같다. 작년에 정원에서 볏모를 먹는 벌레가 있는 것을 보고 만약 소신이 불충하면 벌레가 소신의 마음을 갉아먹게 해주시고, 만약 소신이 성심을 다한다면 벌레를 죽여 달라고 향을 태우며 기도했더니 과연 신령한 새가 날아와 벌레를 물어갔다. 이렇게 어린 아이의 장난 같은 이야기로 황제에게 자신의 충성심이 뛰어남을 표현했다. 오랫동안 성현들의 가르침을 받은 한족 출신 사대부들이 보기에 황제의 총애를 얻기 위해 아첨하는 안녹산의 방법은 지나치게 솔직하고 고지식하기까지 했다. 하지만 사실 안녹산은 황제의 상상 속 야만인이 가져야 할 어수룩한 모습을 최대한 드러낸 것이었다. 이로써 황제는 안녹산이라는 사람이 미개하고 생각이 단순하여 문명의 가르침을 받은 한족 출신 사대부들의 가식과는 다르다고 여기게 되었다.

또 한 번은 안녹산이 황제에게 상서를 올려 자신이 꾼 꿈에 대해 말했다. 꿈에서 선대 왕조의 명장이었던 서세적과 이정이 먹을 것을 요구하자 이 두 분을 위해 주둔지에 묘를 세우고 공양을 했더니 뜻밖에도 사당에서 영지버섯이 자라났다. 이는 진정 하늘이 내린 길조이므로 반드시 거란을 전멸시키겠다고 맹세했다. 또 그는 한 궁중 연회에서 거리낌 없이 말하기도 했다. "비천한 이민족 출신인 소신이 황제께 극진한 총애를 받았습니다. 소신은 폐하를 위한 땔감이나 다름없으니 이 한 몸 폐하를 위해 죽겠습니다." 만약 이 말이 한족 출신의 입에서 나왔다면 당 현종은 아마도 경계심을 가지고 자신의 환심을 사기 위해 입에 발린 소리를 하는 것이라고 여겼을 것이다. 그러나 그때 이융기는 안녹산을 성품이 어수룩한 야만인으로 여겼기 때문에 충심을 표하는 안녹산의 말을 추호의 의심도 없이 그대로 믿었고 심지어 자신도 모르는 사이 연민의 마음이 생기기까지 했다. 역사서에서는 황제가 그를 매우 가엾게 여겼다는 말로 황제의 심리를 묘사하고 있다.

이른바 '이적夷狄[29]이 화하華夏[30]에 들어오면 화하는 이적을 물리친다'는 중국 중심의 천하 체제에서 중국은 스스로를 세계의 중심으로 여겼다. 성현들의 가르침과 예법을 먼 곳의 이민족들이 보고 배운다고 생각했다. 따라서 한족은 천성적으로 문명인이라는 우월 의식을 가지고 있었고 이민족은 군신과 부자간의 윤리와 도를 알지 못하고 복잡 미묘한 모략도 알지 못하는 미개한 야만인으로 여겨졌다. 안녹산도 물론 소위 야만인이었지만 당 현종의 마음을 사로잡았다. 그는 도가의 "지기웅知其雄, 수기자守其雌"[31]의 권모술수를 융통성 있게 운용하여 야만인의 어수룩함과 우둔함, 우직함을 여지없이 드러냈다. 이를 통해 황제에게 야만인에 대한 문명인의 동정심을 불러일으켰다. 다른 한편으로 그 어수룩함과 우직함으로 황제의 심리적 안전지대에 파고들었다. 교활하고 간사한 한족 출신의 문관이었다면 황제는 당연히 주저했겠지만 고지식할 정도로 어수룩하고 바보처럼 우

---

29 중국 주변의 여러 민족을 멸시하며 부르는 호칭.

30 한족의 원류가 되는 민족의 호칭.

31 자기를 낮추고 감추는 것을 의미한다.

직한 안녹산에게 황제는 철저하게 의심을 거두었다.

안녹산은 어수룩한 이미지를 유지하기 위해 심혈을 기울였다고 할 수 있는데 심지어 바보처럼 행동할 정도였다. 그는 원래 몸집이 크고 뚱뚱했는데 배가 불룩 튀어나왔고 아랫배가 무릎까지 처져서 전해지는 바에 따르면 몸무게가 무려 약 180킬로그램에 가까웠다. 그는 체중이 너무 무거워 거동이 불편했음에도 황제 앞이라면 서역에서 전래된 춤으로 빠른 속도로 빙글빙글 도는 호선무胡旋舞를 잘 추었다. 한 번은 당 현종이 그에게 배 속에 무엇이 들었기에 그렇게 튀어나왔냐고 농담을 했다. 그러자 안녹산은 "오직 충심만 들어 있습니다!"라고 답했다. 황제는 그 말을 듣고 매우 기뻐했다. 그 후 황제는 안녹산에게 태자를 만나보라고 명했다. 놀랍게도 그는 일어서지 않고 이상하다는 표정으로 말했다. "소신은 오랑캐라 조정의 예를 몰라 태자가 누구인지 알지 못합니다." 그러자 당 현종이 설명했다. "황태자다. 짐이 100세 후에 보위를 태자에게 물려줄 것이다." 안녹산은 그제야 갑자기 크게 깨달은 것처럼 "오직 폐하만 알고 태자는 몰랐으니 소신은 죽어 마땅합니다"라고 말했다. 안녹산의 모습에 황제는 그가 생각이 단순한 사람이라 여겼고 그에 대한 신임이 더욱 깊어졌으며 그의 순수한 진심을 특히 칭찬했다.

한편 당시 여러 후궁들 중에서 양귀비가 황제에게 가장 많은 총애를 받고 있었다. 이에 안녹산은 이 어수룩함을 이용해 황제의 베갯머리 정치의 진지를 점령했다. 그는 황제에게 자신이 양귀비의 양자가 되는 것을 허락해달라고 청했고 이융기는 흔쾌히 허락했다. 그 후 안녹산이 황제를 알현하기 위해 조정에 들어올 때마다 항상 양귀비를 먼저 만나자 이융기는 이를 이상하게 여겼다. 이에 안녹산의 해명은 또다시 황제의 마음을 움직였다. "오랑캐들은 부친보다 모친을 우선시합니다." 그 말을 들은 황제는 매우 기쁜 표정을 지었다. 한 번은 양귀비가 생일을 맞았을 때 자수틀로 안녹산을 묶어 환호성을 치며 놀았다. 이에 당 현종이 사람을 보내 어찌된 일인지 묻자 이렇게 아뢰었다. "양귀비와 안녹산이 삼일세아三日洗兒[32]를 위해 안녹산을 씻고 묶느라 즐겁게 웃는 것입니다." 이 사건 역시 당 현종의 동심을 자극했고 그는 흔쾌히 찾아가 매우 즐거워했다. 이때부터 궁중의 모든 사람들이 안녹산을 '녹아'라 부르며 그의 출입을 금하지 않고 자유롭게 드나들게 했다. 안녹산은 양귀비와 함께 식사를 하거나 그녀의 거처에서 밤새도록 나오지 않기도 했다. 적지 않은 추문이 바깥에 퍼졌지만 황제는 여전히 의심하지 않았다. 심지어 안녹산과 양귀비가 간통했다는 소문이 퍼졌지만 당 현종은 그래도 의심하지 않았다. 안녹산의 어수룩함이 이미 황제의 모든 경계심을 풀어버리게 했음을 알 수 있다.

몸무게가 거의 180킬로그램이나 되는 중년 남자가 아명으로 불렸다는 것은 지금 생각해보면 낯간지러운 일이다. 그러나 이러한 사실 역시 당 현종과 양귀비가 안녹산을 얼마나 어수룩하고 쉽게 여겼는지 보여준다. 하지만 안녹산은 결코 미개하고 교활함이 무엇인지조차 모르는 야만인이 아니었고 세상 물정 모르는 촌뜨기도 아니었다. 황제가 본 것은 모두 안녹산이 꾸며낸 연출이었다.

---

32 고대의 풍습으로 어린아이가 태어난 지 3일째 되는 날 행하는 목욕 의식.

황제를 무감각하게 만들다

앞서 언급했듯이 정보의 전달과 통제는 정부의 신경이라 불린다. 상하 계급이 엄격한 관료 체제에서 상급자가 하급자에 대해 절대적인 통제권을 가지기 때문에 하급자는 정보를 전달하는 과정에서 상급자의 선호에 영합하는 정보를 선택하게 된다. 그 결과, 가장 자주 나타나는 상황이 바로 '좋은 소식은 전하고 나쁜 소식은 전하지 않는 것'이다. 그러면 정보는 상부로 전달되는 과정에서 점차 여과되고 왜곡된다. 특히 군주와 신하의 관계에서는 권력의 정점에 있는 황제가 분명한 주관적인 선호를 가지고 있으면 하급 관료들은 그 선호에 위배되는 소식은 설령 그것이 진실이라 하더라도 감히 전하지 못하게 된다.

물론 역대 통치자들도 당연히 이 문제를 인식했다. 그래서 일대 명군들은 누구나 의견을 말할 수 있게 하고 겸허하게 간언을 받아들였다. 일찍이 당 태종은 "겸허한 자세로 여러 사람의 의견을 들으면 밝아지고 일방적으로 한 사람의 말만 들으면 어두워진다"라면서 더 많은 정보 통로를 확보하도록 했을 뿐만 아니라 상호 검증을 통해 단일한 정보 출처가 정보의 왜곡을 일으키는 것을 방지했다. 사실 당 왕조는 제도를 설계할 당시에도 이 점을 고려하여 관료 체제의 정보 통로 외에도 조정에서 탐방사, 감찰사 등의 관원을 파견해 직접 황제에게 정보를 보고하도록 했다. 이를 통해 그들로부터 입수한 정보는 관료 체제의 여과를 거친 정보보다 신뢰도가 훨씬 높았고 황제도 종종 이 정보 통로를 더 신뢰했다.

하지만 그럼에도 불구하고 또 다른 문제에 부딪혔다. 만약 파견된 관리가 매수된다면 정보 왜곡이 더 심각하지 않겠는가? 정보가 도처에서 안녹산을 위험 분자로 지목하는 결정적인 순간에 안녹산은 바로 관리를 매수함으로써 당 현종의 의심과 염려를 잠재웠다. 당시 재상 양국충은 이임보가 장차 반란을 일으킬 것이니 안녹산을 재상으로 임명한다고 꾸며서 조정에 들게 한 뒤 그의 병권을 빼앗겠다고 했다. 당 현종은 여전히 망설이고 주저하면서 최종적인 결정은 안녹산에게 사람을 보내 관찰하도록 한 후 내리기로 했다. 그래서 사자使者에게 상을 하사하여 내막을 파악하도록 했다. 그런데 안녹산도 사자가 오는 진짜 의도를 알고 많은 뇌물을 바쳤다. 그 결과 사자는 조정에 돌아오자마자 황제에게 변경은 무탈하다고 보고했다. 허위 정보는 결정적인 순간에 당 현종의 지혜를 가렸다.

이것이 기술적인 측면에서의 대응이라면 안녹산은 정보를 왜곡하는 법 또한 꿰뚫고 있었다. 하급 관료들은 상급자의 선호에 따라 정보를 선택적으로 제공하기 때문에 중요한 것은 사실 그 자체가 아니다. 안녹산에게 가장 중요한 것은 황제의 주관적인 선호를 붙드는 것이었다. 황제에게 주관적인 선호가 생기기만 하면 신하들은 이 선호를 증명하기 위해 사실이 아니더라도 사실을 만들고 근거가 없더라도 근거를 만들어냈다. 예를 들어, 당 현종이 이민족들을 평정하려는 뜻을 품자 안녹산은 알아서 황제의 바람이 이루어지게 했다. 그는 자주 이민족들의 잘라 낸 귀[33]를 궐에 바쳤고 잇달아 승전보를 전하여 황제의 얼굴에 웃음꽃이 피게 했다. 사실 그것은 전쟁에서 얻은 것이 아니었다. 그는 지인과의 관계를 이용하여 거란

---

33 옛날 전쟁에서 적의 왼쪽 귀를 잘라 전공을 계산했다.

의 추장에게 크게 연회를 베풀고 술을 많이 마시게 한 후, 깊이 취한 때를 틈타 그들의 목을 베어 수천 명을 잇달아 죽였다. 그러고 난 후, 조정에는 전적을 세웠다고 거짓으로 보고해 황제의 신임을 변함없이 받았다.

안녹산이 군사를 이끌고 반란을 일으키기 전날 밤, 당 현종은 세상에 가득한 소문을 도무지 막지 못해 한 가지 시험을 계획했다. 즉 안녹산에게 조정에 들라 일렀을 때 즉시 귀경하면 충심이 가득한 것이고, 시간을 지체하면 다른 마음을 품은 것으로 여기기로 했다. 그러나 인간의 심리를 꿰뚫고 있는 안녹산은 그 계획을 알아차리고 조금도 주저하지 않고 곧바로 말을 몰고 황제를 알현했다. 그 결과, 황제는 마침내 안심했고 황제의 주관적인 선호와 선입견은 더욱 굳어졌다. 조정 대신들은 물론 태자까지 간언했지만 당 현종은 여전히 눈과 귀를 막고 못 들은 척했다.

이렇게 해서 당나라의 평화로운 번성의 이면에 장차 파멸의 화를 불러올 거대한 변화가 꿈틀대고 있었다. 안녹산은 마지막 순간에 경성을 앞두고 두려워 전전긍긍했다. 그는 조정이 명을 거둘까 걱정했기 때문에 아마 모든 것을 제치고 근거지인 범양으로 돌아갔을 수도 있었을 것이다. 그때 안녹산이 배신을 꾸민다는 것은 세상 사람들이 다 아는 사실이었다. 만일 그때 소환을 명하여 그를 붙잡았다면 반란이 발생하는 비극을 피할 수 있었을 것이다. 그러나 당나라 최고의 집권자인 당 현종은 안녹산이 반란을 일으킬 것이라고 고하는 자들을 모두 포박하여 안녹산에게 넘겨주기까지 했다. 황제가 이 정도까지 속고 있었던 것이다.

그 결과, 두려움에 사로잡혀 감히 진실을 아뢰는 자가 없었고 더이상 직언도 들리지 않았다. 진실은 자취를 감추었다. 그 대신 오직 황제가 좋아하는 소식만 조정에 오를 수 있었고 그 때문에 황제의 주관적인 판단과 선입견도 더욱 공고해졌다. 결국 당 현종의 기억 속에 있던 어수룩하고 우직한 야만인이 칼을 빼들기에 이르렀다.

이익 집단의 다툼으로 때를 놓치다

755년, 과연 안녹산은 밀지를 받들어 양국충을 친다는 명목으로 군사를 이끌고 반란을 일으켰다. 병사 15만 명이 매일 약 24킬로미터의 속도로 북을 치고 함성을 지르며 남하했다. 비록 안녹산이 많은 군대를 거느렸지만 당 왕조는 강하고 부유하며 기반이 단단하여 반란을 일으키는 것은 계란으로 바위 치기라 할 수 있었다. 이에 대해 명말청초의 사상가인 왕부지王夫之는 당 현종이 덕을 잃었으나 도를 잃지는 않았으며 아직 왕조가 바뀔 시기는 아니었다며 안녹산이 당나라를 망하게 하기에는 부족했다고 분명하게 말했다.

안녹산이 군사를 일으키기 전후에 조정은 이를 최소 비용으로 최단 기간에 진압하고 피해를 최소화할 수 있는 기회가 적어도 두 번은 있었다. 하지만 생사존망의 고비에서도 기득권의 유령은 불현듯 나타났다. 세도가들이 자신의 이익을 보호하기 위해 조정 전체의 운명을 희생시키는 것을 마다하지 않았고 조정이 적절한 전략을 세우지 못하게 방해했다. 그리하여 조정은 반란을 진압할 최적의 시기를 앉아서 놓쳐버렸고 안녹산의 배신을 간접적으로 도왔다.

첫 번째 기회는 안녹산이 군사를 일으키기 직전의 순간이었다. 당시 안녹산은 상서를 올려 한족 출신의 장수를 32명의 이민족 출신으로 대체할 것을 청했다. 이에 재상 양국충과 위견소韋見素는 이것이 곧 역모의 증거라 여겨 당 현종에게 간언을 올렸다. 먼저 위견소가 간언을 하고, 성공하지 못하면 뒤에 양국충이 계속 힘을 써 보기로 약속했다. 그 후 위견소는 황제를 알현한 뒤 눈물을 흘리며 흐느꼈다. 정의를 위해 바른말을 했으나 황제는 여전히 동요하지 않은 것이다. 그런데 황제가 총애하고 신임하던 양국충은 뜻밖에도 아무런 말도 없이 허리를 숙이고 물러났고 결국 일은 흐지부지되고 말았다.

그때 양국충은 말 한마디로 나라를 흥하게 하거나 망하게 할 수 있었다. 그런데 어째서 그는 한마디 말도 하지 않고 침묵을 지켰던 것일까? 그 이유는 간단하다. 안녹산이 군사를 일으키는 것은 조정의 공익에는 부합하지 않았지만 양국충의 사익에는 부합했기 때문이었다. 양국충은 조정에 거하는 재상으로 국정을 장악하고 있었던 반면 안녹산은 외부에 거하는 장수로 막강한 군사를 거느리고 있어 두 사람은 서로를 원수 보듯 했다. 양국충은 안녹산이 장차 반란을 일으킬 것이라고 주장해왔다. 그러나 안녹산을 미리 처단한다면 그가 반란을 일으키리라는 자신의 주장이 옳지 않음을 스스로 증명하는 셈이 된다. 따라서 양국충은 자신이 옳다는 것을 증명해보이기 위해 안녹산이 반란을 일으키게 만들었다. 그렇게 하면 황제 앞에서 자신의 선견지명을 드러낼 수 있을 뿐만 아니라 정당한 명분으로 조정의 손을 빌려 정적을 제거할 수 있기 때문이다. 그리하여 장차 닥칠 화를 막을 수 있는 순간에 양국충은 자신의 사익을 보호하기 위해 하늘이 준 좋은 기회를 놓치고 말았다.

그 후 안녹산이 반란을 일으켰다는 소식이 조정에 퍼지자 온 나라가 두려움에 떨었고 대신들의 낯빛도 어두워졌다. 그러나 오직 양국충만이 마침내 자신의 선견지명이 드러났다 여기며 득의양양해 했다. 그는 웃으며 말했다. "폐하께서 군사를 보내 그를 치시고 대의를 위해 역도를 죽이고자 하니 피 한 방울 묻히지 않고 끝낼 수 있습니다." 국가의 운명이 위기에 처했는데 세도가는 여전히 몰래 기뻐하니 사익이 공익에 해를 끼치는 정도가 이 정도로 심했다.

두 번째 기회는 전국이 안녹산을 포위하고 곧 승리를 앞두고 있었을 때였다. 당시 가서한哥舒翰이 10만 대군을 이끌고 동관潼關에 주둔하여 안녹산이 서쪽의 장안으로 진격하려는 것을 막고 있었다. 또 이광필李光弼과 곽자의郭子儀는 군사를 이끌고 하북에서 남하하여 안녹산이 범양으로 도피할 수 있는 퇴각로를 가로막았다. 관군들이 안녹산을 독 안에 든 쥐를 잡듯 포위하자 안녹산의 군대는 얼마 지나지 않아 진격할 수도 후퇴할 수도 없는 진퇴양난의 위기에 빠졌다.

동관은 가로막히고 근거지로 돌아가는 것도 어렵게 되자 안녹산은 후회막급했다. 그는 책사를 불러 한바탕 욕을 퍼부었다. "내가 군사를 일으킬 때 너희들은 계책에 만전을 기했다고 했다. 그러나 지금 이렇게 관병들에게 둘러싸여 한 치 앞도 나아갈 수 없는데 너희는 아직도 나를 볼 낯이 있느냐?" 안녹산은 절망과 체념에 빠져 자신이 죄수로 전락하는 참상을 생각하고 있었다. 하지만 당시 왕조의 권세가들은 또다시 자신의 사익을 보호하기 위해 안녹산을 궁지에서 빠져나오게 했다.

당시 가서한에게 어떤 이가 안녹산이 반란을 일으킨 것은 군주의 곁에 있는 간신을 제거하기 위한 명목이라고 간언했다. "한나라 경제景帝가 조조晁錯를 죽여 오초칠국吳楚七國의 난[34]을 평정했는데 장군으로서 어찌 옛일을 본받아 군사를 보내 양국충을 죽이지 않으십니까?" 가서한은 이 의견을 받아들여 양국충의 일을 폭로했다. 이에 양국충은 몸을 보전하기 위해 후방에서 새로운 군대를 세우기 시작했다. 가서한은 양국충이 자신을 겨냥하는 줄로 알고 상서를 올려 그 군대를 동관 전선에 예속시켰다. 그렇게 해서 아직 안녹산의 세력이 약화되지 않았음에도 통치 집단 내부의 장수와 재상 간의 갈등이 또다시 본격화되었다.

원래 안녹산의 세력을 약화시키기 위한 최선의 계책은 가서한이 동관을 굳게 지켜 적군이 더 이상 진격하지 못하게 막고 이광필과 곽자의는 군사를 이끌고 남하해 두 군이 포위하는 협공 태세를 취하는 것이었다. 그러나 양국충은 안녹산을 죽이기보다 차라리 가서한이 실패하기를 바랐다. 그래서 양국충은 당 현종에게 상서를 올려 가서한이 동관에 머물며 진격하지 않고 있다고 황제에게 참언했다. 당 현종은 그 말에 미혹되어 정세를 보지 못하고 잇달아 조서를 내려 가서한이 출병하도록 강요했다. 가서한은 어쩔 수 없이 통곡하며 출정할 수밖에 없었다. 완벽한 계책을 버리고 알 수 없는 위험 속으로 뛰어든 결과, 군대는 패하고 동관은 함락되었다. 형세가 순식간에 급변하자 당 현종은 절망하며 황급히 서쪽으로 도피했고 대당 제국은 패망의 위험에 빠졌다.

---

34 한나라의 일곱 개 제후국이 한나라의 억압 정책에 반대하여 일으킨 반란.

다시 말해 안녹산이 군사를 일으켜 성공할 수 있었던 것은 결코 그의 용병술이 뛰어나서가 아니라 통치 계급 내부의 갈등과 세도 계층이 사익을 보호하기 위해 조정의 올바른 계책을 왜곡했기 때문이었다. 양국충이 죽기 살기로 기득권을 지키려고만 하지 않았다면 안녹산이 관군의 포위망을 뚫는 일은 없었을 것이다.

기득권은 대들보를 갉아먹는다

안녹산이 반란을 일으켰을 초기에 다음과 같은 동요가 세상에 퍼졌다. "제비가 하늘을 날아오르니, 하늘의 딸이 하얀 양탄자를 깔았고, 양탄자 위에는 천 닢이 놓여 있었네." 여기서 제비를 가리키는 글자 '연燕'은 안녹산이 반란을 일으키고 난 후의 국호였고, 하늘의 딸을 뜻하는 '천상녀天上女'는 안녹산의 성인 '안安'[35]을 가리켰다. 또 '양탄자 위에 놓인 천 닢'은 돈의 단위를 통해 안녹산이 스스로 황제라 칭하는 데 단 천 일이 걸릴 것임을 암시했다. 민심이 흔들리는 난세에 동요와 참위讖緯는 또다시 미래를 예견하는 역할을 했고 안녹산에 대한 소문은 곧 도참이 되었다.

안녹산과 양국충의 말로는 모두 '비참하다'는 말이 어울린다. 안녹산은 인생의 마지막 날 밤, 자신의 곁을 지키던 호위병의 칼에 한때 충심으로만 가득 찼다고 큰 소리쳤던 배를 찔려 죽었다. 뒤에서 이를 사주한

---

35 한자의 자획을 풀어서 해석하는 파자(破字)를 말한다.

사람은 뜻밖에도 그의 친아들이었다. 양국충은 조정의 모든 정적들을 물리쳤다고 생각하며 황제에게 자신이 절도사로 있는 검남劍南 근거지로 향할 것을 협박했다. 국가는 불행했지만 자신은 행복했던 바로 그 순간, 그는 마외역이라 불리는 황무지 같은 고개에서 분노에 가득 찬 사병들에게 무참히 칼에 찔려 죽었고 시체는 황야에 버려졌다. 아마 이러한 결말도 온 세상 사대부들의 깊은 원한을 풀지는 못했을 것이다.

하지만 역사는 원래 그런 법이다. 분노와 원망으로만 가득 찬다면 쓸데없이 감정만 상하게 할 뿐이다. 이성적으로 되돌아볼 때 비로소 교훈의 참뜻을 얻을 수 있다.

중국의 역대 왕조에서 '온 천하가 다 알지만 집권자만 모르는' 정보의 위기는 거의 보편적으로 존재했고 이는 왕조가 패망의 길로 향해가고 있음을 상징했다. "진秦 이세二世는 조고趙高를 너무 믿어 화를 당했고, 양梁 무제武帝는 주이朱異의 말만 들어 치욕을 당했으며, 수양제는 우세기를 과신하여 팽성각彭城閣의 변을 초래했다." 이는 위징이 당 태종에게 한 말로 주군이 단일한 정보 출처만을 가지고 있으면 반드시 기만을 당하게 된다는 사실을 설명하고 있다. 또한 이는 "겸허한 자세로 여러 사람의 의견을 들으면 밝아지고 일방적으로 한 사람의 말만 들으면 어두워진다"는 이치를 증명하고 있다.《정관정요》의 기록에 따르면 이 말도 역시 역대 통치자들이 금과옥조처럼 본보기로 삼았던 규율이었다.

당 현종이 황급히 서쪽으로 도피하던 길에 곽종근郭從謹이라는 노인이 황제에게 아뢰었다. "안녹산이 화심禍心을 품은 것은 하루아침의 이야기가 아니었습니다. 허나 그 사실을 아뢰는 자가 있으면 폐하께서는 종종

도망가는 당 현종

안녹산의 반란으로 황급히 수도 장안에서 서촉으로 피난을 가는 당 현종. 권력 공백 상황에서 황태자 이형이 금군에 의해 황제로 추대된다.

그를 죽이시니 간신이 득세하고 폐하께서는 이 지경에 이르게 된 것입니다. 송경이 재상이었을 때 직언을 올리면 폐하께서 잘 받아들이시어 천하가 평안했습니다. 그러나 얼마 전부터 조정에 충신이 없고 오직 아첨하는 자들만 있어 궁 밖의 일을 폐하께서는 전혀 알지 못하셨습니다. 초야에 있는 소신도 오늘 같은 날이 임할 것임을 일찌감치 알고 있었지만 황궁은 멀고 삼엄하여 말씀을 올릴 길이 없었습니다. 일이 이 지경까지 이르니 소신이 비로소 폐하 앞에서 이를 아뢸 수 있는 것입니다." 이 시골 노인은 소박한 언어로 매우 심오한 이치를 전달하고 있다. 이전에는 황제가 겸허하게 간언을 받아들여 다른 목소리도 한꺼번에 나와 정보의 출처가 다양했고 따라서 천하가 평안했다. 그러나 후에 황제가 점차 눈과 귀를 닫으니 정보의 출처는 오직 하나뿐이어서 궁 밖의 일을 폐하는 전혀 알지 못했다는 것이다.

정보 출처의 증가는 정보의 대비를 강화시키고 또한 단일한 정보 출처를 맹신하지 않게 해준다. 그러나 이는 단지 기술적인 조정일 뿐 문제의 근본적인 원인을 건드리는 것은 아니다. 안녹산은 이 점을 꿰뚫고 있었다. 그는 문제의 근본적인 원인이 단지 정보 통로의 개수에 있는 것이 아니라 권력의 꼭대기에 있는 황제의 주관적인 선호라는 사실을 잘 알고 있었다. 다시 말하면, 사실 그 자체보다는 황제가 마음속에 무엇을 바라는지, 무엇을 믿고 싶은지, 또 무엇에 대해 주관적인 선호를 가지고 있는지를 아는 것이다. 일단 황제의 선입견을 파악하면 선택적으로 정보를 제공할 수 있으며 심지어 거짓을 꾸며낼 수도 있다. 황제가 자신이 선호하는 가치에 걸맞는 증거를 보게 되면 반드시 믿게 마련이다. 이와 반대로, 황제의 기대에 어긋나는 주장은 권력의 탄압을 받게 된다. 그 결과 황제의 주관적인 선호도 자기 합리화의 모순에 빠져 진상을 알아내는 능력을 잃게 된다. 이것이야말로 '온 천하가 다 알지만 집권자만 모르게 되는' 근본적인 원인이었다.

똑똑한 관료들은 종종 황제의 의중을 먼저 헤아린 뒤 황제 몰래 정보를 수집한 후, 황제가 그 사실을 스스로 깨달은 것처럼 만들어서 자신의 의중을 확고히 하도록 했다. 그러나 그것은 사실 '만들어낸 증거'에 지나지 않았다. 그러므로 절대 권력은 모든 것을 유린할 수 있는 것처럼 보이지만 사실 맹목적인 자기 합리화의 오류에 빠지기 쉽고 결국 조정은 진상을 알아내는 능력을 상실하게 된다.

당 현종의 비극은 그의 주관적인 선호를 항상 안녹산에게 노출하면서 정작 자기 자신은 이를 전혀 알지 못했다는 데 있었다. 당 현종은 늘 자신에게 올라오는 정보가 그의 판단이 옳았음을 증명해준다고 생각했지만 사실 그것은 고도의 기만이었다.

안녹산의 굴기를 초래한 더욱 중요한 요인은 바로 관료 정치가 만들어낸 기득권이었다. 노벨 경제학상을 수상한 더글러스 노스Douglass North는 유명한 '노스의 역설'을 주장했다. 그 뜻은 다음과 같다. 국가는 이중적인 목표를 가지는데 먼저 기득권의 재산권을 보호해줌으로써 이익을 최대화한다. 다른 한편으로 국가는 거래 비용을 감소시켜 사회적 생산을 최대화하고 국가 세수를 증가시키려 한다. 분명 전자는 기득권이고 후자는 국가 전체의 공익이다. 이 두 가지 목표는 서로 충돌한다. 만일 전자가 후자를 압도하게 되면 이는 곧 국가의 쇠퇴가 시작되었음을 시사한다.

즉, '노스의 역설'은 양국충의 행위를 해석하는 데 완벽한 이론적 근거를 제공해준다. 양국충이 재상의 자리에 앉아 정권을 장악하자 재상의 권세 즉 사익을 지키고자 했고, 한편으로는 국정을 잘 돌보는 공익도 지키고자 했다. 양국충의 입장에서 이 둘은 종종 충돌했다. 만약 방현령과 두여회, 장구령 등이 당 현종의 재상이었다면 아마도 그들은 고상한 도덕을 추구하며 안녹산의 난이 일어났을 때 목숨을 바쳐 사익을 버리고 공익을 세웠을 것이다. 그러나 도덕적 예속은 더 이상 존재하지 않았다. 사익에서 비롯된 선택이 바로 양국충의 방식이었다. 즉 공익을 희생할지언정 사익을 지키고, 조정을 희생할지언정 자신을 보전하는 것이었다.

양국충은 조정에 기생하여 살았지만 조정에 대해 어떠한 책임감도 가진 적이 없었다. 그는 조정으로부터 인생의 모든 성공을 얻었지만 조정에 대해 감사하는 마음은 조금도 가지고 있지 않았다. 중국의 고대 역사를 살펴보면 양국충 같은 인물은 결코 특별한 존재가 아니었다. 다시 말하면, 역대 왕조의 멸망은 모두 이러한 '기생충'들이 나라를 제멋대로 부패시켰기 때문이었다. 명나라 말, 세상에 도적들이 들끓고 도처는 전란으로 가득했지만 복왕福王 주상순朱常洵은 여전히 매우 부유하여 날마다 술을 마시고 여인들과 노래를 부르며 놀았다. 이에 관군의 장병들은 복왕은 금전이 100만인데 우리를 굶어 죽이고 있다며 원망했다. 청나라가 망하기 직전에 태평천국군이 이미 중국의 대부분을 장악하자 호화로운 생활을 누리고 있던 높은 벼슬의 귀족들은 태평천국군을 진압하는 것을 입으로만 지지할 뿐 조정을 위해 자기 집 재산에서 단 한 푼도 내놓으려 하지 않았다.

미국의 경제학자 맨슈어 올슨Mancur Olson은 "기득권은 비경제적 활동을 통해 경제 정책의 결정에 영향을 미치며 따라서 기득권 자체의 이익을 증가시킨다"라고 주장했다. 다시 말해 기득권이 일단 형성되고 나면 오직 자신의 이익만을 책임지고 계속해서 공익보다 사익을 더 중시하게 된다는 의미다. 양국충은 이러한 기득권을 극단적으로 보여주었다. 그는 가죽 없이는 털이 존재할 수 없음을 잘 알고 있었지만 그럼에도 여전히 조정의 희생을 마다하지 않고 사익을 추구했다.

죽음을 코앞에 둔 최후의 순간에 안녹산은 온 몸에 남아 있는 힘을 모아 크게 외쳤다. "내부의 적이었구나!" 이는 그를 배신한 사람을 향한 질책이었지만 자기 인생에 대해 평가를 내린 것이기도 했다. 안녹산은 분명 내부의 적이었다. 이는 구양수가 《신당서》에서 한 평가와 같았다. 안녹산도 신하로서 군주에게 반란을 일으킬 수 있었는데 어찌 그의 아들이라고 아버지를 죽일 수 없겠는가? 윤리와 도덕을 짓밟은 결과는 몸소 도덕의 붕괴에 맞닥뜨리는 대가를 치르는 것이었다.

안녹산이 일으킨 반란은 오랫동안 이어진 태평천하와 평화 질서를 깨뜨렸을 뿐만 아니라 '군주는 군주답게, 신하는 신하답게'라는 유가 윤리를 짓밟았다. 한편 결정적인 순간에 몇몇의 뜻 있는 사람들이 기세를 몰고 일어나 천하를 바로잡는 일을 자신들의 임무로 여겼다. 곽자의, 이광필, 복고회은僕固懷恩은 나라에 어려움이 닥치자 선뜻 나서서 난국을 바로잡고 무너져가는 나라를 부축했으며 안녹산, 사사명 등과 피 튀기는 싸움을 벌였다. 하지만 세 사람이 조정에 충성을 다했을 때 그들이 받은 것은 충성에 대한 보답이 아니라 황제와 권신들의 시기였다. 이에 세 사람은 인생에서 사뭇 다른 선택을 한다.

8장 보상

곽자의 郭子儀、 이광필 李光弼、
복고회은 僕固懷恩

충성에
답하는 것은
의무다

충성을 바친다면 충분한 권리를 누릴 수
있도록 만들어줘야 한다. 권리와 의무가 균형을
이루는 충성만이 오래도록 유지될 수 있다.

정치가 혼란하고 사회가 불안해지는 역사의 전환기는 마치 강한 비바람에 한 치 앞도 내다볼 수 없는 날씨처럼 앞이 어두컴컴하다. 이러한 시대상황에서 무엇으로 영웅의 뜨거운 야심을 위로해줄 수 있을까. 바로 마음속에 품은 큰 뜻이다. 다 쓰러져가는 정세를 되돌려보려는 의지, 다시 말해 이미 균형을 잃어 기울어져버렸지만 완전히 쓰러지지는 않도록 받치고자 하는 의지 말이다. 영웅이 역사에서 '전철수轉轍手'로 나서는 순간, 그 자신도 역사라는 질주하는 열차에 몸을 내던지게 된다. 그들은 역사의 방향을 바꾸어놓고, 역사는 그들의 인생을 완성한다.

당나라 성세盛世 이후 100년 동안 세계 역사에서 발견되는 보편적인 현상과 크게 다르지 않은 일들이 당에서도 일어났다. 내부에서 반란이 일어나 조정을 위협했고 전쟁이 전개되었다. 안녹산이 거병해 남쪽으로 행군하며 성을 공격하고 땅을 침략하니, 당 현종은 장안을 버리고 황급히 서쪽으로 피했다. 천하가 무너지고 사해가 끊어지니 형세가 매우 불안정했고, 코앞까지 위기가 닥쳤다. 말 그대로 위인이 필요한 시대가 온 것이다. 이때 곽자의와 이광필, 복고회은 같은 인물들이 위세를 떨치며 무대의 중앙에 등장했다. 지금껏 이름조차 없었던 뒷산 언덕이 시대의 높은 봉우리로 우뚝 서듯, 변방을 지키던 이들은 정치판의 중심에 섰고 천하의 안위는 그들의 손바닥 위에 놓였다.

곽자의는 아량이 넓고 신의를 지키기로 명망이 높았다. 혼자 말을 타고 적진에 뛰어들 정도로 용맹했다. 곽자의는 이민족인 회흘回紇의 군사 수만 명을 굴복시킴으로써 '어진 자에게는 적이 없다'는 천고의 논제를 몸소 증명해냈다. 이광필은 병사를 부리는 데 능했고 천하에 이름을 떨쳤다. 소규모 부대로 적을 이겼고 태원을 지킬 때는 아군보다 몇 배 많은 적군을 격퇴시켰다. 복고회은은 용맹하고 싸우기를 좋아했다. 터키계인 그의 몸은 야성과 피로 뜨겁게 달아올랐다. 그는 말 사이를 뛰어다니며 전쟁터에서 솔선수범하는 일당백의 인재였다. 이렇게 세 사람에게는 각자 뛰어난 장점이 있었고, 어지러운 시대에 그 능력을 충분히 발휘했다. 이들은 혼란의 시대를 무대로 삼아 절망이라는 철의 장막 위에 희망의 밝은 빛이 새어나올 수 있는 구멍을 뚫어놓았다.

하지만 "용맹과 지략으로 주군을 떨게 하는 자는 그 몸이 위태롭고, 공로가 천하를 뒤덮는 자는 그 상을 받을 수 없다[勇略震主者身危, 功蓋天下者不賞]"(《사기》, 〈회음후전淮陰侯傳〉)고 했다. 거대한 서사시의 레퍼토리가 그러하듯, 커튼이 올라가는 순간 명예를 손에 쥔 이 세 사람은 권력자의 시기와 의심을 받았다. 그리고 이들 세 사람은 서로 다른 방향의 인생을 선택했다. 그 결과 곽자의는 황제의 총애와 녹봉을 받아 부귀를 거머쥐었고, 그의 인생은 마지막 날까지 만족으로 가득 찼다. 이광필은 더 이상 앞으로 나아가지 않고 관망하는 자세를 취했다. 생의 마지막에는 그간 쌓인 피로가 병이 되었고, 분노와 자괴감에 빠진 채 구슬프게 세상을 떠났다. 복고회은은 반역을 일으켜 정의를 되찾고자 했다. 그는 자신의 명예를 회복하기 위해 화를 자초했고, 결국에는 국가의 배신자라는 오명을 뒤집어쓴 채 비명횡사했다. 세 사람은 한때 공동의 적에 맞선 동지였고, 힘을 합쳐 대세를 완전히 뒤바꿔놓았다. 하지만 개개인의 운명은 전혀 다른 길을 걸었다.

장구한 세월이 흐른 지금, 후대 사람들은 곽자의의 선택이 가장 옳았다고 평가한다. 그가 스스로를 지켰고 또한 부귀영화까지 누렸으니 말이다. 그는 도가에서 말하는 권모학의 절대적 경지에 오른 가장 뛰어난 대변자로 여겨진다. 그는 오랜 인내와 사양의 미덕을 통해 관료사회의 철학을 구현해낸 모범과도 같다. 하지만 곽자의가 세속적인 성공을 거뒀다고 해서 이것이 곧 이광필과 복고회은의 실패를 반증하는 것은 아니다. 또한 곽자의의 성공만을 놓고 본다면 후대 사람들은 자연스레 다음과 같은 질문을 떠올리게 된다. 왜 개인이 이처럼 막중한 부담을 감수해야 하는가? 국가가 어려울 때 몸을 사리지 않고 나라를 구한 영웅이, 왜 그 임무를 다하고 나면 권력자의 시샘을 받고 결국 해를 입게 되는가? 국가라는 존재 앞에서 개인은 그 명령을 받들고 자신을 희생해야 하는 의무만 지는가? 왜 권리는 누리지 못하는가? 국가와 가정을 위해 혁혁한 공훈을 세운 사람들이 보상을 받지도 못하고 결국 스스로를 지키기 위해 모욕을 참아야 하는 이유는 무엇이며, 공을 세운 개인을 막다른 길로 내모는 것은 도대체 무엇일까?

이러한 질문들은 어떤 한 사람의 처세와 관련한 권모의 문제가 아니다. 전체와 개인의 관계를 어떻게 처리해야 하는지에 관한 보다 근본적인 문제가 놓여 있다. 이광필과 복고회은의 결말은 그들만의 비극으로 끝나는 것이 아니며 조정의 비극이기도 하다. 문제의 핵심은 그들이 어떤 선택을 했는지에 있는 것이 아니다. 왜 조정이 그들을 이러한 진퇴양난의 난처한 상황으로 내몰아 다른 선택을 할 수 없게 만들었느냐가 문제의 본질이다. 세 사람의 운명은 오늘날 우리를 일깨우는 많은 문제들을 내포하고 있다. 개인이 황제와 조정에 대해 충성을 바쳤지만 이에 상응하는 보답을 받을 수 없는 상황에 처했을 때, 개인은 조정과의 관계를 어떻게 재정립할 수 있을까?

사실 이러한 선택의 상황에 처하게 되면 개인은 적절한 답을 찾기 어렵다. 도덕에 의존한 조정의 호소 역시 설득력이 떨어진다. 개인과 국가의 관계가 이렇게 곤란한 상황에 다다르게 되는 이유부터 살펴볼 필요가 있다.

세 명의 장수, 무너지는 당나라를 구하다

운명은 마치 세심하고 정교한 아이디어를 가진 작가처럼 아주 일찍부터 세 주인공의 최후를 예상할 수 있는 어렴풋한 복선을 깔아놓았다. 곽자의, 이광필, 복고회은이 서로 의기투합해 혁혁한 공을 세우던 그때부터 드러난 성격이 결국 그들의 운명을 갈라놓았다.

곽자의는 생각과 계산이 치밀한 정치가였고, 이광필은 장막 안에서 책략을 세우는 병법가였으며, 복고회은은 용맹함이 넘치는 전사였다. 곽자의는 병사를 이끌고 진을 치는 전술에서는 이광필을 따라갈 수 없었다. 하지만 정치를 더 깊게 이해했고, 넓은 인자함으로 사람들의 마음을 얻었다. 겸양과 인내로 황제의 마음까지 얻을 수 있었다. 이와 비교하면 이광필은 훨씬 기술적이고 전문적인 장군이었다. 하지만 정치에 대한 이해가 얕았고 사람의 마음을 읽는 데 능숙하지 못했다. 마지막으로 복고회은은 정치적 식견이 없었을 뿐 아니라 군사적 재능도 없었다. 그는 단지 웅건하고 힘 있는 근육과 피부를 가졌으며 죽음을 두려워하지 않는 배짱과 용맹하지만 때로는 경솔하기까지 한 성격을 지니고 있었다. 반란군을 진압하는 과정에서 세 사람의 서로 다른 장점은 시너지를 이뤄, 서로의 단점을 보완하고 장점을 극대화했다. 하지만 난이 평정되고 난 이후에는 각자의 성격으로 말미암아 서로 다른 인생의 결말을 맞게 되었다.

참혹한 살육의 현장인 전쟁터에서조차 곽자의는 전반적으로 폭력이나 물리력을 사용하기보다는 인격적인 매력을 드러내보였다. 그 매력이란 도덕과 정의에 호소한 것이었다. 복고회은이 반란을 도모한 후 토번, 회흘, 당항 등 이민족으로 구성된 수십만 대군을 이끌고 남하해 수도를 두려움에 떨게 했을 때의 일이다. 곽자의는 위기의식을 느끼는 황제에게 다음과 같이 직언했다. "복고회은은 무능한 자입니다. 그는 본래 신의 부하였고 그 휘하에 있는 사람들은 모두 신의 소속이었습니다. 분명히 신에게 칼끝을 겨누지 못할 테니, 이로써 복고회은은 아무것도 할 수 없을 것입니다." 실제로 곽자의는 과거 삼군三軍을 거느리며 은혜를 베풀었기에 장수들은 곽자의에 대한 고마움을 잊지 않고 있었다. 과연 곽자의는 수도를 지키면서 적에게 물자를 약탈당하지도 않았다. 결국 복고회은의 군대는 싸워보지도 못한 채 결국 철수할 수밖에 없었다.

이는 곽자의의 전설적인 일생을 드러내는 일부분일 뿐이다. 다시 복고회은이 이끄는 이민족이 재차 남쪽으로 침입해왔다. 여기서 곽자의는 군사 역사상 유명한 미담을 만들어낸다. 경양涇陽은 수도의 보호 장벽으로서 이미 수만 명의 회흘 기병들에게 겹겹이 포위된 급박한 상황이었고, 수도는 곽자의에게 도움을 요청했다. 곽자의가 1만여 명의 사병만 데리고 경양을 지키고 있을 때였다. 승전 가능성이 전혀 없는 상황이었지만 도덕에 호소한 곽자의의 설득력은 또다시 기적을 만들었다. 곽자의는 몸소 몇 명만 거느린 채 회흘 진영으로 달려갔다. 회흘에서 물었다. "누구십니까?" 이쪽에서 대답했다. "곽 영공께서 오십니다." 회흘이 다시 말했다. "영공께서 친히 오셨다니 어찌 아니 뵐 수 있겠습니까?" 곽자의는 곧 무장을 해제하고 적군 앞으로 나아갔다. 이때 모든 장수들은 만약 회흘이 속임수를 쓴다면 죽게 될 것이라며 곽자의를 말렸다. "저들은 믿을 수 없습니다. 가지 마십시오." 하지만 이렇게 말리는 사람들에게 곽자의는 단호하게 말했다. "적들의 세력은 우리의 수십 배에 달하니 지금 싸운다면 부자父子가 함께 죽고 국가는 위태로워진다. 하지만 지극한 정성으로 그들과 더불어 말한다면 천하가 태평해질 수 있다. 만약 성공하지 못해도 나만 죽고 가족은 살 것이다." 여전히 마음을 놓지 못한 제장들이 철기 500명을 선발해 곽자의를 호위하며 따르게 해달라고 요청했다. 하지만 곽자의는 무기를 대동하면 회흘이 자신을 믿지 않을 것이라고 판단했다. "이것들은 해가 되기에 충분하다." 말을 끝마친 곽자의는 말고삐를 잡고 혼자 나아가 회흘 군영 어귀에서 갑옷을 벗고 창을 던졌다. 이처럼 상대방에게 보인 신뢰와 대의, 놀라우리만치 큰 포부, 개인의 생사를 돌보지 않는 기개를 눈으로 확인한 회흘은 곽자의에 대한 의심과 원한을 거두고 큰 감동을 받았다. 회흘의 추장들은 너나 할 것 없이 말에서 내려 곽자의에게 절을 올렸다.

그는 죽음의 위험에 맞섰다. 겁내지 않고 거대한 군대 앞에 직면했다. 이는 그가 도덕과 정의가 자신의 편에 서 있다는 것을 확신했기에 가능한 일이었다. 도덕과 정의는 그에게 천만의 적 앞에도 등등하게 설수 있는 용기의 원천이었다. "지혜로운 사람은 미혹되지 않고, 어진 사람은 근심하지 않고, 용감한 사람은 두려워하지 않는다[知者不惑 仁者不憂 勇者不懼]."《논어論語》) 곽자의는 이처럼 아름답고 명예로운 경지에 올랐다. 그는 도덕과 정의가 폭력보다 더 큰 힘을 가지고 있음을 증명했다. 이 점은 훗날 운명이 뒤바뀔 뻔한 순간 그를 구원한다.

곽자의와 달리 이광필은 군사 분야의 기술관료 쪽에 훨씬 가까웠다. 곽자의가 온정과 따뜻한 매력을 가지고 있었다면 이광필은 장군 특유의 냉혹함과 엄숙함을 가지고 있었다. 이광필은 처음부터 걸출함을 드러냈고 금세 눈에 띄었다. 그는 자신의 존재가 막 부각되기 시작했을 때 장군으로서 과감함을 드러냈다. 안사의 난 이후 조정은 이광필을 태원으로 보내 이 지역을 지키게 하면서 전임자인 최중崔衆에게 군사 지휘권을 넘겨받으라고 했다. 하지만 이를 인계하는 과정에서 최중이 군령을 어기고 군대를 정렬해놓지도 않고 무례하게 행동하자 이광필은 두말하지 않고 바로 군법에 따라 처벌하려고 했다. 때마침 조정에서 보낸 사자가 당도해 최종이 어사중승으로 임명되었다는 사실을 전했다. 이광필은 사자에게 다음과 같이 말했다. "이 자는 죄가 있기에 마땅히 벌해야 합니다." 이 말을 들은 사자가 칙령을 보여줬다. 이광필에게 조정을 당황시키지 말라고 경고하는 동시에 이광필이 한발 물러날 여지를 주기 위해서였다. 하지만 이 이야기는 군을 사령하는 장군의 강건함과 누구도 침범할 수 없는 기개를 보여주며 끝이 났다. 최중은 결국 목이 잘리고 말았던 것이다.

　　이러한 기개에 힘입어 이광필 휘하의 장수와 사병들은 엄격한 원칙에 따라 일사분란하게 움직였고, 강철과도 같은 의지력과 전투력을 갖추게 되었다. 이광필은 들판에서 교전을 펼치는 데 능했고 성을 지키는 데도 장점을 보였다. 특히 후자에 있어서 이광필은 소수의 군사로 적의 대군에 맞섰고, 용병에서는 신의 경지에 오른 군사적 재능을 보였다. 하양으로 후퇴해 성을 지켜낸 것은 이광필이 얼마나 뛰어난 능력을 가졌는지를 잘 보여준다. 당시 적군은 빗방울도 통하지 못할 정도로 삼엄하게 성 주위를 에워싸고 있었다. 이광필은 성에 올라 상황을 지켜본 후 말했다. "저들이 비록 수는 많으나, 조직이 정돈되지 않았으니 겁낼 필요 없다. 날이 밝은 후에 저들을 박살낼 것이다." 이렇게 병사들에게 승리에 대한 확신을 심어준 후 그는 군사들의 기개를 이용해 대오를 다시 가다듬기 시작했다. "어디가 가장 침범하기 어려운가?" "서북쪽입니다." 이렇게 학옥郝玉이 답하고 다시 물었다. "어디에서 공격할까요?" 이광필은 되물었다. "어디가 가장 견고한가?" "동남 근처입니다." 이광필의 명령이 떨어지자 즉시 모두가 일제히 공격에 나섰다. 군령은 산과 같았고 명령이 떨어지면 즉시 행동이 뒤따랐다. 이 과정에 명료하지 않은 구석은 전혀 없었다. 군사들의 함성에 하늘과 땅이 울렸고 한 번의 공격에 적군이 궤멸되었으니 1만여 명의 목이 베어져 나갔다.

　　이광필은 매번 전쟁에 임할 때면 단검을 허리띠에 휴대했다. 이는 원할 때 언제든 죽기 위해서였다. 적군의 손에는 죽을 수 없다는 존엄함을 지키려는 의지였다. 그는 "진심으로 죽고자 하는 마음이 있다면 선비는 살고자 하면 안 된다"는 투지를 가지고 있었다. 이광필은 타고난 군사 지도자였다. 절망적인 순간조차 그는 자신이 이끄는 군사들에게 희망을 주었다. 세력이 약해져 있을 때에는 군사들에게 용기를 주었고, 지쳐 있을 때에는 따뜻하게 격려했다. 하지만 이처럼 뛰어난 군사 지도자가 정치의 영역으로 발을 들여놓자 완전히 다른 상황이 그 앞에 펼쳐졌다. 전쟁터에서는 자유자재로 능력을 발휘한 그였지만 정치라는 무대에서는 그러지 못했다. 그는 결국 운명의 시험대 위에 오르게 되었다.

세 인물 가운데 복고회은은 가장 드라마틱한 인물이다. 그는 장막 뒤에서 책략을 구상하는 능력은 떨어졌지만 상대방과 적나라하게 힘껏 맞붙어 싸우고 피범벅이 된 채 살육하는 분야에서 뛰어난 재능을 보였다. 복고회은은 처음에는 곽자의 휘하에서 전쟁에 참여했다. 곽자의 밑에서 싸우는 5개월 동안 항상 선봉에 서며 적진을 파고들어가 싸웠으니 그 용맹함이 으뜸이었다. 복고회은은 후에 이광필을 따라 하양을 지켰다. 여기서도 공격할 때마다 적을 무너뜨렸으니, 그 공이 모든 장수 가운데 단연 으뜸이었다. 복고회은은 군사적 전략을 만들어내는 지략가는 아니었지만 세워진 전략을 뛰어나게 수행하는 장수였다.

복고회은은 전쟁터에서의 사고방식을 일상생활로 옮겨왔다. 용맹함과 경솔함은 한 끗 차이다. 솔직함과 무례함 역시 마찬가지다. 다시 말해 복고회은은 전쟁터의 용맹한 장수였으나 그의 삶 속에서는 이 같은 특징이 경솔함으로 나타났고, 전쟁터에서의 솔직담백한 모습은 일상에서는 무례함으로 나타났다. 그의 아들인 복고분僕固玢이 전쟁에서 져 도망갔다가 다시 진영으로 복귀했다. 호랑이도 자식은 잡아먹지 않는다고 하거늘 복고회은은 시시비비를 가려보지도 않고 크게 호통을 친 후 아들을 참수했다. 결정을 하면 바로 실행에 옮기는 것이 그의 타고난 성정이었다. 부하 장수 가운데 뜻이 안 맞는 자가 있으면 그를 반드시 모욕을 주고는 다시는 눈앞에 나타나지 못하게 했다. 이런 복고회은의 앞길에 미래를 예측하기 어려운 정치판이 펼쳐지게 되면서, 그의 성격은 이후 운명에 큰 영향을 끼치게 된다.

곽자의, 인내로 스스로를 지키다

세 사람 가운데 가장 먼저 권력자의 시샘을 받은 인물은 천하를 덮을 만큼의 공을 세웠다고 평가를 받은 곽자의다. 당 숙종과 대종, 두 황제 치하에서 환관 어조은魚朝恩과 정원진程元振은 총애를 등에 업고 전권을 휘두르고 있었다. 이들은 곽자의의 공훈을 시기했다. 곽자의의 권세가 자신들을 위협할까 봐 두려워한 것이다. 그래서 두 사람은 황제 곁에서 누차 참소를 해서 그를 해치려고 했다. 밖에서는 적군에 맞서 싸워야 하고 안에서는 간신들의 모함을 받으니, 곽자의가 처한 상황은 마치 위험이 꼬리에 꼬리를 물고 있는 모양새였다. 조금만 긴장을 놓치면 바로 목이 떨어질 수 있는 상황이었다.

　　하지만 도덕철학에 정통한 곽자의의 대처 능력이 더욱 도드라졌

곽자의

당 왕조를 다시 일으킨 최고의 공신. 그러나 그만큼 시기와 질투를 받아야 했다. 그는 이를 인내와 겸손으로 대처했다.

다. 그는 약한 것을 지켜 강한 것으로 만들고, 물러섬으로써 나아가는 정반합正反合의 변증법을 극대화했다. 무엇보다 곽자의는 자신을 향한 모함을 포용할 줄 알았고 인내하고 굽힐 줄 알았다. 억울한 일을 지겹도록 당했고 온갖 고통을 다 겪었지만 오히려 이를 계기로 황제의 신임을 꽉 거머쥐었다. 어조은이 권력을 잡은 이후에는 황제가 곽자의의 병권을 갑자기 박탈했다가 복권시키는 일이 잦았다. 조정이 위험에 빠져 절망적인 상황에 놓이면 어쩔 수 없이 곽자의의 관직을 회복시켰고 혼란스러운 국면을 수습하게 했을 뿐이다. 이같이 부당한 일을 겪으면서도 곽자의는 이를 악물고 버텨냈다. 적을 정벌하라는 명이 떨어지면 즉시 응했다. 곽자의는 조금도 시간을 끌지 않았고, 관망하는 법이 없었다. 명을 받들면 즉시 몸을 움직였고, 이를 통해 황제에게 자신은 조금도 뜻을 거스르려는 마음이 없음을 드러냈다. 그리하여 그를 모함하는 무리들이 온갖 방법을 동원해 그를 참소했음에도 끝까지 황제의 신임을 받을 수 있었다.

이후 당 대종이 즉위하고 정원진이 새로운 왕의 총애를 받았다. 정원진 역시 경험 많고 노련한 곽자의를 시기했고, 그가 공이 높아 다스리기 어렵겠다고 판단해 황제와 곽자의의 사이가 멀어지도록 만들었다. 먼저 황제에게 곽자의의 병권을 빼앗게 했다. 곽자의가 평범한 인물이었다면 이처럼 억울한 상황을 참기 힘들었겠지만 그는 조용히 받아들였고, 오히려 감사의 표를 올렸다. 아니, 그보다도 한 수 위였다. 곽자의는 전 정권에서 당 숙종이 하사한 모든 조서를 감사의 표와 함께 신임 황제에게 올렸다. 이같은 행동 속에는 정치적 지혜가 담겨 있었다. 전란으로 어수선한 세상에서 곽자의는 강력한 정예 병력을 거느린 막강한 존재였다. 만약 전 황제가 밀지를 남겨놓았다면 곽자의가 이를 빌미로 폐위 음모를 꾸미고 현 황제의 지위를 위협할 수도 있었다. 그러나 곽자의는 선대 황제의 조서들을 현 황제에게 올려바침으로써 모든 정보들을 투명하게 공개했다. 이를 통해 황제가 품은 모든 우려를 깨끗하게 불식시키고 자신이 사사로운 욕심이 없다는 것을 내보였다. 당 대종은 이에 친히 조서를 써서 답변했다. "짐이 부덕하고 지혜롭지 못해 충성스러운 신하를 의심했으니 너무 지나쳤다. 이를 부끄럽게 여기고 있으니 경은 너무 마음 깊이 담아두지 말라." 곽자의가 자신을 완전하고 분명하게 드러내보임으로써 황제의 후회와 반성을 이끌어낸 것이다.

곽자의는 "물이 차면 넘치고 달이 차면 이지러지는[水滿則溢 月滿則虧]"《주역周易》 이치를 통달했고, 군자란 "머무는 곳을 이롭게 하고 마음을 쓰면 깊이가 있어야 한다[居善地 心善淵]"《도덕경道德經》는 것을 알고 있었다.

그는 어디를 가나 물과 같은 경지에 이르렀다. "물은 온갖 사물을 잘되게만 도와줄 뿐 전혀 다투는 법이 없으며, 모든 사람이 싫어하는 낮은 곳으로만 흘러가 머문다. 이러한 현상은 거의 도에 이른 경지다[水善利萬物而不爭 處衆人之所惡 故幾於道]."《도덕경》 정원진의 시기를 받은 후 곽자의는 황제에게 상소를 올렸다. 글에는 원망은 조금도 담겨 있지 않았으며 그저 스스로 관직에서 물러나고자 하는 뜻을 밝혔을 뿐이었다.

황제가 재차 그를 조정에 불렀을 때 곽자의는 마땅히 이를 거둬달라는 표를 올렸다. 그는 처음 복고회은의 반란을 진압하러 나갈 때도 조정에서 태위太尉로 봉해졌으나 바로 이를 거절하며 말했다. "태위직은 크고 막중하여 분수에 맞지 않을까 두렵사오니 어찌 감히 맡을 수 있겠습니까. 범려의 예를 따라 제후에 계속 남아 있겠습니다." 이는 범려처럼 공을 세워 이름을 얻었으나 뒤로 물러서겠다는 뜻이었다. 곽자의는 두 번째로 복고회은의 반란을 진압하러 나가면서 상서령에 임명되었지만 이번에도 즉시 표를 올려 사양했다. 그는 자신이 한 일이 천한 이민족을 채찍으로 휘모는 일일 뿐이고 "인격과 도덕적 품성이 박한데 지위가 높으면 천자의 책임을 피하기 어렵습니다"라며 명을 거두어달라고 부탁했다. 그는 잠시 휴전 상태가 찾아올 때면 황제에게 솔직한 마음을 표현하기도 했다. "천한 이민족에 맞서 싸운 지 20년이 되어 이제는 치아와 머리카락이 모두 하얗게 바랬으니 자리에서 물러나고자 하옵니다. 이제 더 이상 권하지 마시고 하늘이 이를 헤아려주시길 바랍니다." 조금도 자신의 공적을 드러내지 않았으니 이 얼마나 속이 깊고 넓어야만 할 수 있는 일인가. 그의 겸손함과 사양의 미덕은 권력 위에 올라서도 변하지 않았다. 그는 이름을 알리는 데

연연하지 않았기에 황제에게 잠재적인 모반자로 찍히는 것을 피할 수 있었고, 스스로를 지킬 수 있었던 것이다.

곽자의는 원수를 대할 때도 넓은 포용력을 보였다. "하늘은 덮어주지 않는 것이 없고 땅은 실어주지 않는 것이 없다[天無不覆 地無不載]."(《장자莊子》〈덕충부德充符〉) 그는 덕으로 원수를 갚았고, 곧음으로 휘어짐을 덮었다. 덕으로 시기에 맞섰고 신뢰로 오해를 해소했다. 어조은, 정원진 등이 시도 때도 없이 곽자의를 제거하고자 했지만 곽자의는 어떠한 대응도 하지 않았다. 곽자의는 천하의 병마를 거느리고 있었으며 덕으로 존경받아 이름을 널리 알렸다. 만약 황제 곁의 간신을 없애겠다는 명분을 내세운다면 단번에 이 두 명의 환관을 없애버릴 수도 있었다. 하지만 곽자의는 홀로 황제를 알현할 때조차 절대 그들을 비방하지 않았고 모함하지 않았다. 곽자의는 스스로 몸을 낮추고 어조은 등과의 관계를 호전시키기 위해 노력하기까지 했다.

한번은 곽자의가 토번의 무리를 격퇴하고 승리해 돌아왔다. 그런데 그때 부친의 무덤이 파헤쳐지는 끔찍한 일이 일어나 있었다. 곽자의를 시기하는 어조은이 사람을 보내 이 같은 짓을 저질렀다는 소문이 온 나라에 파다했다. 유교적 사회질서에서 부모의 상사喪事와 제사에 공경을 다하는 것은 매우 중시되는 일 가운데 하나다. 부친의 무덤이 파헤쳐졌다는 것은 모욕이고 수치였다. 곽자의는 이미 수많은 억울함과 모욕적인 일을 겪어왔는데, 이번에도 울분을 참아낼 수 있었을까? 조정이 풍전등화와 같이 어지러운 상황에 놓여 있는 상황이었고 천하의 모든 시선이 곽자의의 일거수일투족을 지켜보고 있었다. 곽자의는 예상과 달리 황제 앞에 나아가 분노하는 대신, 눈물을 흘리며 다음과 같이 말했다. "신이 군대를 이끌고 전쟁터를 오가면서 부하들이 여러 무덤을 파헤치는 것을 막지 못했습니다. 이제 제 부친의 묘가 파헤쳐졌다는 소리를 들었습니다. 어찌 보면 하늘의 뜻이고 인과응보라 생각합니다. 제가 누구를 원망할 수 있겠습니까?" 그는 부친의 파묘가 자신이 예전에 행한 잘못에 대한 하늘의 응보라고 말함으로써 어조은이 준 모욕을 참아냈다.

　　곽자의는 도발을 참아내고 황제의 마음을 얻었다. 한발 물러나 자신을 보전했고, 그 넓은 마음으로 더 많은 이들의 마음을 얻었다. 그 몸가짐이 극치에 이르렀다고 평가할 수 있다. 《도덕경》에서는 권력의 변증법을 대하는 마음가짐을 이렇게 묘사하고 있다. "낳고 기르되 가지지 않으며, 마음을 쓰되 기대하지 않고, 공이 이루어져도 이에 머무르지 않는다[生而不有 爲而不恃 功成而弗居]." 또한 지혜에 대해서는 다음과 같이 말한다. "성인에겐 오직 다툼이란 것이 없으므로, 이 세상에서 다툴 수 있는 일이란 아무것도 없다[夫唯不爭 故天下莫能與之爭]." 겸양에 대해서는 이렇게 말하고 있다. "자기를 드러내지 않으니 밝게 빛나고, 자기가 옳다고 하지 않으니 드러내고, 자기를 자랑하지 않으니 공이 있고, 뽐내지 않으니 위에 선다[不自見故明 不自是故彰 不自伐故有功 不自矜故長]." 또한 "굽은 것이 온전하고, 휘어진 것은 펴지고, 비면 채우고, 낡으면 새롭게 하고, 적으면 얻고, 많으면 혼란해진다[曲則全 枉則直 窪則盈 敝則新 少則得 多則惑]"라고 적었다. 이러한 덕목들은 곽자의의 처세 속에서 잘 드러난다. 결과적으로 곽자의는 가장 높은 평가를 얻었다. 그의 권력이 천하를 흔들었지만 조정은 그를 부담스러워하지 않았고, 공이 천하를 뒤덮었지만 황제는 그를 의심하지 않았다. 부귀가 사람이 누릴 수 있는 극치에 이르렀지만 다른 군자들이 이를 죄라고 비난하지 않았다. 곽자의는 중국의 수천 년의 역사 가운데, 이러한 평가를 받은 아주 드물고 귀한 인재였다.

이광필, 보이지 않는 전쟁터에서 길을 잃다

이광필은 곽자의와 더불어 명성을 얻었고, 세상은 둘을 가리켜 '이곽'이라고 존칭했다. 군사를 부리는 재능에 있어 이광필은 곽자의보다 한 수 위였다. 전공으로 따지면 이광필은 중흥 제일이라는 평가를 받았다. 이 때문에 이광필 역시 자연스레 어조은과 정원진의 시기의 대상이 되었다. 특히 어조은의 부적절한 명령으로 인해 조정이 낙양을 빠져나간 후부터 이광필에 대한 어조은 무리의 미움과 질투는 더 커져갔다.

사사명이 기세등등하게 낙양을 공격해 들어왔을 때였다. 하양을 수비하던 이광필은 가까스로 주위를 저지하며 적군에 대한 공격의 시기를 늦추고 군력을 회복하고자 했다. 반면 전쟁에 참전한 장수들을 감독하는 최고 관직인 관군용사觀軍容使를 맡은 어조은은 수차례나 '관군이 나아갈 수 있고 적군을 멸할 수 있다'고 황제에게 상언했다. 이에 조정은 이광필에게 재빨리 낙양을 수복하라고 명했다. 이광필은 일선에서 지휘하는 직책을 맡고 있었기에 섣불리 나설 경우 어떤 결과가 나타날지를 확실히 인식하고 있었다. 이 때문에 이광필은 여러 차례 '적군의 선봉이 여전히 예리하니 때를 기다렸다가 움직여야 한다, 가볍게 나아갈 수 없다'고 보고를 올렸다. 그러나 이때 이광필의 부장이었던 복고회은 역시 이광필의 공적을 질투한

까닭에 그의 실패를 간절히 바라고 있었다. 그래서 조용히 어조은 쪽에 붙어서 속전할 것을 주장했다. 결국 조정은 공격을 명했고, 이광필은 내키지 않는 상태로 군대를 이끌고 이동하는 수밖에 없었다. 그러자 기다리고 있던 적군이 날카로운 기세로 공격해왔다. 이전까지 모든 수많은 전투에서 승리를 거둬온 이광필은 패전의 기록을 세우게 되었다.

당시 패전의 원인은 바로 어조은에게 있었다. 만약 어조은이 마음이 넓은 인물이었다면 자신의 잘못을 인정했을 것이다. 하지만 어조은은 유달리 속이 좁고 편협한 인물이었고, 질투의 화신이었다. 어조은은 이 일을 자신의 오판 때문에 벌어졌다고 생각하지 않았다. 오히려 이광필이 자신에게 모욕을 주었다면서 극심한 수치심을 느끼고 뼛속 깊이 그를 미워하기까지 했다. 이는 역사에서 원소袁紹가 전풍田豊을 죽인 일화와 판박이처럼 닮아 있다. 원소가 군대를 이끌고 관도官渡로 쳐들어가려고 하자 전풍은 이를 말리면서 후방을 공격하라고 간언했다. 원소는 이를 듣지 않았고, 결과적으로 전쟁에서 대패하고 돌아왔다. 감옥에 갇힌 전풍은 이렇게 말했다. 원소는 속이 좁은 인물이라 만약 전쟁에서 이겨 돌아온다면 우쭐한 마음에 혹시라도 자신을 사면시켜줄지 모르는 일이다. 하지만 만약 전쟁에서 패한다면 자신의 진언을 원망하면서 분명 자신을 죽일 것이다. 실제로 전풍은 원소에게 죽임을 당했다. 어조은 역시 원소와 마찬가지로 소심한 인물이었다. 어조은은 자기의 허물을 감추기 위해 다른 이에게 책임을 전가하고 화풀이를 하는 성격이었다.

어조은과 정원진은 이 일 이후 매일같이 이광필을 모함하고 중상했다. 이는 이광필의 경계심과 두려움을 이끌어냈다. 또 당시 난을 평정하는 데 공을 세운 명장들이 조정에 들어오고 난 후 이에 대한 보상을 받기는커녕 오히려 어조은의 모함을 받아 죽임을 당하는 일이 생겼다. 이 역시 이광필의 두려움을 증폭시켰다. 이광필은 전쟁터를 누비는 장수로서 적과 싸워 이기는 데에는 불세출의 명장이었지만 정치라는 눈에 보이지 않는 전쟁터에서는 방향을 잃고 헤맸다. 어떻게 처신해야 할지의 문제는 마치 큰 무덤처럼 그의 마음을 무겁게 짓눌렀다.

이후 토번이 급습해 국경을 넘어 들어오자 당 대종은 이광필에게 충성을 다해 토번을 무찌를 것을 명했다. 과거였다면 이광필은 당장 군사를 일으켜 황실을 보위하기 위해 죽음을 불사하고 전쟁터에 뛰어들었을 것이다. 하지만 이번에는 달랐다. 이광필은 인생에서 가장 신중해야 할 선택의 순간에 직면했다. 앞으로 나아가면 또다시 누군가의 모함을 받아 화를 입게 될 것이고, 물러서면 배신자라는 오명을 뒤집어쓰게 될 것이다. 이광필은 이 넓은 세상에 자신의 마음을 둘 곳이 하나 없는 것을 한탄했다. 그가 수많은 승리를 거둬온 전쟁터에는 눈에 보이는 적군들이 있었다. 그러나 보이지 않는 적이 득실거리는 정치판에서는 어디로 가야 할지 길을 찾을 수가 없었다. 그래서 그는 나아가지도 물러나지도 않고, 어디로도 움직이지 않았다. 황제를 보위하지도 않았고, 그렇다고 황제 곁의 간신들을 제거하려고 시도하지도 않았다. 그는 그저 아무것도 하지 않는 쪽을 택했다.

이광필의 도움을 기대하고 있던 조정은 그가 모반을 꾀할까 봐 걱정했다. 그래서 먼저 화해의 손을 내밀었다. 사람을 보내 몇 번이나 그의 모친을 찾아갔고 군대로 관리를 보내어 이광필을 위문했다. 그래도 별다른 반응이 없자 더 파격적인 대우로 회유하려 했다. 바로 이광필을 동도유수

이광필

곽자의와 더불어 당 왕조를 재건하는 데 큰 역할을 한 이광필. 곽자의와 마찬가지로 조정 내 반대세력의 시기와 질투를 한 몸에 받았지만, 대응 방식에는 큰 차이를 보였다.

東都留守로 임명해 감찰 임무를 맡긴 것이다. 이렇게까지 조정이 선의를 베풀었지만 이광필은 여전히 정원진 등의 무리가 침묵 속에서 그를 향해 활을 겨누고 있을 것이 두려웠다. 그는 자신을 둘러싼 주위의 복잡한 인간사 문제로 말미암아 자신감을 잃어버렸다. 비슷한 상황에서 곽자의는 물러나는 행동을 취함으로써 앞으로 나아가는 방법을 잘 알고 있었다. 곽자의는 황제에게 진심을 토로하고 그 결과 신임을 얻어내는 방법을 알았다. 하지만 이광필은 아니었다. 나라는 구했지만 자신을 구하는 방법은 몰랐던 것이다. 그래서 천하를 풍미했던 명장은 이렇게 조용히 역사의 뒤안길로 사라지기를 택했다. 그는 이 세상과 멀리 떨어진 채 스스로를 보호했다. 이광필은 반복된 조정의 부름을 거절하고 조정의 조서가 닿지 않는 곳으로 피했다. 이후 이광필은 서주로 돌아가 조용히 살았다. 이런저런 이유를 찾아 평계를 대며, 조정과 가까운 것 같기도 하고 그렇지 않은 것 같기도 한 관계, 같이 있으면서도 멀리 떨어진 관계를 유지했다.

한때 무궁한 영화를 누렸던 이광필은 인생의 허무함을 느꼈다. 그는 일생을 조정에 바쳤고 전쟁터를 누볐으며 온몸을 피로 적셨다. 곽자의와 함께 중국을 세운 신하로서 존경과 명예를 얻었다. 하지만 최후의 순간에는 다른 사람의 비방과 조롱이 두려워 나서지 않았고, 충신이자 애국자로 불리기를 스스로 포기했다. 이광필은 곽자의처럼 권세에 아부하지도, 인간사에 통달하지도 못했다. 두 인물의 서로 다른 결말은 개인의 천성과 성격으로 인한 것이라고 볼 수 있다. 하지만 생각해볼 문제가 남아 있다. 이광필 같은 인물이 진퇴양난에 빠져 이러한 결정을 내릴 수밖에 없었던 사회구조적인 이유가 있었던 것은 아닐까?

복고회은, 반란을 일으켜 정의를 찾으려 하다

나라를 위해 공을 세웠지만 오히려 권신들의 미움을 받게 된 억울한 상황에 처하자 곽자의는 한발 물러섰고 이광필은 이를 피해 도망갔다. 복고회은이 택한 방법은 앞으로 직진하는 것이었다. 복고회은의 성격에 비춰볼 때 당연한 결과이기도 했다. 곽자의는 처세에 능했기에 남에게 미움을 사지 않고, 빛을 감춘 채 세속에 섞였다. 이광필은 장막 안에서 책략을 수립하며 천 리의 승패를 결정하는 지략가였다. 복고회은은 곽자의, 이광필과 달랐다. 오로지 경솔하게 앞만 보고 움직였고 불같은 성질을 가지고 있었으니, 타고나기가 앞의 두 인물과는 거리가 먼 성격이었다.

    복고회은은 정치를 이해하지 못했고 관심도 없었다. 자신을 향한 시기와 질투에 부딪힌 후 그가 제일 먼저 보인 반응은 전쟁터에서 적군을 대하듯이 반격하는 것이었다. 그는 강한 자가 결국 이긴다는 논리를 신봉했다. 그는 목적을 이루기 위해 우회하는 과정을 불필요하다고 생각했고 언제나 목적지까지 최단 경로로 가로질러 다녔다. 그런 그였기에 정치의 메커니즘에는 전혀 관심이 없었다. 억울한 감정에 휩싸인 그의 머릿속에는 조정을 처부수겠다는 생각이 가장 먼저 떠올랐다. 그에게는 흥정의 기술이 없었다.

안사의 난을 평정한 이후 곽자의는 의심을 받아 병권을 상실했으며 이광필은 병력을 손에 쥔 채 관망하며 나서지 않았다. 이제 조정은 복고회은의 세력에 의존하게 되었다. 당시 조정은 회흘 등 이민족의 지지를 얻기 위해 적극적으로 화친 정책을 펼치고 있었다. 황제는 이를 위해 공주를 가한可汗[36]에 시집보냈다. 하지만 가한이 또다시 자신의 어린 아들의 혼담을 꺼내 청혼해오자 황제는 다른 피붙이까지 그 험준한 곳으로 보내기를 꺼렸다. 황제는 대신 복고회은의 여식을 시집보냈다. 황제가 회흘의 탐욕스러운 요구를 얼버무리기 위해 한 이 선택은 예상 밖의 결과를 가져왔다. 가한이 죽고 그 어린 아들이 자리를 이어받은 것이다. 덕분에 복고회은은 회흘 가한의 장인이 되었다. 조정의 중요한 신하이자 동시에 번속국의 외척이라는 두 지위를 동시에 누리게 된 것이다. 복고회은의 인생은 그야말로 휘황찬란하게 빛났다. 하지만 이는 훗날 돌이켜봤을 때 그의 인생에 불행의 씨앗을 심어둔 것이기도 했다.

조정과 회흘이 동맹을 맺은 데다 복고회은과 양측 또한 깊은 관계

---

36 중국 북방민족의 제왕을 부르는 말.

였으니 복고회은은 공적으로나 사적으로, 국가로 보나 집안으로 보나 번속국과 당나라를 연결할 수 있는 가장 이상적인 지도자였다. 사사명의 난을 진입하기 위해 복고회은은 회흘의 정예병을 출격시켰고, 사사명의 잔여 세력은 추풍낙엽처럼 쓰러졌다. 복고회은은 이렇게 장장 7년의 세월을 끌어온 안사의 난을 끝냈다. 곽자의와 이광필은 반란을 평정하기 위해 혼신의 힘을 다했지만, 그 공은 결국 복고회은이 가볍게 취할 수 있었다. 이론의 여지없이 복고회은은 당나라가 광복을 되찾고 연명할 수 있게 만든 결정적인 공을 세웠다.

안사의 난을 자기 손으로 종결짓고 복고회은은 아마도 득의만면하게 말에 올라 채찍질을 가했으리라. 빠르게 지나가는 강산의 풍경을 눈 아래에 둔 채, 조정으로 돌아온 개선장군에게 펼쳐질 성대한 장면을 기대했을 것이다. 천자가 직접 맞으러 나오고 백관은 서열한 채 만민이 길을 열어주고 예법과 음악이 일제히 울릴 것이었다. 마치 구세주 귀환을 모두가 기다렸던 것처럼 말이다. 하지만 운명이란 언제나 예상한 대로 돌아가지 않는 법이다. 때로는 어떤 이의 인생에서 가장 아름답고 자신만만한 순간에 갑자기 예상치 못한 전환점이 찾아오기도 한다. 복고회은을 기다린 것은 승리에 대한 보상이 아닌, 시기와 질투가 내리는 징벌이었다.

복고회은은 군을 이끌고 태원으로 향했다. 예상했던 예우는커녕, 하동절도사 신운경辛雲京은 복고회은의 이중적인 신분 때문에 문을 걸어 잠그고 열어주지 않았다. 회흘의 가한이 복고회은의 사위였기 때문에 그 군대를 부른 것을 의심했기 때문이다. 복고회은은 어쩔 수 없이 표를 올려 억울함을 가려달라고 했다. 이처럼 일촉즉발의 순간에 조정에서 보낸 환관이 찬물을 끼얹었다. 환관 낙봉선駱奉先이 복고회은이 주둔 중인 지역으로 와서 복고회은과 그의 모친에게 조정에서 보낸 사자 앞에 충성을 보일 것을 명한 것이다. 하지만 여기에서 신운경의 뇌물을 받은 낙봉선은 조정에 돌아가 당 대종에게 복고회은이 반란을 준비하고 있다고 모함했다. 복고회은은 이를 해명할 기회를 얻지 못했다. 그는 큰 공을 세운 자신에게 신운경과 낙봉선의 모함이 쏟아지는 것을 참을 수 없었다. 그는 곽자의처럼 원만한 처세술을 알지 못했고, 이광필처럼 우직하게 견뎌내지도 못했다. 복고회은은 바로 상소를 올려 황제에게 신운경과 낙봉선을 죽여 달라고 간청했다.

신운경 역시 어느 정도 전쟁에서 공을 세운 인물이고 낙봉선은 황제를 측근에서 모시는 인물이었다. 황제는 복고회은의 한마디만 듣고 바로 그들을 죽일 수는 없었다. 복고회은은 상소를 통해 이 둘을 죽여 달라고 청함으로써 그들과 협상할 수 있는 여지마저 없애버렸다. 절충안이 나올 수 있는 가능성 역시 없는 상황에서 양측 사이에서는 너가 죽어야만 내가 살 수 있다는 제로섬 게임이 시작되었다. 복고회은은 강렬한 용사의 기개로 자신이 처한 정치적인 모순을 처리하고자 했다. 그는 정치가 타협의 예술이라는 점을 까맣게 잊고 있었다. 정치를 연기 없는 전쟁터라고 표현하지만 그렇다고 실제 전쟁터에서처럼 원한을 금세 잊어버리는 곳도 아니다. 정치가 요구하는 것은 타협과 대화다.

결국 황제가 절충안을 내놓았다. 손수 쓴 조서를 내려 화해를 명한 것이다. 또 복고회은의 노기를 누그러뜨리기 위해 그의 두 아들의 관직도 승진시켜 주었다. 하지만 복고회은은 황제의 깊은 뜻을 헤아리지 못했을 뿐 아니라 더욱 극단적인 방식으로 황제를 압박했다. 황제에게 훨씬 강경한 어조의 상소를 재차 올린 것이다. 상소에는 황제에 대한 원망이 담겨 있었다.

"형제가 적군에게 죽임당하고 아들과 조카가 군전에서 죽어갔습니다. 구족의 친척 열 명 중 한 명만이 살아남았고 살아남은 자도 몸에는 상처가 남았습니다." 실제로 복고회은은 자신의 딸을 서역에 시집보냈고 아들은 사막에서 죽었으니 그 공이 매우 크다고 할 것이다. 하지만 그의 이러한 직접적이고 솔직한 표현에서는 곽자의와 달리 자신의 공을 너무 내세운 까닭에 그의 교만함이 여지없이 드러났다. 그는 "오자서伍子胥는 오나라를 살렸으나 결국 그 시체가 강 위에 내던져졌고 대부종大夫種이 망해가는 월나라를 존속시켰으나 자기 몸은 망했으니, 이와 어찌 다르다 하겠습니까"라며 황제를 원망했다. 사실 이때까지만 해도 황제가 복고회은을 토사구팽하듯 저버린 것은 아니었다. 하지만 복고회은의 말 속에는 분명히 황제를 향한 의심을 공개적으로 드러내보이고 있었다. 이광필이 숨어서 앞으로 나오지 않았던 것과 비교할 때 이는 확실하게 황제의 심기를 거스르는 정공법이었다. 복고회은은 마지막에 또다시 황제를 직접적으로 겨냥하며 원망한다. 황제가 간신을 중시하고 충성스러운 신하를 해하는 것을 훈계하는 내용이었다. 그 건방진 어조 속에는 조정에게 자신은 이민족 장수일 뿐이었다는 사실에 분노하는 마음이 담겨 있었다.

당시는 조정의 권위가 떨어질 대로 떨어진 때라 황제는 지방의 권력이 강해지는 것을 두려워하고 있었다. 복고회은의 오만한 말투는 황제의 불안감을 자극했다. 그럼에도 황제는 재차 그를 회유하고자 했다. 조정은 복고회은이 역모를 품었을까 봐 두려운 마음에 그를 타이르고 그 동태를 살펴보기 위해 배준경裴遵庚을 파견했다. 당도한 배준경을 보고 복고회은은 그 면전에서 서럽게 눈물을 쏟아내며 그의 발을 안고 억울함을 호소했다. 배준경은 완곡한 어조로 복고회은에게 조정으로 들어올 것을 회유했고 결국 복고회은은 마음을 움직인다. 하지만 복고회은의 부장 범지성范志誠이 곁에서 이를 말리며 다음과 같이 말했다. "공께서 높은 공을 세웠음에도 상이 없는 것을 원망하셨으니 이미 의심을 사기에 충분합니다. 어찌하여 다시 조정에 계실 수 있겠습니까? 공께서는 황제를 보러 가지 마시고, 이광필처럼 하셔야 합니다. 또다시 공을 세우는 것은 쉽지 않으며 결국 두 환관이 공을 주살할 것입니다." 그의 말처럼 의심을 받고 있는 상황에서 조정에 다시 발을 들이는 것이 어떠한 결과를 가져올지 알기 어려웠다. 또 앞서 이광필의 예도 있었으니 이를 지켜본 복고회은이 어찌 다시 조정에 들어갈 수 있겠는가. 오래 지나지 않아 복고회은은 군사를 일으켜 당에 반란을 일으켰다.

이렇게 복고회은은 나라를 위해 안사의 난을 평정했지만 공신에게 마땅히 주어질 존경과 명예를 받아보지도 못한 채 역모를 꾀하게 되었다. 적을 죽여 없앴지만 자신이 적이 되었으며, 난을 진압했지만 난을 일으켰다. 복고회은이 마주하게 된 극적인 변화는 분명 그 자신의 성격에서 기인한 것으로 볼 수 있다. 하지만 조정의 입장에서 보더라도 비극이 아닐까?

보상 없는 충성은 지속될 수 없다

같은 출발선에서 같은 목표를 향해 출발했으나 최종적으로 세 사람이 도착한 곳은 각기 달랐다. 곽자의는 부귀영화를 누리며 만민의 존경과 추앙을 받고 천세를 누렸다. 이광필은 침묵과 고독, 분노로 점철된 삶을 살다가 조용히 세상을 떠났다. 복고회은은 병사를 일으키고 반역을 꾀했으니, 그의 인생 후반부는 인생 전반부를 철저히 부정하는 것과 다름없었다. 운명이 갈라지는 결정적인 계기는 하나의 문제에 대한 서로 다른 답에서 시작되었다. 그 문제란 바로 조정에 바친 충성을 적합한 보상으로 돌려받을 수없을 때 그 개인은 이 충성을 어떻게 처리할 것인가다.

개인이 이러한 진퇴양난의 선택에 처했을 때 도덕에만 의존한 조정의 호소력 또한 더 이상 힘을 갖지 못한다. 곽자의, 이광필, 복고회은 같은 공신들은 공을 세우고 나자 모함을 받게 되었다. 이처럼 난을 평정한 명장들이 억울한 죽음과 마주하게 되자 결과적으로 지금까지 외부의 침입을 막고 있던 봉인이 해제되었다. 당 대종이 즉위한 지 2년이 채 되지 않아 토번이 장안성 코앞까지 쳐들어왔다. 황제는 급히 도망치면서 신하들에게 황제를 보위할 것을 명했다. 하지만 '어디에도 이를 막아낼 군사가 없다'는 반응만이 되돌아왔다. 충성이 마땅한 대가를 받을 수 없다면 충성심역시 희석되고 만다. 이는 구양수가 《신당서》 〈이광필전〉에 기술한 감회와딱 맞아떨어진다. "공신들이 모두 가버렸으니, 이 어찌 경계할 일이 아니겠는가?"

곽자의는 권력의 본질에 대한 통찰이 가히 독보적이었고, 이와 겨룰 맞수가 없을 정도였다. 그는 넓은 포용력으로 세상의 범인들은 견디기 어려운 모욕과 억울함을 모두 견뎌냈다. 물이 아래로 흐르는 것 같은 겸손함으로 황제의 신임을 얻었고 간신배들의 질투심을 누그러뜨렸다. 또한 모습을 바꿔가는 민첩함으로 순식간에 돌변하는 정치적 국면에 적응했다. 곽자의가 가슴을 치며 말했던 것처럼 그는 시종일관 충정을 다했다. 폭풍우와 비바람을 만나고, 자신을 향해 날아오는 화살을 마주했을 때도 말이다. 곽자의는 유가의 도덕질서에서 최고의 경지까지 올라섰다. 오늘날에도 사람들은 그에게 최상의 예를 갖춰 존경심을 표한다. 그의 처세술을 배우며 전설적인 인생을 우러러본다.

하지만 곽자의의 타고난 천성은 그만이 가진 독특한 장점이었다. 같은 문제에 처한 다른 모든 사람을 구해줄 수 있는 방법은 아니었다. 이광필과 복고회은은 타고난 기질이 곽자의와는 달랐기에 인생을 아름답게 마무리하지 못했다. "천지간에 같은 것이 없음은 자연의 이치다[物之不齊物之情也]."(《맹자孟子》〈등문공〉) 모든 사람이 곽자의가 될 수는 없다. 따라서 유사한 비극을 피하고자 한다면 개인에게 모든 것을 바쳐 충성하도록 요구하는 구조적인 문제를 먼저 해결해야 하며, 그런 이후에 개개인은 곽자의의 인내를 배울 필요가 있다. 또한 개인과 국가의 이해가 상충하는 상황을 피하기 위해서는 충신 애국한 인물이 '충성을 할지 반역을 할지'의 두 가지 어려운 선택에 놓이지 않게 해야 한다.

곽자의, 이광필, 복고회은이 곤경에 빠진 근본적인 이유는 황제에 대한 그들의 충성에 있었다. 그들은 처음부터 끝까지 조정을 향해 일방향의 충성만을 강요받았다. 하지만 그 충성에 대한 보답은 없었고, 오히려 이에 상응하는 의무만 있을 뿐이었다. 공자는 "임금은 예로써 신하를 부리고 신하는 충성으로써 임금을 섬긴다[君使臣以禮 臣事君以忠]"라고 말했다. 이는 군신 간의 권리와 의무가 서로 부합하는 관계를 정립한 것이다. 하지만 현실 정치가 작동하는 과정은 이상과 다르다. 황제가 더 오를 수 없을 정도로 높은 지위에 올라 있고 신하는 일방적으로 충성을 바치는 것이 당연하게 보인다. 하지만 충성을 대하는 황제의 반응은 제도화될 필요가 있다. 그렇지 않다면 군신 사이의 권리와 의무 관계는 서로 어긋나게 된다.

어조은, 정원진은 분명히 악한 인물이라고 할 수 있다. 하지만 그들은 황제의 그림자였을 뿐이다. 그들의 입김이 작용할 수 있었던 이유는 그들이 말한 것들이 바로 황제가 속에 품은 걱정거리와 일치했기 때문이다. 곽자의, 이광필, 복고회은은 전쟁터에서 죽음을 불사하며 싸웠고 구사일생으로 살아남았다. 그러나 그들이 맞닥뜨린 건 황제의 불안한 시선과 조정의 시기였다. 이에 대해 복고회은은 솔직한 마음을 표현했다. 이러한 황제는 충성을 받을 자격이 없다, 이러한 조정은 열정을 다해 사랑할 대상이 아니라고 말이다.

유교의 정치질서 속에서 군신은 부자와 같다. 신하의 충성은 자식의 효에 비유된다. 신하가 충성을 다하지 않는 것은 자식이 효를 다하지 않는 것과 같아서, 이에 대해서는 국가기관의 징벌이 아닌, 사회 여론으로 압박해 불충한 자의 명예를 실추시켰다. 하지만 이렇게 설계된 제도 속에서 군주가 이행해야 할 의무는 그 어디에도 규정되어 있지 않다. 군주가 신하를 사랑하지 않는다면 그것은 아버지가 자식을 아끼지 않는 것과 같다. 군주가 신하의 충성에 대해 마땅히 보상해주지 않는다면 어떻게 해야 할까?

　　이것이 바로 곽자의, 이광필, 복고회은이 직면한 곤란한 상황이었다. 곽자의는 군주의 특권을 암묵적으로 인정했다. 군주라면 권리는 누릴 수 있지만 의무는 부담하지 않아도 된다. 충성의 무한한 책임만이 계속될 뿐이다. 이광필은 제도에 내재된 불공평함을 느꼈고 소리 없이 이에 저항했다. 곽자의와 이광필이 모두 인내하며 침묵을 지킨 데 반해 복고회은은 군주를 압박하는 방법을 택했다. 군주가 의무를 행하지 않자 반역을 꾀해 그가 할 일을 하도록 압력을 가했다. "나를 보듬는 이가 임금이요, 나를 해치는 이가 원수다[撫我則後 虐我則讎]."《서경書經》 "군주가 신하를 흙이나 티끌처럼 여기면 신하는 군주를 철천지원수처럼 여길 것이다[君視臣如土芥 臣視君如寇仇]."《맹자》 복고회은의 방식은 또한 중국 역사상 수많은 영웅호걸들이 선택한 방법이기도 했다. 충성이 보답받지 못했을 때 그들은 군사를 일으켜 궐로 향했고, 이를 정의를 되찾기 위한 것으로 포장하곤 했다. 그들은 자기의 등에 황제를 시해한 자라는 오명을 내걸기를 원치 않았다. 그래서 간신배들을 죽인다는 명분을 내세워 황제에게 신하의 충성을 받았다면 그에 상응하는 의무를 부담하라고 완곡하게 압박했다.

　　세 인물 중 복고회은의 행위는 유교 체계 속에서 받아들여지기 어렵다. 하지만 그는 권리와 의무가 서로 대등해지도록 노력했다. 개인의 충성이 황제 또는 조정으로부터 보상받지 못했을 때, 권리와 의무의 관계가 비대칭을 이뤘을 때, 개인은 자신의 권리를 수호할 수 있음을 행동으로 보여줬다. 실제로 권리와 의무가 서로 균형을 이루지 못한다면 어떠한 관계도 오래 유지되기 힘들다. 군주와 신하, 아버지와 아들의 관계 역시 그러하다. 토번이 침입해 들어왔을 때 아무도 황제를 보위하지 않았다는 사실에서 이를 알 수 있다. 충성을 바쳤을 때 마땅히 받아야 할 예우가 아닌 시기와 질투를 받는다면, 누가 충성을 하겠는가?

또한 어떤 인물의 가치를 최대한 끌어내려면, 개인이 의무를 다하는 동시에 충분한 권리를 누릴 수 있도록 존중해줘야 한다. 권리와 의무가 균형을 이루는 충성만이 오래도록 유지될 수 있다. 이를 통해 곽자의, 이광필, 복고회은이 직면한 무력감과 곤란함을 피할 수 있다.

곽자의의 말년은 부귀영화의 절정이었다고 할 수 있다. 그의 저택은 한 거리의 4분의 1을 차지할 정도로 길게 늘어서 있었고 방들은 큰 골목과 서로 통했다. 집 안에 들어간 사람은 길을 잃고 헤매었을 정도였다. 말년에 부대에 주둔하고 있던 이광필은 모친이 위독하다는 소식을 전해 들었다. 모친의 죽음과 마주한 이광필은 슬픔에 사로잡혀 이렇게 외쳤다고 전해진다. "이미 불효자가 되어버렸는데 어머니께 돌아갈 수도 없구나!" 복고회은은 정의를 되찾으려고 시도하다 병에 걸려 사망하고 말았다. 세 사람은 눈부신 과거를 뒤로한 채 각자 다른 종착지로 향했다. 이후로는 다시는 당나라를 그토록 사랑한 인물들은 나오지 않았다.

9장 그림자 권력

환관 집단 宦官集團

권력은 언제나
측근을 통해
사용된다

권력자가 시기심을 가지면 권력은

측근으로 집중되고 공식 제도는 무너지며

비공식 관계가 득세하게 된다.

환관 집단의 존재는 언제나 중국 역사의 어두운 구석이자 돌이키고 싶지도 않고 또 피할 수도 없는 슬픈 이야기이며 역사의 옷자락에 가려진 부스럼 같다. 그들은 하나의 완전한 인간으로서 존재하는 것이 아니라 치유할 수 없는 생리적 결함을 가지고 있었다. 그들을 공통적으로 가리키는 이름인 환관은 계속해서 재현되는 치욕처럼 역사 속에서 끊임없이 변주되었다.

환관의 존재는 동정받을 만하지만 이 생리적 결함을 가진 무리는 뜻밖에도 유학을 숭상하는 정치체제에서 높은 자리를 차지하며 온갖 악행을 일삼았다. 그들은 어질고 유능한 선비들을 해쳤고 나라를 어지럽혀 화를 초래했으며 관직과 재판을 팔기도 했고 군대를 약화시키고 백성들을 수탈했다. 심지어 그들은 황제 권력을 손에 넣고 한 왕조의 운명을 손바닥 안에서 가지고 놀았다. 수백 년 동안 얼마나 많은 의로운 선비들이 환관들의 전횡에 탄식하며 의분에 가득 찼는지 모른다.

환관 집단은 언제나 왕조가 흥성할 때는 소리 없이 종적을 감추었고, 쇠락할 때는 조용히 득세했으며, 왕조가 멸망한 후에는 몰살당했다. 그

당삼채로 만든 당나라 환관

중국 역사에서 환관들은 황제의 최측근으로서 정치를 농
단했다. 특히 당나라 시기에는 환관이 천자를 직접 선택
하고 폐위시킬 정도로 황제 권력을 틀어쥐었다.

들의 운명은 마치 왕조의 운세와 반대되는 것 같았다. 환관들이 무대에 등
장하면 그때부터 왕조의 운명은 쇠락의 길을 걷기 시작했다. 특히나 안타
까운 것은 대범하고 당당한 기세를 역사적 기록에 남겼던 왕조이자 후대
인들에게 무한한 상상의 여지를 남긴 대당 제국도 환관 집단의 유린과 박
해를 피하지 못했다는 사실이다.

당나라 이전에도 환관들이 정치에 간섭했던 쓰라린 교훈은 이미
고서에 가득했다. 조고와 염락閻樂이 권력을 독점하여 진나라가 망했고, 후
한의 장양張讓과 단규段珪가 정사에 간섭하여 황위를 뒤흔들었다. 건국 초
기, 당 태종 이세민은 이러한 폐단을 감안하여 제도적으로 환관의 세력을
억제하고 환관의 품계가 4품을 넘지 못하도록 규정했다. 하지만 이는 황
제가 제도 위에 군림하는 상황에서는 연속성과 일관성을 가지지 못했다.

당 현종 이융기는 기존 제도를 무너뜨리고 환관들을 중시하며 그들의 말에 따랐다. 환관 양사욱楊思勖은 밖에서 군을 관장했고 고력사는 옆에서 황제를 모셨다. 특히 고력사의 권력은 황제에 버금갔고 그 지위는 재상과 겨룰 수 있는 정도였다. 그때부터 환관 세력은 점점 확대되어 돌이킬 수 없는 지경에 이르렀다.

　　당 숙종과 당 대종이 안사의 난을 평정한 뒤 환관 이보국이 권력을 장악했고 어조은, 정원진이 잇달아 권력을 휘둘렀다. 당나라 중기는 환관들이 득세하여 탄탄한 지위를 누린 시기였다고 할 수 있다. 당 덕종은 번진을 평정하고자 했는데 이에 실패한 뒤 낙심하여 금위군의 통제 권한을 아예 환관 두문장竇文場과 곽선명霍仙鳴 등에게 넘겨버렸다. 그때부터 환관들도 마침내 군주를 억누르고 천하를 다스릴 수 있는 권력을 가지게 되었다. 당나라 후기, 환관은 이미 조정의 운명을 좌지우지하는 가장 중요한 변수가 되었다. 급기야 당 현종은 환관에게 독살당했고 문종文宗, 무종武宗, 선종宣宗, 의종懿宗, 희종僖宗, 소종昭宗의 여섯 황제는 모두 환관이 옹립했다. 여기까지 이르자 한때 태평성세를 이루었던 당 왕조는 이미 완전히 환관들의 손바닥 안으로 떨어졌다.

　　"난왕赧王[37]과 헌제獻帝[38]가 제후들에게 속박을 당하더니, 이제 짐은 종에게 속박을 당하고 있구나"라는 당 문종의 한탄은 일국의 군주로서 환관의 통제를 받는 처량함과 무력함을 표현하고 있다. 사실, 환관이 권력

37　고대 주나라의 마지막 왕.
38　후한의 마지막 황제.

을 탈취하는 과정은 결코 순조롭지 않았고 황제도 권력을 흔쾌히 넘겨준 것은 아니었다. 당 덕종은 처음에는 기강을 바로잡아 환관들을 억제했으나 나중에는 더욱 심하게 그들에게 의지했다. 당 문종은 재상과 함께 환관을 죽이려고 밀모했으나 도리어 궁 안에서 피 튀기는 '감로의 변[甘露之變]'을 일으켜 환관들의 권력은 오히려 증가했고 지위도 더 높아졌다. 환관이 전횡을 일삼는 폐단은 당 왕조가 멸망하지 않는 한 영원히 제거할 수 없을 것처럼 보였다.

　　이전 왕조의 뼈아픈 교훈도 있었고 당대에도 직접 피부에 와 닿는 고통이 있었는데도 당나라 후기의 황제들은 어째서 기어코 환관들을 중용하려 했던 것일까? 환관의 득세는 왜 항상 제도의 붕괴를 수반하며 제도의 붕괴는 또다시 환관의 득세를 초래하는 것일까? 당나라 환관 집단의 발자취를 통해 환관의 생리적 결함과 인간으로서의 불완전성이야말로 그들이 황제의 신임을 얻을 수 있었던 가장 중요한 담보물이며, 그들이 황제 권력의 정치 게임에 참여할 수 있었던 가장 큰 요인이었음을 확인해보자.

환관, 황제의 거울

추한 결말은 종종 아름다운 시작에서 비롯된다. 또는 시작이 너무나 아름답기 때문에 그 아름다움에 도취되어 헤어나지 못하고 심리적 기대의 최면에 빠져 그것이 감추고 있는 나쁜 결과를 소홀히 하곤 한다. 환관의 전횡도 이와 마찬가지다. 환관들이 당 왕조의 정치 속에서 특별히 돋보일 수 있었던 이유는 대개 그들 중 뛰어난 인물이 남긴 아름다운 시작 덕분이었다. 그중 가장 대표적인 인물은 한때 이름을 날린 고력사였다.

　　고력사는 어렸을 때 입궁하여 학문을 많이 익히지는 못했다. 그러나 그는 일반인들은 감히 필적할 수 없는 정치적 판단력을 보유하고 있어서 변화무쌍한 투쟁 속에서 언제나 정확하게 줄을 서고 지혜로운 군주를 가려 섬겼다. 이융기가 번왕이었을 당시 고력사는 그를 온 힘을 다해 섬겨 신임을 받았다. 후에 이융기가 군사를 거느리고 궁으로 진격하여 내란을 평정하고 많은 사람들의 두터운 신망을 받는 황태자가 되자 날마다 그의 곁에서 시중을 들었던 고력사도 조산대부朝散大夫와 내급사內給事로 봉해졌다. 이어서 태평공주와 이융기의 갈등이 드러나자 고력사는 또 태평공주를 공격할 계책 모의에 참여했고 은청광록대부銀青光祿大夫에 봉해졌다. 황제가 황위에 오르기 전부터 쌓아온 교분과 황제가 천하를 빼앗는 것을 도운 공로 덕분에 고력사는 이처럼 당 현종 시기에 높은 지위를 얻었다.

　　고력사는 당 왕조에서 환관이 권력을 가지지 못한 선례를 분명히 알고 있었다. 그러나 자기 자신이 바로 그 경계선을 확장한 개척자였기 때문에 상황에 따라 적절하게 대처하는 방법 또한 더욱 잘 알고 있었다. 그는 사대부들처럼 군주가 요순 임금처럼 훌륭해지도록 돕고 나라를 위해 충성을 다하고자 했지만 어떻게 해야 자신을 보호하고 황제의 총애를 독점할 수 있는지 더 잘 알았다. 당 현종이 말년에 국정을 모두 이임보에게 넘기려 하자 고력사가 황제에게 직언을 올렸다. "자고로 권력이란 다른 사람에게 빌려줄 수 없습니다." 이렇게 군주의 노여움을 살 수 있는 직언을 한 것은 황제에게 충성을 다하는 고력사의 용기와 책임감을 드러내준다.

하지만 이융기가 즉시 언짢은 기색을 드러내자 고력사는 더 이상 원칙을 고수하지 않았고 나중에는 천하의 일을 감히 소상히 아뢰지 않았다. 이러한 응변의 처세는 복잡한 인간관계 속에서도 잘 드러났다. 그는 합종연횡을 잘 했는데 이익이 있으면 사귀고 이익이 다하면 멀리했으며 비록 아끼던 사람이라도 불리해지면 모두 구하지 않았다. 그리하여 그는 정계에서 오뚝이 같은 지위를 보전할 수 있었다.

권력의 후광으로 인해 사람들은 고력사가 환관의 신분이라는 사실을 자주 잊어버렸다. 그는 모든 사람과 원만하게 지내는 전략 덕분에 좋은 인연을 많이 맺고 적을 거의 만들지 않을 수 있었다. 그 밖에도 고력사가 환관으로서 독보적인 우위를 차지할 수 있었던 이유는 황제와 청소년 시기부터 항상 함께 어울려 지내면서 서로에게 익숙해지고 마음이 잘 맞았기 때문이었다. 그는 황제의 생활 습관과 사고방식, 속마음을 정확하게 파악했고 종종 황제가 말하지 않아도 서로 마음이 잘 통했다. '짐이 곧 국가'인 제도에서 한 사람이 가진 권력의 크기를 평가하려면 그의 정치적 지위를 보아야 하지만 보다 더 중요한 것은 황제와 개인적인 관계가 얼마나 가까운지를 보는 것이다. 이러한 측면에서 황제와 그림자처럼 붙어 다니던 환관 고력사는 누구도 비할 수 없는 우위를 가지고 있었다.

군사와 관련해서도 황제의 견해를 묻지 않았지만 황제의 마음속 깊은 곳에 자리한 미묘한 감정 변화만 보더라도 고력사는 황제의 의중을 손금 보듯 정확히 알 수 있었다. 이렇게 두 사람은 오랜 세월을 함께 보내면서 서로 못할 말이 없는 친밀한 경지에 이를 수 있었다. 이융기는 양귀비를 깊이 사랑했는데 서로 사랑하는 사이라도 성질을 부리거나 사이가 틀어지는 일이 생기게 마련이다. 그럴 때마다 한 사람은 황궁에서 바람을 쐬며 눈물을 흘렸고, 다른 한 사람은 사가에서 달을 보며 길게 탄식했다. 그때마다 황제는 마음이 답답하고 울적했는데 일국의 군주로서 여인에게 선뜻 고개를 숙일 수도 없었고 양귀비를 깊이 사랑하는 마음을 일일이 다 털어놓을 수도 없었다. 그때 고력사가 마음속으로 황제의 의중을 알아차리고 소리 소문 없이 양귀비를 사가에서 환궁시켰다. 그러자 황제는 이를 보고 매우 기뻐했고 결국 양귀비와 사이를 회복하게 되었으며 황제는 자신의 뜻을 세심하게 살핀 고력사를 더욱 신임하고 의지하게 되었다.

　　사생활에서 고력사를 의지하던 황제는 공적인 일에서도 빠른 속도로 그를 중용했다. 매번 사방에서 상소가 올라오면 반드시 고력사에게 먼저 올린 후 황제에게 보였고 작은 일은 그의 편의에 따라 결정했다. 즉 황제는 고력사를 이미 자신의 그림자로 생각했다고 볼 수 있다. 또 황제가 권태를 느낄 때는 자신을 대신해 고력사가 공무를 처리하도록 했다. 이융기는 심지어 "고력사가 맡으니 내가 편히 잠을 자는구나"라고 말하기까지 했다. 당시 고력사는 부귀하고 천하에 위세를 떨치며 조정과 재야에서 막강한 권력을 휘둘렀다. 이임보와 양국충, 안녹산 등이 그로 인해 장상의 자리를 얻었고 그 밖에도 그에게 아첨하는 자가 셀 수 없었다. 당 숙종이 동궁에 있을 때, 고력사를 '둘째 형'이라 불렀고, 다른 황자와 공주들도 모두 그를 '할아버지'라 불렀으며, 부마들은 그를 '어르신'이라 불렀다. 조정의 공식적인 법도에서 고력사는 단지 황제의 일상생활을 책임지는 환관이었지만, 정치체제의 실질적인 운영에 있어서 고력사의 권력은 심지어 당대 재상을 훨씬 능가했다. 이는 오로지 그가 황제와 가까운 사이였기 때문이었다.

고력사는 단지 황제의 그림자이자 거울이었다. 사람들은 그를 두려워한 것이 아니라 그의 배후에 있는 황제를 두려워했다. 또 그가 사람들 앞에서 아무리 그럴듯하게 보였더라도 황제에게 그는 언제나 비천한 상대였고, 황제가 재상이나 이름난 선비에게 보내는 존경을 영원히 받을 수 없었다. 이융기가 태자를 폐위시킨 일로 우울해 할 때 고력사가 기회를 틈타 그 이유를 묻자 이융기가 입을 열고 말했다. "너는 집종이거늘 어찌 내 뜻을 헤아리지 못하는가!" 황제의 마음속에 고력사는 언제나 단지 그의 '집종'일 뿐이었다. 실제로 집종이라는 단어는 당나라 중후기 역대 황제들이 환관에게 가장 많이 사용한 호칭이었다. 황제가 환관을 업신여겼던 이유는 환관이 온전한 사람이 아니라고 생각했기 때문이다. 또 그들이 바로 집종이었기 때문에 황제는 거리낌 없이 그들을 허물없이 대하는 데 익숙했고, 때문에 사적인 친분이 정치적인 신임으로 바뀐 것이었다. 황제를 대할 때는 지극히 비천하고 조정에 이르면 지극히 부귀한 것이 바로 환관의 지위가 가지는 이율배반성이었다.

고력사는 당나라 후기의 환관들과는 달리 거만하고 횡포하게 굴지 않고 사악하고 잔인한 수단을 일삼지 않았다. 그는 황제의 '최측근'으로서 하늘을 찌르는 대단한 권세를 누렸지만 살얼음을 걷듯 겸손하고 신중하게 행동했다. 심지어 그는 말 한마디로 나라를 흥하게 하거나 망하게 할 수 있는 권세를 얻었을 때에도 방자하게 굴거나 조정의 기강을 문란하게 만들지 않고 나라를 위해 팔을 걷어붙이는 태도를 유지했다. 고력사가 쌓아 올린 이미지는 당나라 중기의 역대 황제들이 환관에 대해 긍정적으로 생각하도록 만들었다.

고력사를 시작으로 환관들은 잇달아 중용을 받았다. 당시 경성의 건물 점유 상황을 볼 때, 당 현종 시기에 환관들이 점차 세력을 얻었음을 알 수 있다. 그 후 환관 이임보와 정원진, 어조은 등이 연이어 득세하면서 고력사가 엮은 아름다운 면사포를 열어젖히고 흉악한 얼굴과 날카로운 이빨을 마침내 드러내기 시작했다. 또한 그들의 굴기를 통해 황제가 환관을 신임했던 더욱 본질적인 원인을 볼 수 있다.

황제의 의중을 읽어라

고력사가 가시덤불 같은 어려움을 헤치고 다리를 놓자 환관이 권력에 이르는 길도 더 이상 어렵고 복잡한 것이 아니었다. 고력사 이전에는 환관을 기용하는 것이 선조들의 가르침에 위배되는 행위였지만, 고력사 이후에는 지극히 자연스러운 일이 되었다. 이후 황제들도 이를 기꺼이 따랐는데 환관과의 친밀한 관계를 이용해 그들을 수족처럼 마음대로 부릴 수 있었기 때문이었다.

그리하여 이보국은 전혀 힘들이지 않고 고력사와 어깨를 견줄 만한 성취를 이루었다. 안녹산이 군사를 일으켜 궁을 향해 진격하고 당 현종이 황급히 서쪽으로 도피할 당시 이보국은 아직 세상에 알려지지 않은 동궁에서 자란 내시일 뿐이었다. 급변하는 시대는 작은 인물이 환골탈태할 수 있는 시기이기도 했다. 중요한 시기에 발을 제대로 내딛기만 하면 남은 인생의 행로를 바꿀 수도 있었는데 이보국이 마침 결정적인 발걸음을 내디뎠다. 먼저 그는 태자 이형李亨에게 현종을 따라 파촉으로 가지 말고 삭방朔方으로 가서 부흥을 도모하라고 간언했다. 또 이보국은 이형을 따라 영무靈武에 도착한 뒤 그에게 즉위하여 민심을 이을 것을 힘써 권했다. 결국 이형은 즉위하여 당 숙종이 되었고 자연히 이보국에게 중요한 일을 맡겼다.

이렇게 해서 이보국은 단번에 황제의 오른팔이 되었다. 이보국은 황제가 명령을 공포하고 군신들이 상서를 올릴 때 반드시 거쳐야 하는 통로였다. 다시 말해 이보국은 조정 정치가 돌아가는 핵심 길목을 막아서고 있었다. 한편 이보국은 육식을 하지 않았는데 공무를 처리할 때에도 자주 승려인 척하며 손에 염주를 쥐고 불경을 읊기도 했다. 처음에는 사람들이 모두 이를 좋게 여겼으나 장차 그 화가 어디까지 미칠지 알지 못했다.

높은 자리에 오른 이보국은 일종의 위기감을 느끼기 시작했다. 그는 자신이 사대부처럼 이치를 논할 수도 없고 무장처럼 전쟁에 나가 적을 죽일 수도 없으며, 자신이 높은 자리에 오를 수 있었던 것은 오직 황제의 총애 때문이라는 사실을 잘 알고 있었다. 공로를 논하자니 다른 사람을 설득하기 부족했고 덕행을 논하자니 자신의 신분에 어울리지 않았다. 마음속에서 비롯된 열등감과 위기감으로 인해 이보국은 권력을 남용하고 조정의 기강을 문란하게 만들기 시작했다. 그는 자신이 공로도 없고 덕행도 부족했기 때문에 뛰어난 공로를 쌓고 덕망이 높은 훈신과 노장들을 잇달아 공격하기 시작했다. 그는 이른바 간첩을 이용하여 반대파를 공격하고 자신의 권력과 지위를 공고히 했다.

이보국은 여러 차례 뛰어난 공적을 세워 황제의 총애를 공고히 하고자 했는데 마침내 황제와 뜻과 통하는 접점을 찾아냈다. 당시 태상황 이융기가 서촉에서 경성으로 돌아오자 당 숙종과의 부자지간의 정은 깊어졌지만 태상황이 대표하는 과거의 세도가들과 황제가 대표하는 새로운 세력 간에 묘한 대립 관계가 형성되었다. 태상황 이융기는 자신의 거처에서 조정의 관리 몇 명만 만났는데 이보국은 즉시 이를 틈타 이상한 모의가 벌어지고 있다고 황제에게 고했다. "태상황께서 흥경궁에서 거하시며 날마다 외부인과 교통하고 진현례陳玄禮와 고력사가 일을 꾸미니 이는 폐하께 이롭지 않습니다." 그러자 당 숙종은 아버지를 대놓고 시기하지 못하고 울면서 말했다. "태상황께서는 어질고 인자하신데 어찌 그럴 수 있겠는가!" 하지만 이보국은 이미 계략을 세워 조서를 위조하여 이융기를 태극궁으로 거처를 옮기게 하고 진현례와 고력사 등 예전의 궁인들도 모두 그의 곁에 남아 있지 못하게 했다. 말이 거처를 옮긴 것이지 실은 연금이나 다름없었고 태상황을 유신들과 갈라놓은 것이었다.

문제는 당 숙종이 이를 허하지 않았다는 사실이다. 이보국은 어째서 감히 황제의 뜻을 공개적으로 위반한 것이었을까? 사실 이보국이 이처럼 대담하기 그지없었던 이유는 그가 황제가 원하지만 행하기 어려운 일을 대리해줬기 때문이다. 당 숙종은 정말로 이융기가 외부인과 교통하는 것을 걱정하지 않았을까? 정말로 태상황이 자기 머리 위에 놓인 황관을 빼앗을까 봐 걱정하지 않았을까? 이보국이 6군의 장수들을 보내 큰 소리로 울고 머리를 조아리며 이융기에게 태극궁으로 옮기라 청하도록 했을 때, 당 숙종의 반응은 그저 말없이 울기만 할 뿐 단호히 이를 거부하지 않왔다. 당 숙종은 권력투쟁과 혈육의 정 사이에서 갈팡질팡하며 애매한 태도를 보였다. 태상황 이융기가 태극궁으로 거처를 옮긴 뒤, 어느 날 당 숙종이 어린 딸을 안고 대신에게 말했다. "짐이 무엇을 생각하고 있는데 경은 이를 이상히 여기지 말라." 뜻밖에도 대신이 아뢰길 "태상황께서 폐하를 만나고 싶어 하시는 것은 추측건대 폐하께서 공주님을 생각하시는 것과 같을 것입니다"라고 했다. 말이 끝나자 당 숙종은 눈물을 뚝뚝 흘렸지만 연금된 아버지를 직접 보러 가지는 않았다. 이는 이보국이 아버지 이융기를 연금한 것이 당 숙종의 뜻이었음을 충분히 설명해준다.

이보국은 훈신과 노장들을 시기했는데 이는 황제도 마찬가지였다. 이른바 '용기와 지략으로 군주를 떨게 하는 자는 몸이 위태롭고, 공로가 천하를 덮는 자는 상을 받지 못한다'는 말처럼 황제는 훈신과 노장들의 충성이 필요했지만 동시에 그들을 황제 권력을 노리는 잠재적인 도전자로 여겼다. 그래서 황제는 훈신과 노장들을 이중적으로 대했다. 마음속으로는 시기했지만 말로 드러낼 수 없었고 공개적으로 표창했지만 남몰래 견제했다. 그때 공도 덕도 없지만 높은 자리를 차지했던 환관들도 많은 공적을 세운 훈신과 노장들을 뼈에 사무치도록 미워했다. 황제는 그들을 통해 자신의 시기를 드러낼 수 있었다. 환관은 황제의 마음속 어두운 면을 비추는 그림자 같은 존재였다. 황제는 광명정대한 이미지를 유지하기 위해 마음속에 있는 사악함을 공개적으로 드러내지 못했다. 그래서 시기심, 교활함, 음모 등 마음속의 어두운 요소를 오직 환관을 통해 표현했다고 할 수 있다. 황제는 이러한 거울이 필요했고 환관도 흔쾌히 이를 통해 권세를 얻고자 했다.

즉, 황제와 대신 사이에 시기심이 깊어질수록 황제는 환관을 더 신임하고 의지하게 되었다고 할 수 있다. 당 숙종이 세상을 떠난 뒤, 이보국은 궁중 정변을 통해 당 대종 이예李豫를 황위에 오르게 하면서 최고의 전성기를 맞이한다. 그러나 이 전성기는 곧바로 그의 인생을 가장 밑바닥으로 끌어내리는 원인으로 작용한다. 이보국은 당 대종에게 말했다. "폐하께서는 오직 궁에서 거하기만 하시고, 바깥일은 늙은 종의 처분에 따르십시오." 이렇게 공개적으로 황제를 허수아비로 만드니 당연히 황제는 그를 언짢게 여겼다. 그러자 한때 이보국의 동료였던 정원진이 이 기회를 틈타 황제에게 충성을 보이며 당 대종과 힘을 합쳐 이보국을 쓰러뜨리고 이보국이 올랐던 높은 지위를 차지했다.

이보국은 최소한 당 숙종이 중흥을 일으키는 과정에서 계책을 세운 공이 있었다. 이에 반해 정원진은 순전히 궁중 정변에 의해 높은 지위에 올랐고 따라서 공신들을 더욱 심하게 시기했다. 정원진은 곽자의가 공이 많고 막중한 임무를 맡은 것을 시기하여 수차례 그를 참소했고 전란을 틈타 곽자의의 지휘권을 침탈했다. 정원진은 전란을 평정한 명장이자 회남 절도사였던 내진來瑱이 말에 따르지 않는다고 참소하여 사약을 내리도록 만들었다. 한때 재상이었던 배면裴冕은 그와 의견 충돌이 있자 관직이 강등되었다. 그 결과, 토번이 갑자기 침입하여 군사들이 이미 장안 근교에까지 이르자 내내 정원진에게 속고 있던 황제는 그제야 꿈에서 깨어난 듯 징병 조서를 내렸지만 궁으로 향하는 병사가 하나도 없었다.

결국 정원진은 뭇사람이 비난하는 대상이 되었고 황제는 그를 면직할 수밖에 없었다. 그러나 정원진이 실각하자 어조은이 다시 일어나 권력을 장악하고 공신들을 시기하며 어질고 유능한 대신들을 해쳤다. 일찍이 안사의 난을 평정하는 과정에서 곽자의와 이광필 등 절도사 아홉 명이 군사를 합하여 야전을 벌였다. 황제는 곽자의와 이광필이 모두 나라를 위해 가장 으뜸되는 공을 세웠으므로 서로 통솔하기 어려울 것이라 여겨 원수를 세우지 않았다. 그러나 각 군대를 중간에서 조율할 사람이 필요했고 이에 황제는 어조은을 관군용사로 임명했는데 이는 절도사보다 위에 있었다. 황제는 오합지졸은 반드시 패한다는 사실을 분명히 알고 있었음에도 불구하고 왜 군대의 통수직을 두지 않았던 것일까? 이는 분명 누가 군대의 통수가 되든지 모두 황제 권력에 거대한 위협이 될 것이라 생각했기 때문이다. 따라서 어조은이 처음부터 중용을 받고 환관이라는 비천한 신분으로 여러 장수들 위에 군림했던 것은 바로 황제가 공신들을 시기한 결과였다.

그리하여 어조은은 황제의 무한한 총애와 신임을 받아 금위군을 관장했을 뿐 아니라 자주 국사를 의논했으며 그 위세가 조정과 재야에 미쳤다. 그러나 지위가 높아질수록 공도 없고 덕도 없다는 사실에 불안감을 느껴 더욱더 어질고 유능한 대신들을 시기하고 재상들을 능욕했다. 어조은은 곽자의를 미워하여 패전의 원인을 모두 그에게 돌렸고 심지어 사람을 보내 조상의 무덤을 파게 하고 함정을 만들어 곽자의를 참소했다. 또 어조은은 사대부의 문화적 기질을 드러내기 좋아했다. 그는 경문經文을 익히고 근근이 구절을 쓰면서도 스스로 문무를 겸비했다 말했기에, 감히 누구도 그와 맞서려 하지 않았다. 공신을 시기한 것이나 문학 애호가인 척한 것은 모두 자신감 부족의 표현이었다.

이처럼 환관들이 연이어 득세하여 공신들을 시기한 것은 황제로부터 기인했다. 황제가 공신들을 항상 잠재적 경쟁자로 여겼기 때문이었다.

그런데 황제가 공신들의 세력이 커지는 것은 우려했으면서 어째서 환관들이 장악한 권력도 군주를 떨게 할 수 있음을 걱정하지 않았던 것일까? 바로 여기에 문제의 근본적인 원인이 있다. 환관의 생리적 결함으로 인해 아무리 많은 권력을 가지더라도 후대에게 권력을 계승시킬 가능성이 없었다. 이는 오직 황제에 기대서만 가능했다. 다시 말하면, 환관은 결코 황위를 이을 수 없기 때문에 황제가 안심하고 큰 권력을 그들에게 줄 수 있었던 것이다. 돌이킬 수 없는 생리적 결함은 그들의 몸에 상처를 입혔지만 동시에 그들에게 엄청난 정치적 자본을 얻게 해주었다.

그리하여 황제가 공신을 시기할수록 환관의 지위도 더 높아졌고, 환관의 지위가 더 높아질수록 더욱더 공신을 모해하여 황제와 공신 사이에 원한이 깊어졌다. 그렇게 황제와 대신들의 관계는 계속해서 멀어지는 악순환에 빠지면서 제도가 쇠퇴하고 예의는 분열되었으며 조정의 기강도 문란해졌다. 오직 환관만이 틀어진 군신 관계의 최대 수혜자였다. 즉 군신 관계가 소원해질수록 환관은 더 득세했고 공식적인 제도가 쇠퇴할수록 비공식적인 제도가 더 창궐했다.

황제라는 거석에서 자라나는 이끼

환관의 불완전성 때문에 황제는 자신의 신임을 내어줄 수 있었다. 반대로 말하면, 환관은 바로 그 불완전성 때문에 독립적으로 행동하는 주체가 될 수 없었고 오로지 황제에 의탁해야만 자신의 존재 가치를 발견할 수 있었다. 그들은 황제라는 거목을 휘감고 있는 덩굴이었고 황제라는 거석에서 자라나는 이끼였다. 황제가 정권을 장악하든 헛된 이름뿐이든, 승승장구를 거듭하든 사면초가에 빠지든, 그들은 주저 없이 황제를 따를 수밖에 없었다. 환관에게 있어 황제를 잃는 것은 곧 생존의 근원을 잃는 것이었고 황제의 총애를 얻는 것은 곧 모든 것을 얻는다는 것을 의미했다.

황제를 향한 환관의 의존성은 평화의 시기에는 그저 '집종'의 본분으로 여겨졌다. 그러나 전란이 빈번한 비상 시기에는 특히 황제가 곤고할 때에는 황제가 이를 '절대적인 충성'으로 착각하기 쉬웠다. 황제는 부귀하거나 가난하거나, 일이 잘 풀리거나 잘 풀리지 않을 때에도 환관이 언제나 자신과 생사를 같이 할 것이라는 안정감을 느꼈다.

이보국이 황제의 부자 관계를 이간질하고 정원진과 어조은이 훈신과 노장을 시기하여 가져온 파멸적인 결과는 온 세상이 다 아는 사실이었다. 이에 조정 신료들은 가슴을 쳤고 번진은 이를 갈았으며 위아래로 원성이 자자해 환관에게 분노를 품었다. 그러나 중국 고대의 정치 논리에 따르면 일반적으로 군주는 자신의 잘못을 바로잡기 어려웠다. 동궁에 거하는 태자가 문제를 명확히 파악하고 개혁의 뜻을 가지고 있더라도 황위를 차지하는 날까지 기다렸다가 개혁을 추진했다. 당 덕종 이적이 황태자의 신분이었을 때, 환관의 전횡에 대한 피해를 피부로 직접 느껴 대통을 계승한 뒤 환관의 권력을 억제하는 개혁을 추진하기 시작했다. 당 덕종은 우선 환관의 병권을 뿌리 뽑고 황궁의 금위군을 보위하는 일을 조정 대신의 손에 넘겨주었다. 또한 인재를 등용하는 데 있어서도 대개 문인을 선호하고 환관을 멀리했다.

당 덕종 이적은 밖으로는 제후를 배척하고 안으로는 환관을 억제하며 백성과 함께 새 정치를 펼치면서 중흥을 도모했다. 그러나 번진의 세력이 이미 커져서 뿌리 뽑기 어렵게 되자 당 덕종은 번진을 소멸시키는 데 급급하여 오히려 생사결단의 역습을 일으켰다. 끝내 783년, 번진을 토벌하기 위해 조정에서 파견한 장수 주도朱滔가 번진의 우두머리와 비밀리에 결탁하여 갑자기 총구를 돌려 조정을 겨누자 주도의 형 주자朱泚가 그 세력에 기대어 변을 일으켰다. 변고가 갑자기 닥치자 당 덕종은 황궁에서 황급히 도피하여 굴욕적인 유랑 생활을 시작했다.

황제가 어려움에 처했을 때, 금위군을 장악하고 있었던 심복 백지정白志貞은 행방을 알 수 없었다. 황제의 마음을 더욱 아프게 만든 것은 금위군 모집 시 부패 때문에 장안의 부유한 가문의 자제들이 금위군의 명부에만 존재할 뿐 실제로 군 복무를 회피했다는 점이다. 그 결과, 황제가 금위군을 동원하려 했으나 황제를 위해 나서는 자가 아무도 없었다. 성인의 가르침을 본받고 인의의 도를 행하는 사대부들이 금위군을 장악했음에도 황제를 비참하게 도망 다니게 할 수밖에 없었다.

마침 그때 줄곧 억압을 받았던 환관들이 과거의 앙금을 털어버리고 용감하게 위기에 맞서는 기개를 드러냈다. 한때 동궁에서 당 덕종을 모시던 환관이었던 두문장과 곽선명 두 사람은 환관 100명을 이끌고 적군과 맞서 싸웠다. '어려울 때 친구가 진정한 친구'라는 말처럼 고립무원에 빠진 황제가 자신을 위해 목숨을 바쳐 싸우는 환관들의 '절대적인 충성'에 어찌 감동하지 않을 수 있었겠는가? 우유부단하고 어수룩한 사대부들에 비해 환관들의 착실함과 믿음직함은 더욱 돋보였다. 그리하여 황제는 혼란을 수습한 후에 더욱 환관들에게 중임을 맡겼고 두문장과 곽선명이 금위군을 통솔하게 했다.

이는 곧 황제의 마음이 환관들을 향하게 된 것이었다. 당 덕종이 다시 환관을 의지한 것은 환관에 대한 모든 의심과 염려를 없애고 아낌없는 신임을 주었음을 의미했다. 생사의 고비를 겪고 난 후, 당 덕종은 노장들을 미워했고 많은 군사를 거느린 사람들은 모두 파직시키고 모든 권력을 마음 놓고 환관들에게 주었다. 이는 중요한 전환점이었다. 이때부터 환관이 병권을 장악하는 양상이 굳어졌고 그들도 마침내 군주를 억압할 수 있는 권력을 얻게 된 것이다.

그러나 당 덕종은 죽을 때까지도 환관들이 물불을 가리지 않고 몸을 던진 이유는 결코 충성심 때문에 아니라 황제에 대한 끊을 수 없는 의존성 때문이었다는 사실을 이해하지 못했다. 환관이 황제를 떠나면 할 일도 없어지거니와 심지어 정변을 일으킨 군벌들에게 죽임을 당할 수도 있었다. 이 때문에 황제는 늘 환관이 절대적으로 충성한다고 여겼지만 사실 그 충성은 어쩔 수 없는 선택이었다. 또 황제가 그들을 전적으로 의지했기 때문에 환관은 더욱더 황제 곁을 떠날 수 없었다. 황제는 환관을 신임했고 환관은 황제에 의탁했다. 한 사람은 지고지상의 권력을 장악했고 다른 한 사람은 회복할 수 없는 결함을 가지고 있었다. 그들은 이렇게 피비린내 나는 정치적 투쟁 속에서 반석처럼 견고한 공수 동맹을 맺었다.

황제에 대한 환관의 의존성은 환관이 절대적 우위를 차지한 뒤에 더욱 철저해졌다. 당 덕종 이후, 환관의 권세가 계속해서 막강해지자 번진의 장령들과 대신들 중 조정에서 이탈하는 자가 셀 수 없이 많았고 환관은 금위군을 장악하면서 황제를 폐립시킬 권력을 가지게 되었다. 그럼에도 환관은 여전히 황제를 떠나 독립적으로 존재할 수 없었다. 그들은 황제를 허수아비로 만들 수는 있었지만 황제를 대신하지는 못했고, 실권을 장악할 수는 있었지만 반드시 황제의 명의를 빌려야 했다. 뒤이어 발생한 '감로의 변'에서 환관들은 큰 승리를 거두었지만 여전히 황제에 의탁해야 했다.

당 문종이 황위를 이어받았을 때, 당나라는 이미 이름뿐인 빈껍데기였다. 당 문종 이앙李昻은 자주 울적하고 의기소침했고 '집종'의 제약을 받는 상황에 치욕을 느꼈다. 그래서 당 덕종의 뒤를 이어, 문종은 두 번째로 환관을 억압하는 움직임을 시작했다. 다만 이전과 달리 이제는 환관 세력이 조정과 재야에 두루 미쳐서 통제하기 쉽지 않았고 황제도 조서를 통해 이를 바로 잡기에는 속수무책이었다는 점이다. 그래서 당 문종은 환관의 도살을 밀모하는 폭력적인 방식을 선택하여 수많은 환관들의 피로 군주의 존엄을 얻고자 했다.

이를 위해 당 문종은 일찍이 귀양을 보낸 관원 이훈李訓과 강호낭중江湖郎中 정주鄭注를 등용하여 심복으로 삼고 함께 환관들을 도륙할 계책을 모의했다. 그들은 환관들에게 죄를 뒤집어씌우기 위해 치밀하게 계획하여 '감로甘露'[39]라는 아름다운 말로 잔인한 계략을 펼치기 시작했다. 계획에 따르면, 먼저 밤사이 궁 안 석류나무에 감로가 내렸다고 황제에게 아뢰어 재상과 대신들이 이를 확인하러 가는 척한다. 그때 이훈은 미리 준비해

---

39 단 이슬을 뜻한다. 고대부터 가을과 겨울에 감로가 내리면 태평성대가 올 것이라 여겨졌다.

둔 대사를 읊으며 소신이 여러 사람들과 확인해보았으나 진짜 감로가 아닌 것 같다고 말한다. 황제가 반신반의하는 사이, 개인적으로 관계가 친밀한 환관을 보내면 진짜처럼 보일 것이고 환관들의 의심을 사지 않을 것이었다. 그러나 환관들을 기다리고 있는 것은 날카로운 검과 영원히 돌아올 수 없는 심연이다.

모든 것이 계획대로 순조롭게 진행되었다. 예상대로 금위군의 통령統領인 환관 구사량仇士良은 다른 환관들을 이끌고 선뜻 앞을 나섰다. 곧 사냥감이 올가미에 걸리고 일제히 사격하면 되었다! 그런데 가장 결정적인 순간, 임무를 수행하는 자가 안색이 변해 땀을 뻘뻘 흘리자 구사량의 경각심을 불러일으켰다. 그때 마침, 갑자기 바람이 불어와 장막이 날아가자 장막 뒤에 숨어 있던 병사들이 한눈에 보였고 병사들의 소리는 더 또렷하게 들렸다. 구사량은 오랫동안 금위군을 관할하고 늘 황제의 곁에 서서 숱한 정치적 풍파를 겪었는데 어찌 이러한 이상한 광경을 보고 즉시 배후의 음모를 알아차리지 못했겠는가? 구사량 등은 깜짝 놀라며 나갔고 그 후 환관이 도살당한 것이 아니라 금위군을 장악한 환관이 조정 대신들을 마음대로 도살하여 이훈 등 모의자들 모두가 살아남지 못했다.

밀모에 가담한 대신들은 죽음으로 실패의 대가를 치렀지만 당 문종은 무언의 심판과 정신적 능지처참을 당했다. 구사량은 이것이 황제의 음모라는 사실을 잘 알고 있었지만 황제에게 보복을 가하지 못하고 오히려 황제를 그들 곁으로 끌어들였다. 황제 없이는 환관들도 존재의 이유를 잃어버리게 되기 때문이었다. 그리하여 구사량은 마음속 분노를 억누르고 이 모든 것이 대신들이 꾸민 역모이며 황제는 그 사실을 전혀 몰랐다고 황제를 보호했다. 그때 당 문종이 속으로 얼마나 고통스러웠을지 가히 상상할 수 있다. 구사량 등은 재상의 '친필 편지'를 황제에게 바쳐 재상이 반란을 일으킨 것을 인정하도록 황제를 협박했다. 이에 당 문종은 비통하고 분한 마음을 이기지 못하고 어쩔 수 없이 선포했다. "정말 그러하다면 죄는 용납될 수 없네!"

환관들을 제거하려는 시도는 이렇게 굴욕적으로 극적인 역전을 당하고 말았다. 말년의 당 문종은 환관의 손바닥 안에 있는 허수아비였고 운명에 저항할 힘도 없었다. 당 덕종부터 당 문종까지 이어진 환관을 진압하려는 두 차례 움직임은 모두 실패로 끝났고 환관 세력은 점점 더 걷잡을 수 없게 커져갔다. 예전에 환관이 황제의 그림자였다면 이제 황제는 환관의 가면이 되었다.

자신을 만든 사회에 복수하다

당나라 말기, 황제는 그저 용상에 앉은 허수아비일 뿐이었고 환관이야말로 생사여탈의 권력을 장악한 배후 인물이었다. 당나라 말기의 역사는 환관의 전횡과 재난의 연속이라 할 수 있고 그 황당한 정도도 상상을 초월한다.

환관 전령자田令孜가 권력을 장악할 때 장안에 두 차례 전란이 일어나 당시 황제인 당 희종이 도피했었다. 환관 양복공楊復恭은 당 소종이 즉위한 것은 자신 덕택이라며 황제를 자신의 문하생으로 여겼다. 후에 황제가 양복공을 파면하자 그는 개인적인 서신에서 원망했다. "내가 숱한 어려움

속에서 황제로 세웠더니 이렇게 도의를 저버렸소. 문생천자門生天子[40]가 보위를 얻고 도리어 정책국로定策國老[41]를 버렸소." 그는 황제가 은혜와 의리를 모른다며 호되게 질책했는데 그 오만함과 야심이 이 정도로 심했던 것이다.

하지만 환관이 아무리 세도를 부리더라도 훈신과 노장들처럼 높은 자리에 앉아 있다가 정변을 일으켜 군주를 폐하고 스스로 황제가 될 수는 없었다. 황제가 환관을 총애한 이유도 바로 환관이 가문을 일으킬 수 없음을 알기 때문이었다. 그러나 이제 황제는 결국 자신이 빚은 쓴 술을 맛보았다. 환관은 분명 생리적 결함으로 인해 황제의 자리를 빼앗을 수 없었지만 자신의 권력과 지위를 공고히 하기 위해 어떠한 대가도 마다하지 않고 공신을 박해하고 현량한 대신을 해치며 제도를 부수었다. 이에 황제는 굴욕을 한껏 맛보았고 조정의 기강은 문란해졌다. 더욱이 환관은 본래 사회의 비주류로 사대부들은 그들을 신체적 결함이 있는 '괴물'로 여겼다. 이로 인해 그들은 심리적 고통을 겪으면서 사회 전체에 원한을 품게 되었다. 따라서 남보다 높은 지위에 오르기만 하면 분풀이를 하듯 마음속에 쌓인 원한을 갚으려 했다. 사회 법칙이 환관의 불완전성을 만들고 권력 법칙이 그들을 득세하도록 돕자 결국 그들은 자신들을 만든 사회에 복수를 가했다.

당나라는 말기에 들자 이미 회복력을 완전히 잃어버렸고 환관이 황제를 마음대로 폐위시킬 수 있는 지경에까지 이르렀다. 당 소종 시기, 재

---

40 학생 또는 제자를 의미한다.
41 국가의 정책을 결정하는 원로.

상 최윤崔胤이 환관을 배척하자 금위군 중위인 환관 유계술劉季述은 도리어 당 소종을 구금하고 폐위시켰다. 환관이 일국의 군주를 합법적인 절차도 없이 제멋대로 구금했다. 그는 또 황제의 과실을 열거하기도 했는데 대개 언제 어떤 일에서 내 말을 따르지 않았는지 같은 것들이었다.

당나라는 이미 마지막을 향해 가고 있었다. 왕조를 바꾸지 않고서는 환관들의 병폐를 제거할 수 없을 정도였다. 유계술은 제멋대로 황제를 폐위시켜 조정 대신들과 재외 번장들의 분노를 불러일으켰고 제후들의 혼전 속에서 빠르게 부상한 주온朱溫이 황위를 찬탈하는 기회를 잡는다. 최윤도 마찬가지로 환관들을 제거할 시기가 왔다고 여기고 상소를 올려 그들의 죄를 고했다. "크게는 조정을 무너뜨리고 작게는 번진을 선동했습니다. 이에 황제께서 자주 파천하시고 조정은 점점 쇠약해졌으니 이 모든 화는 그들에게서 비롯된 것입니다. 환관들이 궁 내 제사諸司를 주관하는 것을 모두 혁파하고 여러 도의 감군監軍[42]도 궐하闕下로 불러들이소서."

그리하여 궁 내 환관 100여 명과 그들의 근거지인 봉상鳳翔을 지키던 200여 명이 일시에 내시성에서 참수되어 유혈이 낭자했다. 대규모의 환관 학살과 도처에 가득한 선혈은 환관의 전횡이 철저하게 종식되었음을 상징했고 그때부터 경성에는 더 이상 환관이 남아 있지 않았다.

환관들이 죽자 민심은 기뻐했고 조정과 재야도 서로 경축했지만 황제는 최후의 존재 기반을 잃어버리고 말았다. 환관이 아무리 조정을 문란하게 만들었더라도 황위를 빼앗고 황제를 대신할 수는 없었다. 따라서

---

42 지방 군대를 감시하기 위해 만든 직책으로 환관이 이를 장악하게 된다.

그들은 황제의 명분을 빌리고 황제의 존재를 보호해야 했다. 그러나 주온은 찬위의 야심은 품지 않고 실권만 가졌던 환관들과는 달리 초야에서 군사를 일으켜 헌원軒轅[43]의 뜻을 품으며 환관이 하지 못한 일을 했다. 바로 대당 제국을 종식시키고 스스로 황제가 된 것이다.

황제 권력의 불안에서 탄생한 환관

노자는《도덕경》에서 이런 말을 했다. "수컷을 알면서도 암컷을 지키면 천하의 시내를 얻는다. 밝음을 알면서도 어두움을 지키면 천하의 모범이 된다. 영광을 알면서도 굴욕을 지키면 천하의 골짜기가 된다[知其雄 守其雌 知其白 守其黑 爲天下式 知其榮 守其辱爲天下谷]." 철학 속 변증법 역시 권력의 본질적 특성을 말해준다. 수컷과 암컷 중 무엇이 강하고 무엇이 약한가? 당연히 수컷이 강하고 암컷이 약하다. 하지만 '암컷의 부드러운 속성을 지키면' 약함을 지킴으로써 강해지는 역전을 실현할 수 있다. 현대어로 말하면 우세와 열세, 강자와 약자는 결코 변하지 않는 영속적인 상태가 아니라, 많은 경우 열세가 오히려 우세가 되고 약자가 오히려 강자가 될 수 있음을 뜻한다. 이는 바로 환관의 결함이 그들이 권력을 얻게 해준 원동력이 된 것과 같은 이치다.

당나라 환관 집단의 계속된 득세는 의심의 여지없이 권력의 변증

---

43 중국의 신화에 등장하는 전설 속 황제.

법에 대한 살아 있는 본보기다. 바로 그들의 생리적 결함이 권력에 이르는 탄탄대로를 열어주었다. 거세는 그들의 몸에서 남성성에 해당하는 부분을 없앴지만 오히려 그들의 정치적 생명을 완전히 다시 일으켰다.

환관 집단은 그림자처럼 따라다니는 유령처럼 당나라 중후기 정치의 목구멍을 세게 틀어쥐고 있었다. 이는 당 왕조가 명맥을 근근이 유지하던 시기 동안 널리 퍼졌고 이 위대한 왕조가 마지막 호흡을 다 소진할 때까지 계속되어 이 왕조에게 남은 도덕적 감화력마저 손상시키고 말았다. 황제가 환관을 총애한 것은 꼭 아편을 피우는 것과 같았다. 즉 중독될 것을 알면서도 계속 빠져들 수밖에 없었다. 이는 환관의 신체적 결함이 도리어 황제의 신임을 얻게 만들었기 때문이다.

강자를 경계하고 약자에게 경계를 푸는 것은 인지상정이다. 황제는 조정 대신들을 잠재적인 경쟁 상대로 여겼지만 환관은 줄곧 지푸라기처럼 하찮게 여기고 집종이라 부르며 속으로 그들을 깔보고 무시했다. 따라서 그들에게 경계심을 늦추고 마음을 터놓으며 속내를 토로할 수 있었던 것이다. 고력사는 일생의 대부분을 당 현종 이융기의 개인적인 일을 처리하는 데 보내면서 황제가 정인과 시시덕거릴 때도 황제의 미묘한 마음을 알아차릴 수 있었고 황제가 누구를 태자로 세울지 아무도 모를 때에도 황제의 마음속에 있는 선호를 읽을 수 있었다. 황제에게 나랏일은 곧 집안일이었고 개인적인 일은 곧 공적인 일이었다. 당 현종도 개인적으로 가까운 관계를 정치적 영역으로까지 확장시키면서 고력사의 득세를 이끌었다.

그러나 황제와 환관 사이의 친밀한 관계는 잠깐 동안 유지되었을 뿐, 조정 공신들에 대한 시기야말로 둘 사이의 장기적 신뢰 관계를 유지시킨 근본적인 요소였다. 황제가 공신들을 시기한 것은 황제가 그들을 잠재적인 경쟁 상대로 여기고 세력이 커지면 황위를 빼앗을까 두려워했기 때문이었다. 반면 환관이 공신들을 시기한 것은 황제의 총애를 독점하고 자신의 지위를 보전하려는 속셈에서 비롯된 것이었다. 윤리와 도덕을 중시하는 정치체제에서 공신들이 환관을 제대로 인정해줄 리가 없으므로 아무리 높은 지위에 앉은 환관이라도 일종의 고독감을 느꼈을 것이다. 환관이 누리는 권리의 명분이 바르지 않았기 때문에 합법적 절차를 거쳐 공덕을 세워 높은 지위에 오른 대신들은 당연히 그들을 미워했다. 수백 년 이래, 사대부와 환관은 줄곧 서로를 멸시하여 물과 기름처럼 섞이지 않았다. 공공의 적보다 사람 사이의 상호 신뢰를 더 잘 유발하는 요인은 없다. 공신이라는 공공의 적에 맞서 황제와 환관은 승패를 같이 하는 이익 공동체로 맺어졌다.

곽자의, 이광필 등이 안녹산의 남은 세력을 포위 공격했을 때, 황제는 군대에 통수가 없으면 곧 전투력이 떨어진다는 사실을 분명히 알고 있었지만 여전히 통수를 두지 않았다. 그리고 일자무식의 환관 어조은을 관군용사로 삼아 뛰어난 공적을 여러 번 세운 장군들 위에 군림하게 했다. 황제의 명이 발포되자 황제의 장령들에 대한 불신과 환관에 대한 의존이 여실히 드러났다. 조정의 장령들이 황제의 의심을 받는다는 것은 곧 조정의 공식적인 제도가 이미 그 효력을 상실했고 이에 따라 황제가 개인적으로 환관을 파견해 그 공백을 메우려 했음을 말해준다. 이는 중국 역사에서 제도를 변화시킨 중요한 원인으로 황제가 대권이 다른 사람에게 넘어가는 것을 우려하여 공식적인 제도를 덜 신뢰하고 개인적인 요소로 이를 대신했음을 보여준다.

따라서 중국 고대의 제도 변천 과정은 복잡하지만 한 가지 매우 분명한 맥락이 있는데 바로 권력이 제왕과 개인적으로 친밀한 사람의 손에 점점 더 집중되었다는 점이다. 두말할 필요 없이 당나라 중후기에 이 역할은 환관이 담당했다. 진나라 때에는 삼공三公 즉 승상丞相, 태위太尉, 어사대부御史大夫를 두어 각각 행정, 군사, 감찰 권력을 분장하게 했다. 한나라 때에는 황제가 권력을 빼앗길까 우려하여 아침저녁을 함께 하는 내시에게만 신임을 주었다. 후한 광무제光武帝 때에는 재상의 권력을 황궁 내부內府의 대성臺省에 분배하여 이른바 일은 대각臺閣에 속하고 삼공은 도를 논할 뿐이었다.

그 후 같은 대각에 속하더라도 상서는 중서만큼 황제와 가깝지 않았다. 당나라에 이르러서는 아예 중서中書, 문하門下, 상서尙書를 재상직으로 두었다. 이는 국가의 행정 권력이 점점 제왕과 더 가까운 사람에게 집중되었음을 말해준다.

이 논리에 따르면 황제에게 삼공은 대각보다 가깝지 않았고, 상서는 중서보다 가깝지 않았으며, 중서는 환관보다 가깝지 않았다. 따라서 황제가 다른 사람이 권력을 장악하는 것을 시기하면 신임의 범위를 날로 축소시킬 수밖에 없고 결국 그 범위는 자신의 개인적인 테두리로 제한된다. 만약 그래도 안심할 수 없으면 환관만을 신임할 수밖에 없다. 다른 사람이 권력에 접근하는 것을 황제가 기본적으로 신임하지 않는 극단적인 상황에서 황제의 신임 범위는 아침저녁으로 함께 하는 그림자인 환관밖에 남지 않게 된다. 이 역시 환관의 생리적 결함으로 인해 황제가 황위를 빼앗길 수도 있다는 걱정을 하지 않았기 때문이었다.

즉, 황제가 환관을 신임하는 이유는 대신들에 대한 시기와 공식 제도에 대한 불신임에서 비롯되었다. 그러나 환관 자체는 다른 대안이 없는 어쩔 수 없는 선택이었기 때문에 일종의 병적인 신뢰 관계였다. 그러나 이런 관계는 신임을 더 희소하게 만들고 시기심을 증폭시켜 환관들이 국가 재정을 마음대로 써버리고 황실의 마지막 위신마저 떨어뜨리게 만들었다. 환관 집단의 불완전한 신체와 기형적 존재, 왜곡된 심리를 만든 것은 결국 조정이었다. 환관에 의한 조정의 붕괴는 자업자득일 수밖에 없었다.

사마광의《자치통감》은 서술에 충실하고 평론은 많지 않으며 저자의 직접적인 탄식은 더 희소하다. 그러나 환관과 관련해서 사마광이 무려 1,500여 자에 달하는 평론을 쓴 것을 보면 이를 얼마나 혐오하고 경계하고자 했는지 알 수 있다. 하지만 사마광의 사고의 깊이는 무릇 군주는 환관과 정사를 논해서는 안 된다는 기술적인 측면에만 머물렀다. 군주가 대신들을 시기하는데 환관과 정사를 논하지 않으면 누구와 정사를 논하겠는가? 사마광은 환관의 전횡이 황제 권력의 시기와 불안에서 기인했음을 깨닫지 못했다. 황제가 시기심을 가지면 권력은 황제의 측근으로 집중되고 공식 제도는 무너지며 개인적인 관계가 득세하게 된다. 환관의 전횡은 이를 극단적인 형태로 표출한 것이었다.

여러 환관들 중에서 어찌 현명한 사람이 없었겠는가? 고력사가 충성을 다하고 양복광楊復光이 황소黃巢를 토벌한 것은 모두 감동적인 순간이었다. 고력사는 말년에 유배를 당해 아침저녁으로 모신 당 현종과 이별했다가 후에 사면되어 돌아오는 길에 당 현종이 붕어했다는 소식을 듣고 북쪽을 향해 목 놓아 울어 피까지 토했는데 그 마음이 참으로 슬프고 절절했다. 하지만 개인의 품행이 집단의 특성과 권력의 법칙을 바꿀 수는 없다. 다른 남성에 대한 황제 권력의 배척은 환관의 신체적 손상을 초래했고, 황제 권력의 깊은 불안감은 환관의 기형적 득세를 낳았다. 또한 환관도 자신을 만든 제도를 향해 칼을 들어 회심의 보복을 할 수밖에 없는 심리적 증오를 안고 있었다.

환관과 사대부는 물과 기름처럼 서로 어울리지 못했다. 사대부는 환관을 코웃음 치며 경시했고 환관도 사대부를 몹시 미워했다. 당나라 중후기 정치 형세에서 사대부의 모습은 실로 환관의 공경을 받기 어려웠다. 본래 사대부는 몸과 마음을 닦아 수양하고 나라를 다스리는 자질과 품격을 가져야 하지만 당나라 중후기에는 분분하게 '붕당'을 최고의 귀착점으로 삼았다. 그리하여 이덕유李德裕와 우승유牛僧孺로 대표되는 두 세력이 장차 40여 년간 이어진 붕당 투쟁의 막을 열었다.

10장 파벌

이덕유 李德裕、우승유 牛僧孺

상대를 죽여야만
내가 사는 게임

그가 군자인지 소인배인지는 아무런 상관이
없다. 그는 자신이 속한 파벌의 편견과 이익에
따라 움직이는 말일 뿐이다.

"강 이북의 적을 대하는 건 쉽지만 조정의 붕당을 대하는 것은 어렵다." 당 문종 이앙은 절망이라는 깊은 계곡에서부터 시작된 무기력함을 이렇게 탄식했다. 이 절망은 머지않아 당 조정을 결국 역사의 뒤안길로 퇴장하게 만드는 근본적 이유에서 비롯됐다. 이후 기나긴 시간이 지나서도 이 절망은 오래도록 천하에 뜻을 품은 왕후장상들을 두려움에 떨게 만들었다. 당 말기에 나타난 붕당이라는 정치 형태는 중국 고대 정치를 해석하는 데 가장 골치 아픈 부분으로 남아 있다.

붕당의 싸움은 전쟁터에서의 싸움과 다르다. 전쟁터에서는 양측이 대치하며 형태가 있는 적과 싸우고, 한바탕 시원하게 교전을 벌이고 나면 승부가 갈린다. 붕당은 유령과도 같다. 정치 시스템 속에서 명확하게 모습을 드러내지 않는 어두운 그림자처럼 느껴진다. 단순하게 정면 돌파 하고자 한다면 오히려 소리 없이 종적을 감춰버려 근본적인 해결이 불가능해진다. 당 문종 이앙은 누구보다 이를 잘 알고 있었다. 조정의 정치는 이미 붕당으로 흘러가고 있었다. 누구를 재상의 자리에 앉히든지 결국엔 모두 끼리끼리 모여 한패를 맺고 당과 결탁해 사익을 추구하며, 다른 파를 배척하고 공격했다. 황제는 곧 비통한 사실을 깨달았다. 그가 할 수 있는 선택은 둘 중 하나뿐이었다. 붕당끼리 각축전을 펼치도록 유도할지 그저 조정이 반신불수가 되는 것을 지켜볼지 말이다.

장장 40여 년간 펼쳐진 당나라의 붕당 정치에서 이덕유와 우승유, 이종민李宗閔은 그 주인공들이었다. 그들은 파벌의 명실상부한 정신적 지도자이자, 온 천하를 정치 게임의 무대로 만든 장본인들이다. 서로를 헐뜯는 일에 몰두했고 조정의 정치를 가문 간의 다툼의 장으로 전락시켰다. 사회의 공익을 당파와 개인의 이익으로 변질시켰다. 천하의 선비들은 오직 가문과 문파만 생각했으며, 조정은 안중에 없었다. 조정은 이미 있으나 마나 한 배경에 불과했으며 각 파벌이야말로 우뚝 서 있는 정치의 실체였다.

이덕유와 우승유, 이종민은 당대 최고의 지식인이기도 했다. 이들은 힘을 합하고 마음을 모아 이민족과 환관들로 인해 국가가 입은 상처를 치유해야 옳았다. 하지만 성현들의 책을 곁에 두고 인과 의의 길을 걸어야 할 사대부들이 기껏 개인적인 미움으로 인해 물과 불처럼 섞이지 않고 내부의 분열을 야기했다. 우승유, 이종민이 권력을 손에 쥐고 있을 때면 이덕유의 모든 상소가 부결되었고 이덕유 파의 인물들은 잇따라 직무를 박탈당했다. 뒤이어 이덕유가 정권을 장악한 뒤에는 오랫동안 꿈꿔온 복수를 실행하기 시작했다. 이렇게 한 당파가 찬성하는 일은 다른 당파의 반대에 부딪혀 좌절되는 상황이 반복되었다. 조정은 이를 해결할 능력을 잃었고, 재능이 뛰어난 인물을 선발해 임용할 수조차 없었다. 이렇게 되니 더욱더 양대 파벌 간의 공감대라는 것이 형성될 수 없었다. 당파 간의 충돌 속에서 조정은 '비토크라시vetocracy'[44]의 극단적인 모습을 보였다.

　　권력을 향한 경쟁이 펼쳐지더라도 정당한 규칙만 마련된다면 붕당 제도는 다원화된 이익을 표현하고 사회의 공감대를 이끌어내기에 유리한 제도다. 당파 간에 건설적인 비판이 오가려면 국가와 공익을 위한다는 목표가 있어야 한다. 이는 일을 더욱 잘 되게 하려는 비판이다. 건설적인 비판은 당파 간 긍정적인 영향을 미치며 상호 보완적으로 작용한다. 문제는 당 말기에 이르자 조정의 당쟁이 네가 죽어야 내가 산다는 식의 미움과 갈등의 상태에 접어들었다는 데 있다. 도대체 무슨 이유로 이들은 서로를 적대하게 되었을까?

　　후대 역사가들의 분석에 따르면 이덕유는 명문가 출신으로 소위 '귀족'을 대표한다. 우승유는 지방의 '비천한 집안' 출신이다. 이들의 당쟁은 실질적으로도 사대부 계층 속에서 '귀족' 출신과 '비천한 집안' 출신의 투쟁이었다. 그런데 이러한 해석은 신분의 차이를 너무 확대해석하는 경향이 있다. 이 논리대로라면 이종민의 부친은 전 정권의 원로였는데 이종민은 왜 이덕유와 힘을 합치지 않고 우승유 편에 섰을까? 신분의 차이와 계층 소속감은 단지 외적으로 나타나는 단편에 불과하다. 중국 고대의 붕당 정치 속에는 더 깊은 비밀이 숨겨져 있다.

　　이들이 40년에 이르는 긴 세월 동안 밀고 당기며 치른 전쟁은 정치 노선의 차이에서 비롯되었다. 이 싸움이 시작되면서 가장 먼저 일어난 일은 피아를 확실히 가리는 것이었다. 이것은 또 붕당이 자생할 수 있는

44　양당이 서로를 거부하는 극단적인 파당 정치를 말한다.

토양이 되었다. 대립이 붕당을 낳고 붕당은 대립을 심화했으니, 붕당 정치는 곧 스스로 번식하는 상황에 이르렀다.

정책의 차이가 개인의 원한으로 변질되다

"높은 곳으로 돌아가려고 해도 그곳에 견딜 수 없는 찬바람이 불 것 같아 두렵다[高處不勝寒]."(소동파의 시 구절) 정치 시스템 속에서 나타나는 갈등과 책임은 피라미드와 흡사한 권력구조 속에서 아래에서 위를 향해 전도된다. 이러한 현상은 정책이 결정되는 최종 단계에 이르러서야 구체적으로 모습을 드러난다. 이덕유의 부친 이길보李吉甫는 당 헌종 치세의 재상으로 무력으로 이민족을 토벌하려고 계획했다. 반면 다른 재상이었던 위관지韋貫之와 이봉길李逢吉은 화친책을 주장했다. 싸울지, 화해할지를 둘러싸고 재상들 사이에 의견 차가 생겼다. 정치에서 갑론을박은 본디 매우 정상적인 일로 권장할 만한 일이다. 정책에 대해 서로 다른 주장이 펼쳐질 때 황제는 국정의 여러 측면을 이해할 수 있게 된다. 이는 황제가 상황을 전체적으로 읽고 정확한 판단을 내리는 데 도움을 준다. 하지만 분쟁이 생겼을 때 가장 하지 말아야 할 것이 있다. 바로 이를 인사 문제로 연결시키는 것이다. 정책을 두고 대립이 생겼을 때 갈등의 결과가 인사에 반영되어 버리면 공적인 논쟁이 개인적인 원한으로 변질된다. 어떤 일이 벌어질지 걱정하면 그 일이 일어날 가능성이 더 커진다는 말이 있다. 실제로 역사는 '머피의 법칙'에 따라 흘러갔다. 이길보와 대립한 지 오래되지 않아 위관지, 이봉길이 관직에서 물러나게 되었다. 정책에서의 논쟁이 개인적인 갈등으로 변질되는 순간이었다. 위관지와 이봉길은 이때부터 이길보라면 이를 갈며 복수의 기회를 노리게 되었다. 이들의 미움은 이길보가 세상을 떠난 후, 자연스럽게 그의 아들인 이덕유에게로 이어졌다.

이에 앞선 상황을 살펴보자. 우승유와 이종민은 정치 무대에 처음 등장할 때부터 당시 정권을 장악하고 있었던 이길보를 향해 날카로운 검을 겨냥했다. 이제 막 진사에 급제한 우승유와 이종민은 황제에게 갖가지 직언과 간언을 올렸다. 마치 "춘풍에 뜻을 얻고 말발굽이 빨라지니 하루에 장안성의 꽃 모두를 다 보리라"는 과거급제의 기쁨을 표현한 옛 시구절처럼 말이다. 갓 뜻을 이룬 시기에 만난 두 사람은 자연스레 천하에서 일어나는 모든 일을 자기 일로 여기며 직언을 아끼지 않았다. 다른 의도가 있든 없든 간에 당시 재상으로 대권을 거머쥐고 있던 이길보에게는 그들의 모든 행동이 자신에 대한 공개적인 비판과 다름없었다. 황제의 면전에서 공격을 받은 이길보는 눈물로 억울함을 하소연했지만 실책을 보고받은 황제의 노기는 조금도 줄어들지 않았다. 결국 황제는 이길보의 직책을 강등시켜 버렸다. 이때부터 우승유와 이종민은 이길보의 원수가 되었고, 이길보가 사망한 이후에는 그의 아들인 이덕유가 부친의 원수를 갚으리라 마음먹었다.

이덕유의 정치 생애는 이때부터 이미 평탄하지 못했다. 그는 자신이 명문가 출신이라는 것을 믿고 거만했으며 자신의 재능을 믿고 오만방자했다. 명문가 출신가답게 과거시험에 나서는 것은 본인에게는 불명예스러운 일이라고 생각했다. 이와 반대로 우승유와 이종민은 과거시험에 통과

함으로써 운명의 역전을 이뤄낸 인물들이다. 과거시험을 경시한 이덕유와 과거시험을 통과해 어렵게 지도층에 진입할 수 있었던 우승유, 이종민은 정서상 뚜렷한 차이가 있었다.

정책 대립에서 싹튼 원한과 미움은 당사자들이 죽은 후에도 사라지지 않았다. 오히려 각자의 후대로 계승되었다. 우승유와 이종민은 이길보를 공격한 이후 자연스레 이길보의 정적으로부터 비호를 받게 되었으니, 이봉길의 계보를 잇는 것은 당연한 수순이었다. 신분상의 격차, 계층의 속성도 계속해서 그 대립 속에 내재되어 있었고 이들 간의 대립은 시간이 흐를수록 더욱 심화했다.

이야기의 전개 방향은 이미 정해졌다. 이 생동적인 드라마는 이덕유와 우승유가 마치 파트너처럼 나란히 나타나면서부터 흥미를 더해갔다. 이덕유와 우승유는 능력 면에서는 막상막하였고, 각자 뛰어난 장점을 가지고 있었다. 이 때문에 그들 사이의 다툼이 40년이 흐르는 동안에도 승부를 가리지 못한 것이다. 이 다툼은 하나가 공격하면 다음에 다른 하나가 공격에 나서기를 반복하면서 누군가가 완전히 쓰러질 때까지 평생 끝나지 않을 것이었다. 당하는 입장에서는 공수의 위치가 어서 뒤바뀌기기만을 기다릴 뿐이었다. 우승유는 치국에 능한 인물로, 그가 보인 처세의 기술은 후대의 관료들에게 귀감이 되었다. 이덕유는 진취적이고 권력 지향적 인물로 수도에서 멀어지는 것을 마치 무덤에 들어가는 양 두려워했다. 우승유는 물러서야 할 때를 알았고 재상의 자리에 오르고 나서도 언젠가 화를 당해 그 자리에서 끌어내려질 것을 항상 경계했다. 이덕유는 인생에서 슬럼프라는 것을 겪어본 적이 없었고 실력과 치적이 뛰어나 널리 이름을 떨쳤다.

우승유는 정적들이 따가운 눈초리로 자신을 감시하는 상황에 놓이더라도 훌륭하고 명철하게 행동하며 뛰어난 보신의 능력을 보였다. 운명은 이 두 인물을 동시대에 살게 했고, 서로를 미워하게 만들었다. 이 두 거물은 영원히 서로 대치할 수밖에 없도록 정해진 것이나 다름없었다.

양측의 원한과 분노를 연료로 삼아 이 불길은 장장 40년의 긴 세월 동안 제멋대로 불타올랐다. 결국 이 불길은 성세기를 누리던 당나라 최후의 번영과 영화를 잿더미로 만들어버렸다.

이덕유, 탄압 속에서 치적을 쌓다

이덕유와 우승유는 전혀 다른 곳에서 재능을 발휘했다. 처음 정치 무대에 오를 때부터 이미 그 차이가 드러났다. 이덕유는 명문가 출신으로 어릴 때부터 글쓰기에 특출한 재능을 보였고 성공에 대한 야심이 컸다. 어린 시절 그의 부친 이길보의 곁에서 보고 듣고 배운 대로 이덕유는 요순시대와 치국평천하에 대한 군자의 포부에 흥미를 가졌다. 당 목종은 자신이 태자 신분이었을 때부터 이덕유의 이름을 들어온 지 오래라, 황제로 즉위한 후 이덕유에게 한림학사翰林學士의 중임을 맡겼다. 조정의 중요한 문서의 초안을 잡는 일이었다. 이덕유는 개인의 안위를 생각지 않고 조정의 세도가를 무시하며 황제에게 대담한 간언을 올렸다. "부마도위가 재상과 개인적으로 접촉을 하다 보면 비밀이 새어나가기 쉽습니다. 어울리다 보면 민심마저 모두 알게 되니 폐단이 나타날까 두렵습니다." 한 장의 상소를 통해 황제의 사위를 비판하고 조정의 재상을 꾸짖었으니 이덕유가 황실에 얼마나 정력을 쏟아부었는지, 또 충성과 기백이 어느 정도로 뛰어난 신하였는지를 엿볼 수 있다.

우승유는 처음부터 청렴한 성품을 드러냈다. 당 헌종 때 선무군절 도사 한홍韓弘이 조정에 입궐했는데 그는 오랜 세월 국경을 수비하는 지방 관으로 일하면서 막대한 재산을 축적한 인물이었다. 그는 조정 내에서 자신의 정치적인 안전을 도모하기 위해 자연스럽게 뇌물을 주고 이를 보장받기 원했다. 한홍이 사망하자 당 목종은 환관을 보내 그 집에 있는 장부를 열람하게 했다. 여기에서 예상치도 못한 일이 생겼다. 한홍은 자신이 뇌물을 준 사람들의 명단을 만들어 기록해두었는데, 그가 뇌물을 주려고 시도했던 조정의 대신들 가운데 유일하게 우승유만이 이를 거절했다는 내용이 적혀 있었던 것이다. 이 장부에는 "모월 모일 우 시랑에게 물건을 약간 보내었으나 받지 않았다"고 적혀 있었다. 황제가 이 장부에 적힌 내용을 알았을 때 우승유에 대해 깊은 인상을 받았으리라는 것을 충분히 짐작할 수 있다. 얼마 지나지 않아 재상으로 누구를 앉힐지 문제를 논의할 때 황제는 우승유의 이름을 가장 먼저 두었다. 이러한 우연한 행운을 등에 업은 우승유는 세속에 물들지 않고 순수함을 지키면서 결과적으로 자신을 지켜낼 수 있었다.

이처럼 이덕유와 우승유는 명망을 얻었다. 두 사람 모두 재상의 능력과 덕품을 지니고 있었다. 하지만 이때는 이봉길이 조정의 권력을 독차지하고 있는 상황이었다. 이봉길은 단호하게 복수에 나섰다. 우승유의 도움을 받기 위해 주저 없이 이덕유를 절서관찰사浙西觀察使로 보내버렸고, 우승유를 재상으로 천거했다. 한쪽이 내려가고 한쪽이 올라왔으며 한쪽은 탄압받고 한쪽은 부상했다. "친구를 대할 때는 마치 봄바람처럼 따뜻하게 대하고 적은 겨울날처럼 냉혹하고 부정하게 대해야 한다"는 옛말처럼 적과 나의 경계를 명확히 했다. 그 결과 쌍방은 미움이 더욱 깊어졌다.

이덕유는 결국 수도를 떠나 험난한 곳에서 경력을 쌓기 시작했다. 그는 이때까지도 몰랐을 것이다. 인생의 절반을 떠돌게 될 자신의 미래를 말이다. 비록 중간에 잠깐 수도로 돌아가 관직에 오르기도 했지만 또다시 붕당으로 인해 배척되고 결국 뜻을 펼치지 못했다. 하지만 변방을 지키는 임무를 맡아 수도를 떠나 지내게 된 것은 그의 운명에서 두 가지 의미를 가지고 있었다. 첫째, 궐에서 멀어지는 것은 황제의 정치에서 멀어지는 것을 의미했다. 그가 돌아가더라도 이봉길, 우승유 세력이 고위직을 차지하고 있는 동안 그들은 이덕유를 중상모략할 기회만 엿볼 것이 분명했다. 둘째, 한 분야를 확실히 장악함으로써 자신의 재능을 펼칠 수 있는 무대를 제공받았다는 것이다. 높은 학식과 경륜을 지닌 이 정치가는 치적으로 그의 가치를 증명해냈다.

이덕유가 절서 지방에 막 도착했을 때, 관청은 마치 먹구름이 낀 듯한 열악한 환경에 놓여 있었다. 통치를 바르게 하고 싶어도 오래된 습관들이 백성들에게 해를 끼치고 있었다. 시골의 백성들은 괴기한 것에 혹해서 부모형제가 병에 걸려도 고칠 생각은 하지 않고 방으로 옮겨 방치했다. 이덕유는 이 지역에서 어느 정도 배운 사람들을 골라내 예방과 치료법을 구두로 알리고 법으로 만들어, 결국 몇 년 지나지 않아 이 같은 폐단을 없애는 데 성공했다. 위로는 방종한 사당들을 없앴고 아래로는 강도들을 소탕했다. 좋은 것은 흥하게 하고 폐단은 없애 나갔다. 사람들은 그의 통치를 기뻐했고 칭찬했다.

비록 조정에서 멀어졌지만 이덕유는 여전히 조정에 대한 애정을 품고 있었다. 그 사이 당 목종이 붕어한 후 당 경종이 어린 나이에 즉위했다. 경종은 사치를 즐겼고 향락만을 탐했다. 현명하고 유능한 신하들을 멀리했고 작은 패거리들과 어울려 지냈다. 정사를 돌보기 위해 조정 대신들을 소집한 것이 한 달에 세 차례도 되지 않을 정도였다. 하지만 이를 지켜보는 조정의 대신들은 침묵을 지키며 어떠한 간언도 하지 않았다. 이덕유는 이때 정치가로서 응당 해야 할 일을 실천했다. 그는 오랜 기간 자연과 더불어 머물고 있었지만 마음은 여전히 궐을 연모하고 있었기에 〈단의잠 丹扆箴〉이라는 시를 지어 바쳤다. "오랜 역사 속에서 배울 것들이 있습니다. 비록 몸은 멀리에 있으나 걱정하는 마음으로 대신합니다." 황제를 향해서는 "조정 일을 멀리하시고 솔직한 간언을 경시하시며 소인배 무리들을 신임하십니다"라며 잘못을 꼬집었다. 이처럼 귀에 거슬리는 직언들이 비록 황제의 행동을 바꿔놓지는 못했지만 황제는 이를 공개적으로 표창했다. 황제는 조서를 보내 답했다. "멀리 떠나서도 크고 넓은 이익을 생각하는 충고를 깊이 새기겠소. 어찌 권고의 공뿐이겠소?"

이덕유는 이를 계기로 다시 중앙 관직에 올라 수도로 돌아갈 수 있게 되기를 바랐지만 현실은 그리되지 않았다. 황제의 조서는 그를 칭찬했을 뿐, 여전히 건재한 붕당이라는 큰 장애물을 넘기엔 부족했다. 우승유 세력이 이덕유가 조정에 들어가는 것을 방해한 것이다.

여기까지는 우승유 일당의 소극적인 거부에 불과했다. 이때부터 그들은 기회를 잡아 적극적인 공세를 펼치기 시작했다. 당 경종이 어린 나이에 죽자 뒤이어 즉위한 당 문종은 이덕유를 줄곧 흠모해온 터라, 그를 조정으로 불러들여 재상으로 임명하고 우승유와 함께 정사를 처리토록 했다. 하지만 이때 이종민이 환관의 도움을 받아 재빠르게 행동에 나섰다. 다시 한 번 이덕유에 대한 새로운 배척과 모함이 시작되었고, 이제 막 수도에 입성한 이덕유는 결국 또다시 남서천南西川의 변방으로 쫓겨가게 되었다. 붕당 투쟁은 여기에서 끝나지 않았다. 양 파벌은 서로 섞이기를 극도로 싫어했고 이덕유를 따르던 자들까지도 모두 밖으로 축출되었다. 이때부터 우승유와 이종민은 천하를 휘두르는 권력을 갖게 되었다.

이덕유는 또다시 정치적으로 표류하게 되었다. 하지만 동시에 다시 한 번 재능을 드러낼 기회를 얻게 되었다. 이덕유가 절서를 다스리며 내정을 통치하는 능력을 발휘했다면 이번에는 서천으로 가 경계를 수호하며 백성을 안정시키는 재능을 보인 것이다. 당대에 서천 지역은 주요 주둔지로서 서로는 토번, 남으로는 남조南詔(티베트)가 맞닿는 지역이었다. 제국의 서남 장벽을 안전하게 보위하는 것이 그의 임무였다. 전임 절도사는 이론과 전술이 없어서 의지하고 믿을 만하지 못했다. 이덕유는 도착한 날 이렇게 포고했다. "다시 지붕을 이어 방어를 하고 수비병을 수리하라." "몇 년 안에 밤이 두렵지 않게 될 것이고 욕창이 있는 백성들은 모두 나을 것이다." 이덕유는 토번의 침입을 막고 남으로는 이민족을 평정하는 성과를 거두었다.

이덕유가 변방을 정복했다는 소식은 조정에까지 들렸다. 당 말기 점차 쇠퇴해가는 정치 생태계 속에서 이덕유는 매우 두각을 나타내는 성과를 거뒀다. 그가 거둔 업적은 컴컴한 밤에 반짝반짝 빛나는 구슬과 같았고, 그 찬란함은 황제의 마음을 돌이키기에 충분했다. 성패는 순식간에 뒤바뀌었고 이덕유는 다시 조정에 들어가 재상에 임명되었다. 반면 우승유와 이종민은 파면되어 쫓겨났다. 하지만 이 짧은 승리는 험악한 실패로 이어지는 복선을 깔아놓은 것에 불과했다.

당 문종은 환관들을 주륙하기 위해 귀양 보냈던 이훈과 강호낭중 정주를 궁으로 불러 모았다. 이에 이덕유가 나서서 옷소매를 걷어붙이고 나라를 위한 마음과 용기로 황제에게 상소했다. "이훈은 소인배이므로 궁 어느 곳에도 두시면 안 됩니다." 하지만 이덕유는 이 때문에 모함을 받아 흥원절도사로 좌천되었다. 반면 이종민이 다시 재상으로 올라 득세했다. 이제 이종민은 이덕유에 대한 더 큰 두려움을 갖게 되었고, 결과적으로 더욱 적극적인 공세에 나서 이덕유를 모함하고 위험에 빠뜨리기 위한 계략을 세우게 되었다.

변방에 도착한 이덕유는 황제의 조서에 따라 두중양杜仲陽이라는 여류 시인의 죄를 묻고 따졌다. 이 여인은 사연이 많은 인물이었다. 그녀는 원래 당 목종의 아들인 장왕漳王 이주李湊의 보모였는데, 장왕이 죄를 지어 폐위되자 고향으로 돌아가게 되었다. 기회를 노리고 있던 이종민 일당은 이를 구실로 모략을 꾸몄다. 바로 이덕유에게 모반을 꾀했다는 죄명을 뒤집어씌운 것이다. 이종민은 몰래 좌승 왕번王璠, 후부시랑 이한李漢과 내통해 "이덕유가 변방에서 두중양에게 뇌물을 주고 장왕과 결탁해 반역을 꾀했다"고 말하도록 시켰다. 황제는 모든 죄명 가운데서도 특별히 모반 혐의에 대해 큰 경계심을 가지고 있었다. 그렇기에 지방에 내려간 이덕유가 병권을 쥐고 만약 황족과 결탁해 반역을 도모할까 걱정이 되었다. 이는 황제의 공포심을 불러일으키기 충분했다. 이것이 모두 꾸며낸 거짓에 불과하다 할지라도 말이다. 그래서 황제는 봉래전으로 왕애王涯, 이고언李固言, 노수路隋, 왕번, 이한, 정주 등을 소집해 사실을 직접 확인했다. 미리 입을 맞춘 왕번, 이한은 당연히 그 결탁 내용에 대해 매우 사실적으로 묘사하며 이덕유를 한층 더 무고했다. 이성적이고 합리적인 사법제도가 결여된 시스템에서, 황제는 대신들과 밀실에서 개인적인 대화를 나누며 사람의 생사와 더불어 영예와 오욕을 결정할 수밖에 없었다. 증거라는 것은 겨우 몇 사람의 입에서 나온 보증 같은 것에 불과했다. 이때 아무도 이덕유를 위해 증언해주지 않았더라면 이덕유는 아마 모반을 기도한 역적으로 역사에 남았으리라. 정적들로부터 군주를 속이고 나라를 배신했다는 치욕을 뒤집어쓴 채 말이다. 생사가 경각에 달린 그 순간에도 이덕유는 자신의 속내를 시에 담으며 유유자적하고 있었겠지만 천 리 떨어진 조정에서는 이미 큰 파도가 높이 솟구치고 있었다.

　　이렇게 중요한 순간에는 앞에 나서주는 누군가에 의해 운명이 뒤바뀌기도 한다. 이덕유에게는 다행스럽게도 그가 반역을 꾀했다는 것은 사실이 아님을 주장하며 자신의 불명예를 감수하려는 인물이 등장했다. "세 사람이면 없던 호랑이도 만든다"는 옛말처럼 이종민 등이 꾸민 음모는 누군가의 목숨을 건 증언으로 깨지고 말았다. 황제 역시 이덕유가 군사를 일으켜 모반을 꾀하고 있다는 말을 더 이상 믿지 않게 되었다. 하지만 사실이 밝혀졌음에도 이덕유는 원주장사袁州長史로 강등되었다.

　　얼마 지나지 않아 이덕유는 회남淮南으로 가게 되었다. 광활한 대지에서 그는 뛰어난 통치 재능을 발휘했다. 하지만 이덕유는 잠시도 황제가 머물고 있는 궁궐을 잊은 적이 없었고 일평생 나라의 운명을 주재하겠다는 포부로 가득 차 있었다. 그의 마음은 우승유와 이종민에게 복수하겠다는 욕망으로 가득 차 있었다. '복 속에 화가 깃들어 있고 화 속에 복이 깃들어 있다'고 한다. 이덕유는 이렇게 도처를 떠도는 생활을 겪은 후 결국 산과 물이 겹쳐 더 이상 나아갈 길이 없는 절망적인 상황에 이르렀다. 이때 이덕유에게 곤경 속에서 또 한 차례 희망이 나타났다.

당 문종이 붕어한 후 당 무종이 뒤를 이었다. 당 무종은 번왕의 지위에 있을 때 이덕유의 정치적 재능을 높이 샀다. 그래서 황제로 즉위하자마자 이덕유를 재상으로 임명하여 나라 정치의 전반을 그에게 맡기게된다. 마치 땅 속에서 억눌러져 있던 겨울철 씨앗이 결국 봄바람이 부는날을 맞아 땅을 뚫고 나오는 것처럼, 이덕유의 억눌렸던 가슴속에서 울분이 쏟아지기 시작했다. 이제 그는 큰물이 빠른 속도로 쏟아져 내리듯 오래된 복수를 실행하기 위한 행동을 시작했다.

우승유, 진퇴에 흐름에 통달하다

우승유는 매우 뛰어난 관료였다. 이덕유가 말년이 되어서야 겨우 조정에입성한 이후, 우승유는 더 이상 그를 향해 칼을 뽑아들 필요성을 느끼지않았다. 오히려 자신이 쌓아올렸던 과거의 가치들을 수정해나가기 시작했다. 우승유는 높은 자리에 오른 후 이종민과 달리 권력을 탐하지도 않았다.

이덕유처럼 단단하게 마음을 먹고 밀고 나아가는 면도 없었다. 그저 할 만하면 하고, 멈춰야 하는 상황에서는 멈출 뿐이었다. 조정의 시국이 일단 심상치 않다고 느껴지면 즉시 사퇴의 뜻을 밝히고 자기를 낮췄다. 그는 싸움을 좋아하지 않았고 고집스레 버티는 법이 없었다.

이는 "공을 이루고 이름을 얻으면 그 직임에서 물러나 한가히 몸을 갖는 것이 오직 천도를 따르는 일[功成名遂身退天之道]"《도덕경》이라는 표현과 딱 맞아떨어졌다. 어떤 사람이 얼마나 멀리 갈 수 있느냐는 그가 얼마나 갈 수 있는지의 능력으로 결정되는 것이 아니다. 그가 멀리 갈 수 있는 적절한 기회를 얻을 수 있는지에 따라 결정되는 법이다. 우승유는 멈출 때와 물러설 때를 잘 이해했고, 덕분에 냉혹한 정치투쟁에서 스스로를 지킬 수 있었다. '물러남'의 흐름과 시기를 장악하는 것은 앞으로 나아가는 것보다 훨씬 어려운 일이다.

우승유가 제일 처음 재상의 자리에 올랐을 때는 당 목종 치하에서였다. 당시 우승유는 한홍에게 뇌물을 받지 않았고 우연히 이 사실을 알게 된 황제가 그를 크게 신임했다. 사람이 갑자기 높은 자리에 오르게 되면 일반적으로 그 성공에 취하게 마련이다. 하지만 우승유는 그러한 허영심을 잘 제어했다. 당시 조정의 정사는 나날이 악화되었고, 환관들이 권력을 제멋대로 휘두르고 있었다. 조정의 대신들 역시 붕당을 만들고 끼리끼리 어울리며 다른 파벌을 배척했다. 이처럼 복잡하고 민감한 상황에서는 조금이라도 조심하지 않으면 큰 화를 당하기 쉽다. 또 스스로 아무리 조심한다고 해도 자신도 모르는 새에 남에게 트집 잡힐 수가 있었다. 최선의 책략은 시비의 장소로부터 떨어져 지내는 것이었으며, 이 접점은 바로 멈추고 물러서는 것에 있었다. 그러나 정치 무대의 핵심을 떠나고자 한다 해도 얼마나 많은 사람들이 마음속에 있는 허영심을 이겨낼 수 있겠는가?

우승유는 이를 해냈다. 그는 수차례 표를 올려 재상의 자리에서 면직해달라고 간청했다. 황제는 그를 더 이상 잡아두기 어렵다고 느꼈고 우승유를 무창군절도사武昌軍節度使로 보냈다. 안에 있으면 위험하고 밖으로 나가면 안전해진다. 우승유는 스스로 선택에 의해 시비의 장소로부터 멀리 떠나 안전한 곳으로 피할 수 있었다.

우승유가 그곳에서 5년을 보내는 동안 목종, 경종이 뒤이어 즉위했다. 문종이 즉위하자 이종민은 태보台輔의 자리에 올랐고, 우승유를 조정으로 부르고자 했다. 그가 황제에게 우승유의 재능을 수차례 추천했기에, 우승유는 더 이상 밖에 머물 수가 없었다. 곧 우승유는 재상의 자리에 올랐다. 하지만 이번의 나아감은 바로 우승유가 또다시 사퇴하는 서곡이 되었다. 그때 환관들이 궁정의 금위군을 장악하고 있었고, 왕수징, 구사량으로 대표되는 환관들이 황제보다 더 큰 권력을 쥐고 있었다. 환관들의 권력 전횡은 이미 내부에서는 황제를 끼고 있었고 밖으로는 조정에 개입하고 있었다. 이 같은 상황에서 어느 날 당 문종이 재상들과 정사를 논의하다가 갑자기 물었다. "천하가 어떠한 연유로 태평하다고 하는지 경들은 이 이유를 알고 계시오?"

황제의 갑작스러운 질문은 무슨 의미였을까? 단순한 질문이 아닌 것이 분명했다. 이 질문은 향후 조정 내에 폭풍우 같은 싸움이 일어날 것임을 암시하고 있었다. 우승유는 일찌감치 이에 대해 통찰했다. 그는 황제에게 답했다. "오늘날 네 이민족이 서로 침범하지 않고 백성들은 유랑하지 않고 지냅니다. 위로는 음란함과 잔인함이 없고 아래로는 원망이 없습니다. 사실私室에는 강한 가문이 없고 공의公議로는 막힌 부분이 없습니다. 비록 이상에 이르지는 못했으나 소강小康[45]에는 이르렀습니다." 우승유의 '태평'과 황제의 '태평'은 서로 다른 것을 의미했다. 우승유는 황제에게 '태평은 아니나 소강에 이르렀기에 지금이면 충분하다'고 말했으나 황제는 황궁 내부가 태평하지 못하니 이를 정리해야 한다는 의지를 나타낸 것이었다. 우승유는 물론 그 의도를 바로 알아챘다. 또 덧붙였다. "현재가 태평성세에 이르지 못한 것은 신하의 부족함 때문입니다." 이렇게 논의를 끝맺고 나자 우승유는 즉시 동료들에게 말했다 "나는 재상을 그만두려 하오. 천자께서 상황이 이렇게 된 것을 두고 질책하시니 멀리 떨어져 지내는 게 안전하겠소." 우승유는 이후 열흘간 사퇴를 청하는 표를 세 번이나 올렸다. 그는 또 한 번 뒤로 물러나 자신을 보호했다.

우승유는 황제의 말 속에서 재상들의 도움을 받아 환관의 전횡을 물리치겠다는 암시를 정확하게 읽어냈다. 황제는 이를 독단적으로 실현하려고 마음먹었으니, 이것이 바로 황제가 질문에서 의도한 '태평'의 의미였다. 당시 환관들이 병권을 장악하고 있었는데, 황제가 환관들을 향해 선전포고를 한다면 궁정 안에 피가 강을 이루는 전쟁이 일어날 것이 분명했다. 여기까지 생각이 미치니 우승유처럼 똑똑한 자가 어찌 물러나지 않고 머물러 있겠는가?

이후 일이 흘러간 방향은 우승유의 선택이 옳았음을 증명했다. 당

---

45   유가에서 가장 이상적으로 평가하는 대동세계보다는 떨어지는 수준의 사회.

문종은 환관들을 모두 죽여 없애려고 했고 결국 경천동지할 만한 '감로의 변'을 촉발했다. 결국 환관들에 의해 조정 대신들과 재상들이 모두 참혹하게 살해되었다. 하지만 이때 저 멀리 회남절도사로 피해 있었던 우승유는 화를 면할 수 있었다. 당시 우승유는 자신을 대신해 흘려진 피들이 흘러 강을 이루는 것을 목격했다. 그는 정치의 잔인함에 대해 두려움을 느꼈을까, 아니면 자신이 명철한 보신으로 화를 피한 것을 자축했을까? 스스로를 어떻게 평가하든 간에 그가 관료로서 성취한 것들은 그에게 큰 명예를 안겨주었다.

조정의 벼슬아치들이 제거되자 이제는 문지기들이 권력을 휘둘렀다. 우승유는 조정에서 떨어져 지내는 것만으로는 안전을 확보하기 부족하다고 생각해, 더 한 발짝 물러나야겠다고 마음먹었다. 회남은 조정의 중요한 경계 지역으로 많은 세도가들이 이 지역을 지켜보고 있었다. 우승유는 이 시비의 지역에 미련을 갖지 않고 더욱 한산한 지역으로 가고자 했다. 비록 황제가 이를 윤허하지 않아 우승유는 어쩔 수 없이 회남을 수비하는 일을 오랫동안 하게 되었다. 하지만 이후부터 우승유는 현실과 동떨어져 산과 물을 유유자적하며 시인 백거이와 함께 시구를 읊으며 다녔다. 이는 조정의 세도가들을 향해 자신이 비록 몸은 중책에 있으나 마음은 앞으로 나아갈 뜻이 없으니 모두들 자신을 견제하지 않아도 된다고 온몸으로 말하는 것이었다.

하지만 이후 우승유가 가장 원하지 않은 일이 발생하고 말았다. 당무종이 대권을 이어받은 후 이덕유가 오랜 탄압을 이겨내고 결국 운명 역전을 이뤄낸 것이다. 이덕유는 곧 우승유 무리에 대한 정치적인 탄압을 시작했다. 이미 한발 물러서 있었던 우승유와 달리 조정에 있었던 이종민은 먼저 관직을 강등당했다. 과거의 일까지 끄집어내 그를 괴롭히는 구실로 이용되었다. 결국 이종민은 정치적 탄압을 받다가 사망하고 말았다. 이와 비교할 때, 줄곧 물러남으로써 앞으로 나아가고 명철하게 보신을 해온 우승유는 정적들의 날카로운 시선에 둘러싸인 험악한 상황 속에서도 또다시 자신을 보전할 수 있었다.

이덕유는 대권을 쥐자마자 우승유의 병권을 빼앗고자 했다. 그래서 조정에 그를 불러들여 중상모략하려고 했지만 우승유는 이를 미리 예측하고 있었다. 게다가 우승유는 대중들로부터 높은 명망을 얻고 있는 존재였다. 이덕유는 결국 그를 중상하는 데 실패했다. 우승유는 정치 무대에 진입한 이래 청렴하게 처신했고 사양하며 뒤로 물러섬으로써 오히려 더 앞으로 나아갈 수 있었다. 어지러운 궁정 정치에서 맺고 끊음이 분명하지 않은 관계를 맺었다. 그는 모든 궁정 투쟁이 발생하기 전에 일찍이 세속을 초월해 수도를 떠나 있었다. 또한 매우 복잡한 은원 갈등과 물리적인 거리를 두었다. 따라서 말년에 이덕유가 수차례 우승유에게 죄를 덮어씌우려 했으나 끝내 적당한 구실을 찾아낼 수 없었다.

이덕유는 일생에 걸쳐 분노를 쌓아왔고, 정적들에게 강한 일격을 가할 준비를 항상 갖추고 있었다. 그러나 우승유는 치욕을 참아가며 중임에서 물러남으로써 이덕유의 공격을 무력화했다. 이덕유로서는 자신이 솜뭉치를 들고 상대를 타격하고 있다고 느꼈을지 모른다. 우승유는 황제의 총애 속에 녹봉을 받으며 살다가 평안하게 세상을 떠났고, 붕당 투쟁이 벌어지는 속에서도 아름다운 결말을 맺었다.

조정의 정책 결정 능력을 훼손하는 파벌

정치투쟁은 시시각각 변하는 구름과 파도의 흐름과 같은 불확실성과 생과 사가 한 끗 차이로 갈라지는 잔혹함으로 가득 차 있다. 하지만 그 위험성이 바로 정치에 발을 들여놓은 사람에게 심리적인 자극을 줄 수 있기도 하다. 이덕유는 저 멀리 강호에 떠나 있으면서도 조정을 향해 묘당을 세웠으며, 우승유는 여러 차례 몸을 굽히고 정치라는 풍파를 견뎌냈다. 이렇게 기복이 심한 인생의 궤적들은 그저 직접 경험해보고 나서야 그 속에 숨어 있는 기쁨과 슬픔을 알 수 있다. 붕당 투쟁의 과정에서 당사자들의 영예와 치욕, 희로애락보다 더욱 새겨들을 만한 것은 한 왕조가 조용히 몰락해가면서 내쉬는 무거운 한숨이다.

당시 당 조정은 현명한 신하를 선발할 능력이 없었는데, 이는 인재의 선발과 임용이 그 능력과 재능, 정치적 성과에 의해 이뤄지지 않았기 때문이다. 대신 기준이 된 것이 그 사람이 속한 진영, 가문, 당파 등이었다. 만약 이덕유와 친분이 있는 인물이라면 우승유와 이종민이 조정의 권력을 잡고 있을 때에는 그가 아무리 재능이 뛰어난 사람이라 하더라도 한직에 발령을 받았고, 그 재능을 펼칠 기회를 얻지 못했다. 당 문종 시기, 우승유가 집권하자 이덕유를 따르던 자들은 모두 배척되어 밖으로 쫓겨났다. 당 무종 시기, 이덕유가 대권을 탈환하자 마찬가지로 우승유를 따르던 자들이 핍박받았다. 예를 들어 이 당시 소척蘇滌이라는 이름의 관료 역시 강등되었는데, 그는 이종민 일파라는 단 하나의 이유 때문에 중책에서 배척되어 수년간 군郡 수비 업무만 담당했다.

당 말기에 이르자 인재 선발의 원칙은 완전히 무너져버리고 말았다. 실제 조직의 운영 법칙은 오로지 당파에 따라 운영되었다. 더욱 두려운 것은 조정의 정치적인 방침과 중대한 정책 결정이 심각하게 왜곡되고 있었다는 점이다. 재상은 정사를 돌볼 때 더 이상 조정의 전체 이익을 기준으로 삼지 않았고 당파와 가문의 이익을 기준으로 삼았다. 예를 들어 이덕유가 찬성하는 일이라면 우승유는 그것이 옳은지 그른지를 따지지도 않고 무조건 필사적으로 반대했다. 그 결과 조정의 정책 결정은 붕당 투쟁이라는 진흙탕에 빠져들었다. 시간이 흐를수록 논의를 해도 결정하지 못하고, 결정을 해도 실행하지 못하는 '비토크라시'로 변질되어 갔다.

이덕유가 서천에 부임했을 당시 토번의 전략적 우세함을 제거할 수 있는 기회가 있었다. 하지만 이는 결국 우승유 당파의 편견과 반대로 좌초되고 말았다. 당시 토번 유주維州의 수장守將 실달모悉怛謀가 투항해왔다. 토번의 잦은 침략에 어려움을 겪고 있던 조정의 입장에서는 크게 환영할 만한 일이었다. 이 지역은 매우 중요한 군사적 요지였다. 일면은 고독한 봉우리, 삼면은 강에 접해 있으니, 서촉이 토번을 통제하는 요지였다. 이러한 독특한 형세는 이 지역을 지키기는 쉬우나 공략이 어려운 지역으로 만들었고, 내지를 얻기 위해 중원을 위협할 수 있는 교두보였기에 토번은 이를 두고 '무우성無憂城'이라고 불렀다. 역대 절도사들이 어떠한 묘책으로도 얻을 수 없었던 지역이었다. 이러한 때에 실달모가 사람을 보내어 투항 의사를 전해왔으니, 토번에게는 크나큰 손실이라고 할 수 있겠지만 당 조정에게는 하늘이 내려준 좋은 기회가 아니었겠는가?

이덕유는 매우 주도면밀하고 치밀한 정치가였다. 그는 이 좋은 일이 저절로 눈앞에 굴러왔다는 사실을 쉽게 믿지 않았다. 그래서 비단 두루마기와 함께 사람을 보냈다. 혹시 토번의 속임수가 아닌지 확인하기 위해서였다. 하지만 실달모는 여전히 무리를 이끌고 수도에 귀순 의사를 밝힘으로써 확실한 증거를 통해 투항 의사가 사실임을 증명했다. 이덕유는 조정에 상소를 올려, 조정이 실달모의 투항을 윤허해주고 유주를 점거할 것을 간청했다. 그러나 이 일은 모든 이가 예상하지 못한 대로 흘러갔다.

이 일에 관해 우승유는 책임을 미루고 일처리를 질질 끌면서 확실한 결론짓기를 피했다. 그 역시 이성적이고 품은 뜻이 큰 자로 물샐틈없는 인물이었다. 그는 황제에게 다음과 같이 간했다. "조정과 토번이 지금까지 잘 수교해왔고 조정은 그 병력을 인정해주기로 약속했습니다. 또한 앞서 이미 화평의 협의에 서명을 했습니다. 중국은 황제의 약속을 지키는 것이 우선이고 적을 다스리는 것은 다음의 문제입니다. 이제 와서 조정이 신의를 잃는다면 앞서 한 약속은 거짓이 됩니다." 이 주장에 따라 조정은 토번과의 약속을 지켜 신의를 보전하는 쪽을 선택했다. 우승유의 이 단 한 번의 언사는 황제의 도덕적인 우월감을 과시하기에 딱 맞아떨어졌고, 황제의 구체적인 판단을 미혹하기에 충분했다. 결국 국익과 백성들의 이익에 기여할 수 있는 좋은 일은 신의라는 대의에 밀려버렸다. 우승유가 파벌의 차이로 인해 조정의 정책 결정에 악영향을 미친 것은 아주 악랄할 뿐 아니라 아량이라곤 전혀 없는 행동이라고 평가할 수 있다. 하지만 동시에 그의 간교가 조정의 정책 결정을 방해하는 데 성공할 수 있었다는 점에서, 그가 얼마나 설득에 능했는지도 알 수 있다. 실익은 결국 무형의 가치에 가려져버렸다.

결과적으로 이덕유는 실달모와 그의 무리들을 유주로 돌려보낼 수밖에 없었다. 이 반역 소식은 곧 토번에 전해졌고 실달모는 극형에 처해졌다. 이러한 참혹한 현장은 다른 이들이 품을지 모를 귀화 의사마저도 완전히 꺾어버렸다. 다시는 토번의 장령들이 당 조정에 투항하는 일은 일어나지 않았고, 오로지 혈전만이 있을 뿐이었다. 일의 경위를 살펴보면 황당하기까지 하다. 하늘 아래 도대체 누가 적의 투항을 가로막으며, 오히려 다시 적진으로 돌려보내는 일이 일어날 수 있단 말인가? 당나라 조정에서 이러한 황당한 일이 일어나게 된 이유는 판단을 내릴 수 있는 지혜가 부족했기 때문이 아니라, 정확한 정책 결정 능력을 상실했기 때문이다. 이것이 바로 붕당 투쟁이 극단화된 결과다.

　　무릇 네가 찬성하기 때문에 나는 반대한다. 설령 그것이 국가와 백성들을 이롭게 하고 종묘사직에 유익하고 후세를 윤택하게 한다 하더라도 나는 최선을 다해 막을 것이다. 붕당 투쟁이 이렇게 극단화되면 조정은 이익 집단의 방해를 받게 되고, 당파가 판단의 기준이 된다. 조정의 전체 이익은 중요하지 않은 것으로 전락해버리고 붕당의 수레바퀴에 깔려 가루가 되어버리고 만다. 그렇기 때문에 붕당이 심해지면 조정의 정치 생태계는 점차 악화하는 것이다.

　　당 무종이 즉위한 지 얼마 되지 않아 이덕유를 재상으로 임명하고 국정 전반을 책임지게 했다. 반대로 이종민과 우승유 등은 줄줄이 사망해 이덕유는 대권을 거머쥐고 조정에서 전권을 가지게 되었다. 당 무종과 이덕유는 뛰어난 군주와 현명한 신하였고 의기투합했다. 당 말기, 가까스로 당나라가 그 이름을 유지하고 있던 기간에 대외적으로는 주변 이민족을 다스렸고 내부적으로는 번진을 평화롭게 하는 자랑스러운 정치적 성과를 거뒀다. 마치 해가 서산으로 넘어가고 석양이 기우는 순간 만 갈래 빛줄기가 인간 세상을 비추듯이, 온 하늘을 덮은 검붉은 저녁노을은 임종을 눈앞에 둔 당나라에게 화려한 경의를 표했다.

하지만 붕당 투쟁의 유령이 잠시나마 자리를 떠나 있을 때, 사그라진 재가 다시 타오를 준비를 했다. 당 무종이 도술道術에 빠져들고 불로장생의 약을 구하러 다니다가 일생에서 가장 활력 있는 시기에 급사했다. 뒤를 이은 당 선종은 수차례 공을 세운 바 있는 이덕유에게 반감을 가졌고 즉위하자마자 그를 강등시켜 지방으로 보내버렸다. 백민중白敏中, 영호도令狐綯 등의 무리들이 이덕유가 국정을 맡고 있을 때 그 서열이 같았는데, 이때 그를 축출하려는 모의를 꾸몄다. 이들이 저승에 있는 우승유와 이종민을 대신해 복수에 나서면서 붕당 투쟁의 유령은 또다시 조정의 정치판 위에 모습을 드러냈다.

"홀로 높은 망루에 서서 황제가 계신 수도를 바라보니 새 한 마리가 날아가는 모습이 반년이 지나가는 것 같다." 지방으로 내려가는 이덕유의 마음은 괴로움으로 가득했다. 여전히 그는 몸이 어디에 있든지 항상 마음은 조정에 있었다. 우승유는 이미 땅속에 묻힌 채 평화를 얻은 후였지만 이덕유는 여전히 불행을 그의 탓으로 돌렸다. 이덕유는 자욱한 안개 속에서 뜻을 펼치지 못하던 이 시기 수많은 글을 써 남겼는데, 이때 남긴 글 속에서는 우승유에 대한 미움이 고스란히 묻어나온다. 그들 사이의 증오는 일생을 다 바치고 나서도 조금도 없어지지 않았다. 도대체 무엇이 그들 사이에 절대 봉합될 수 없는 미움을 심어놓은 걸까? 붕당 투쟁을 탄생하게 만들고 극단화되게 만든 요인은 무엇일까?

사실 동서고금을 통틀어 정치체제 속에서 붕당의 탄생을 피할 수 있었던 경우는 극히 적다. 미국의 제4대 대통령 제임스 메디슨James Madison 은 그의 저술《연방주의자 논집The Federalist Papers》에서 이익 집단을 파벌이라고 불렀다. 그는 다음과 같이 썼다. "파벌은 모종의 공동 감정 혹은 이익에 따라 구별되어 서로 힘을 합쳐 일어나는 일정 수의 공민들을 말한다. 그들이 전체 공민의 다수를 차지하든 소수를 차지하든 그들의 이익은 다른 공민들의 권리와 사회의 장기적 이익, 전체 이익과는 어긋난다." 당나라 말기의 역사 속에서 연합해 일어난 것은 공민이 아니라 조정의 관료들이었다. 관료들은 처음에는 공동의 정치적 필요에 의해 연합했다. 곧 합종연횡하고 당을 만들어 사적으로 운영하기에 이르렀으며, 다른 무리를 배척했다. 그 결과 한 사람이 부귀해지면 무리 내 다른 모두가 부귀해지고 한 사람이 망하면 모두 따라서 망하게 되는 붕당 또는 이익 집단을 형성하게 되었다.

사실, 붕당이 있다고 해서 두려워할 것은 아니다. 또 붕당이 생기는 것이 곧 정치의 악화를 의미하지도 않는다. 건설적으로 '충성에 기반을 둔 반대'를 표현하는 붕당 투쟁은 오히려 합의를 이끌어내는 데 유리하다. 하지만 붕당 투쟁이 극단화되면 공익을 위해서가 아니라 반대를 위한 반대, 비판을 위한 비판으로 상대를 대할 뿐이다. 결국 붕당은 조정의 정책 결정을 파벌의 이익을 위해 기능하게끔 만들어 정치 생태계가 악화되고 만다.

미국의 경제학자 맨슈어 올슨이 쓴《국가의 흥망성쇠The Rise and

Decline of Nations》는 이익 집단이 국가 발전에 미치는 영향에 대해 연구한 결과다. 이 책에서는 다음과 같은 훌륭한 기술을 하고 있는데, 이는 당 말기 붕당 투쟁의 모습과도 정확히 일치한다. "어떤 국가에서 충분히 오랜 시간 정치적 안정이 이어진다면 곧 특수한 이익 집단이 등장한다. 게다가 그들은 점점 더 확실해지고 성숙하며 기교를 갖춰간다. 이후 그들은 이 국가의 가장 중요한 공공 정책, 다시 말해 국가의 경제발전, 사회발전, 정치 메커니즘, 특히 행정과 법률에 대해 점점 더 많은 지식을 습득한다. 어떻게 하면 정책을 좌지우지할 수 있는지, 이를 위해 어떤 명목을 내세울지에 대한 지식 말이다. 그들의 테크닉은 시간이 흐를수록 숙련되기 때문에 얻어내는 이익 역시 점점 더 많아진다. 결국 국가의 경제, 사회, 행정, 법률에 관한 체제, 정책, 조직 등은 특수한 이익 집단의 안배에 부합하는 모습으로 천천히 변해가게 된다. 국가 발전의 새로운 동력은 시간이 지나면서 제한되고 각 부문은 경색되며, 마지막에 이르러서는 국가의 쇠퇴를 가져오게 된다."

우승유는 도덕의 우위를 내세우며 위엄을 갖춘 기풍으로 이덕유의 상소문을 부결했다. 이것이 바로 맨슈어 올슨이 말한 "어떻게 하면 정책을 좌지우지할 수 있는지, 이를 위해 어떤 명목을 내세울지"의 실제 사례다. 조정의 인사가 파벌의 지배를 받게 되고, 조정의 정책 결정이 파벌의 영향을 받게 될 때, 이는 마찬가지로 다음의 논리를 증명하게 된다. "결국 국가의 경제, 사회, 행정, 법률에 관한 체제, 정책, 조직 등은 특수한 이익 집단의 안배에 부합하는 모습으로 천천히 변해가게 된다."

송나라의 대문호 구양수가 썼다고 전해지는《붕당론朋黨論》은 군주에게 붕당 투쟁을 경계해야 한다고 일깨우고 있다. 하지만 구양수의 논술은 여전히 군자와 소인배라는 테두리 안에 머물러 있다. "그러므로 인군이 할 일은 다만 마땅히 소인의 거짓된 붕을 물리치고 진실된 군자의 붕을 쓰며, 그렇게 하면 천하가 다스려질 것이다[故爲人君者, 但當退小人之僞朋, 用君子之眞朋, 則天下治矣]." 구양수는 소인은 "이익이 보이면 서로 먼저 다투고 혹 이익이 다하면 교분이 멀어진다[見利而爭先, 或利盡而交疏]"면서 이를 위붕僞朋이라고 했다. 하지만 군자는 "곧은 마음과 함께하고 언제나 한결같다[則同心而共濟 終始如一]"면서 이를 진붕眞朋이라고 했다. 붕당이 일단 생기면 파벌의 이익을 유지하려는 경향도 함께 생기며, 파벌의 이익이 곧 전체 공동체의 이익에 앞서게 되는 법이다. 이것은 그가 군자인지 소인배인지 무관하게, 그가 속한 파벌의 편견과 이익이 시키는 일이다.

중국 고대의 붕당 정치는 현대 정치의 다당제처럼 권력을 교체할 수 있는 긍정적인 경쟁이 부재했다. 이익 집단이 부정적인 경쟁의 흙탕물에 빠질 수밖에 없었던 중요한 이유 가운데 하나는 노선 분쟁이 개인의 미움으로 변질되었기 때문이다. 그 후에는 상대방이 죽어야 내가 살 수 있는 제로섬 게임으로 더 극단화하는 양상을 보였다. 투쟁의 가장 큰 임무는 적과 나를 분명히 하는 것이었고, 적이 존재함으로써 집단 내부의 정체성이 더욱 강렬해질 수 있었다. 이길보와 이봉길의 갈등은 다음 세대인 이덕유와 우승유의 대립으로 이어졌다. 적의 존재로 인해 그들 각자의 붕당은 친밀감을 키울 수 있었다. 둘 중 누가 득세를 하든지 간에 언제나 상대방을 곤경에 빠뜨릴 궁리에 몰두했다. 이렇게 정치를 상대방이 죽어야 내가 살 수 있는 제로섬 게임으로 인식한 결과, 양측 모두 항전 상태에 머물 수밖에 없었다. 결국, 붕당 극단화는 이익 집단의 모든 폐단을 남김없이 드러냈고 당나라의 숨통까지 끊어놓았다.

이덕유와 우승유 사이에 펼쳐진 40여 년에 걸친 붕당 투쟁 과정에서 세상을 바꿀 임무를 진 사대부들은 그 정력을 과대하게 소모했다. 조정 내부에서는 환관이 권력을 쥐고 휘두르게 되었고 외부에서는 번진이 할거했다. 이렇게 되자 상황을 그저 흐르는 대로 방임하게 되었고 결국 시간이 지날수록 더 악화되었다. 당 왕조는 숨이 곧 끊어질 것 같은 병자처럼 죽음의 신이 찾아오기만을 기다리고 있었다. 그러다가 초야에 묻혀 지내던 두 인물, 황소와 주온이 일어섰다. 이들은 당나라를 완전하게 끝내는 임무를 부여받은 인물이었다.

11장 합법성

황소 黃巢、주온 朱溫

권력을 옹호하는
자 안에 반역자가
있다

권력을 뒤엎는 지름길은 권력자를
수호하는 척하며 권력을 깨뜨리는 것이다.
여기에 반역의 오묘함이 있다.

생명이 끝나가는 당 조정은 마치 위독한 병에 걸린 거인 같았다. 그 무거운 호흡은 숨을 쉴 때마다 하늘과 땅을 울렸고, 느릿느릿한 걸음으로 걷는 죽음의 신을 자기 가까이로 부르고 있었다. 황소와 주온, 두 인물은 시골 초야에서 이름 없이 지내던 젊은이들로 만약 평화로운 시대에 태어났더라면 그저 민초로 생을 마감했을 것이다. 하지만 혼돈의 시기에 태어난 그들은 날카로운 운명의 칼을 뽑아 들고 과거 어느 왕조보다도 휘황찬란했던 시대에 종말을 고했다.

황제 권력이 약해지고 제후들이 일어나니, 천자의 호령이 사방으로 뻗어나가지 못하게 되었다. 오래된 질서가 조금씩 무너지며 새로운 질서가 나타나고 있었다. 그 사이 중원은 세력들의 각축장이 되었다. 이때 밑바닥 계층에서 운명을 이겨내고 절호의 기회를 얻어낸 인물들이 등장했다. 황소와 주온이 바로 그들이다. 둘은 조정의 붕괴를 틈타 과거의 왕후장상과 법령, 제도를 타도했고, 어수선하고 민심이 도탄에 빠진 세상에 등장해 성대한 권력의 잔치를 벌였다.

"중양절이 오기를 기다려, 나 국화가 활짝 핀 후에는 100가지 꽃이 시들 것이다. 하늘을 찌를 듯 짙은 국화향이 장안성에 가득하니 온 장안성을 노란 국화색 황금 갑옷으로 덮어버리리[待到秋來九月八 我花開後百花殺 衝天香陣透長安 滿城盡帶黃金甲]."이 시는 황소가 반란의 미학을 극치로 발휘한 작품으로, 그의 격정적인 글에는 유구한 중국 역사 속에서도 사람의 마음을 자극하는 강인한 아름다움이 있다. 격정과 투지는 시간이 흐르더라도 천고의 생명력을 지닌다. 또한 후세에게도 가슴속 큰 뜻을 품은 영웅호걸이 되라고 격려한다. 주온과 비교할 때 황소는 훨씬 더 낭만적인 존재이며, 역사책 속에서도 훨씬 높은 인지도를 자랑한다. 하지만 현실에서 그는 사람들이 아름답다고 판단하는 심사 기준에 어긋난다. 황소는 매력은 넘쳤으나 결국 반란에 실패한 채 세상을 등졌다. 반면 훨씬 더 인내하고 신중했으며 계산이 치밀했던 주온은 최후의 승리를 손에 거머쥐었다. 그는 당나라의 통치를 끝내고 천지를 뒤바꾸는 위업을 달성했다.

황소가 무리를 이끌고 호령하고 있을 때 주온은 이곳저곳을 떠돌며 남에게 의지해 생활하고 있었다. 주온은 황소의 농민 반란군에 들어가 수많은 전공을 쌓았고 그 활약상이 황소의 귀에 들어가 단기간에 독보적인 대장의 자리에 올랐다. 그리고 바로 이때부터 황소와 주온은 서로 다른 인생의 길을 걷기 시작했다. 그들은 전쟁터를 함께 누비던 전우였지만 같은 하늘 아래 있을 수 없는 원수 사이로 급변하게 되었다. 시국과 상황을 심사숙고한 끝에 주온은 당 조정에 귀순하기로 결정했고, 반란군의 신분에서 비적을 소탕하는 관군으로 변신했다. 그러나 주온의 귀순은 겉으로 드러난 것과 달리 더 큰 정치적 포부를 이루기 위한 위장일 뿐이었다.

주온은 황소처럼 당 조정을 멸망시키겠다는 꿈을 가지고 있었다.

천하를 쟁취하는 것이 주온의 꿈이었다. 그러나 그 수단에 대해서는 둘의 생각이 달랐다. 주온의 시각에서 황소가 가는 길은 아무런 기초가 없는 유랑하는 도적떼의 노선이었다. 주온은 전략을 다르게 세워 조정에 들어가 역모를 꾀하는 노선을 선택했다. 두 사람은 여기에서부터 길이 나눠졌고 각자의 길을 갔다. 그 결과 황소는 여기저기 도망 다니다가 결국 관군에게 포위되어 죽을 날을 기다리는 신세가 되었고, 태산泰山 낭호곡狼虎縠에서 참혹한 죽음을 맞았다. 주온은 황소를 소탕하는 과정에서 공을 세워 조정으로부터 상을 받았고, 이를 발판으로 정치적인 입지를 쌓아갔다. 주온은 황소처럼 사방으로 도망 다닌 것이 아니라 조정으로부터 합법적인 근거지를 얻었다. 또 황소처럼 '모반자'라는 오명을 쓰지도 않았고, 오히려 조정의 깃발을 손에 든 채 반역자를 정벌하러 다녔다. 그 결과 주온은 조정의 이름을 이용해 군웅을 평정할 수 있었다. 훗날 조정을 거머쥐고 새로운 정권을 창조해가는 과정에서도 명예를 지키면서 순조로운 방식으로 당나라 황제의 선양을 받아냈다.

당나라를 산산조각 내겠다며 덤벼들 때 황소가 몰랐던 사실이 있다. 그가 한 모든 것들이 결과적으로는 그저 주온의 성과를 더욱 빛나게 만드는 데 불과했음을 말이다. 황소가 만약 이 사실을 알았더라면 잔뜩 화가 난 채 이렇게 질문했을 것이다. 도적떼와 무리를 이뤄 유랑하는 전략은 왜 실패할 수밖에 없는 것인가? 그렇다면 조정에 들어가 반역을 꾀하는 전략, 안정적인 기반 위에서 역모를 꾀하는 전략은 무슨 이유로 성공할 수 있었을까?

황소와 주온이 써내려간 완전히 다른 인생의 궤적은 단순한 진리를 알려준다. 정의는 불의보다 강한 힘을 갖고 있으며 제도권 안이 제도권 밖보다 더 강한 조직력을 갖고 있다는 것을 말이다. 조직을 갖춘 영리한 지도자는 조직이 없는 오합지졸에게 백전백승한다. 도적떼와 함께 유랑하는 전략은 힘이 센 도적떼를 만들 뿐이며, 안정된 상황에 이르러서야 제대로 된 군대를 만들 수 있는 법이다.

배고픔에 허덕이며 세상을 유랑하다

중국 고대사에서 군웅들이 패권을 다투던 시절이면 권력을 노린 수많은 다양한 세력들이 등장했다. 이 역사를 통틀어 가장 기본적인 원칙은 다음과 같이 한 문장으로 귀결된다. "깊이 뿌리를 내려 근본을 견고히 함으로써 천하를 도모한다." 가장 먼저 할 일은 바로 자신의 근거지를 만들라는 의미다. 근거지가 있어야 전쟁에 나설 수 있고, 혹시 패했다 하더라도 문을 걸어 잠근 채 세력을 회복하고 재기해 다시 공격에 나설 수 있다. 이것이 바로 나아가거나 물러설 때 유리한 위치인 것이다. "이것을 뿌리가 깊고 굳다고 하며, 장생불사의 도다[是謂深根固抵 長生久視之道]."《도덕경》

    이와 반대로 군웅들이 패권을 쟁탈할 때 가장 금기하는 것이 있다. 바로 자신의 근거지를 두지 않는 것이다. 앞으로 나아가고 뒤로 물러설 수 있는 일정한 근거지가 없다면 아무런 목적 없이 도처를 유랑하게 될 뿐이다. 바람에 따라 나부끼는 풀처럼 근거지가 없으면 안전을 보장받기 어렵고, 가장 기초적인 완충지대를 잃게 된다. 이러한 '유랑 노선'의 가장 큰 약점은 강인함을 결여하고 있다는 것이다. 좌절의 순간에 물러나 재기를 도모할 수 있는 후방이 없다면 단 한 번의 심각한 타격만으로도 철저하게 세력이 꺾일 수 있다. 황소는 처음 거병을 시작했을 때부터 이미 "깊이 뿌리를 내려 근본을 견고히 함으로써 천하를 도모한다"는 기본적인 원칙을 위반하고 있었다.

　　황소는 본래 소금 판매를 업으로 하던 자로, 그 파란만장한 인생은 흐르는 물처럼 순조롭기 그지없었다. 하지만 운명은 그 삶에 커다란 파도가 들이닥치게 했다. 당 희종 치세에서 오랫동안 기아에 허덕이던 백성들이 모여들어 도적떼가 되기 시작했고 황소 역시 이때 인생의 전기를 마련했다. 그는 평범하고 포부 없는 생활 밖으로 뛰쳐나와 배고픔에 허덕이는 난민들을 끌어모아 반역자로 변신했다. 황소가 형제 8인의 무리와 함께 봉기하고 한 달 남짓 지나자 수만 명이 모여들었다. 그는 이후 자연스럽게 궐기군의 우두머리가 되었다.

　　궐기군은 황소를 왕으로 추대하고 충천대장군沖天大將軍으로 불렀으나 여전히 조직의 틀을 갖추지 못한 오합지졸일 뿐이었다. 황소 역시 이미 수만 명의 무리를 이끄는 우두머리였지만 궐기군의 미래에 대해 체계적이고 장기적인 청사진을 제시하지 못했다. 세밀한 단기 계획 역시 없었고, 강력한 조직을 만들기 위한 제도의 설계는 더더욱 없었다. 기아를 해결하기 위해 운집하기 시작한 무리들은 단지 배고픔의 명령에 따라 방화하고 죽이고 약탈하고 빼앗는 행위를 제1의 목표로 삼고 있었다. 주린 배를 채우는 것 외에는 궐기군에게 명확한 정치적 목표나 혁명의 의도는 없었다. 이로 인해 황소의 궐기는 기아에 시달리는 난민들이 하늘 아래 식량을 찾아다니는 여정에 불과했다.

황소는 온 중국의 드넓고 광활한 자연을 그저 먹을 것을 찾아다니는 장소로 삼았다. 황소의 무리들은 남과 북을 종횡하고 동과 서를 가로지르는 유랑을 시작했다. 그는 무리를 이끌고 남쪽으로 회하淮河를 건너 호남湖南과 호북湖北을 접수한 데 이어 교交, 광동廣東을 점거했다. 이후 영남에 정착하기 위해 조정에 귀순을 받아달라는 표를 올렸다. 하지만 예상 밖으로 조정은 이 요구를 단칼에 거절했다. 영남은 기후가 습하고 더워 북방 출신들이 견디기 힘든 곳이었다. 그러는 사이 전염병이 돌기 시작해 죽은 자가 14만 명에 달했다. 위에서는 조정으로부터 거절당한데다 아래에서는 군중들이 심리적으로 압박해오니 황소는 어쩔 수 없이 군을 이끌고 북상하며 새로운 유랑에 나섰다. 그는 원래 영남을 궐기의 후방으로 삼을 계획이었다. 만약 이 곳을 떠나더라도 백성의 호적 편입, 제도와 규제의 정립, 장수 파견 등을 계속해나갈 계획이었다. 영남 땅을 후방으로 삼는다면 북벌에 실패한다 해도 다시 재기를 도모할 수 있었다. 그러나 황소가 영남을 떠난다는 것은 무수한 사람들의 피와 바꾼 근거지를 영원히 떠나는 것을 의미했다.

황소가 이끄는 오합지졸들은 기아에 대한 공포와 음식에 대한 갈망을 제어할 수 없는 분노와 전투력으로 전환했다. 병사들의 발길이 닿은 모든 번진들이 마치 초목이 바람을 만나자마자 쓰러지듯 혼비백산해 패주했다. 황소는 맹렬한 기세로 행군을 이어갔고 낙양을 공격해 동관을 깨부순 후 장안까지 도착했다. 남쪽의 변방에서부터 시작해 천자의 턱밑까지 단숨에 달려왔으니, 이 유랑의 승리는 전대미문의 클라이맥스에 달했다.

수도를 점령한 이후에는 어땠을까? 황소가 궐기군의 미래에 대한 전략적인 계획을 세워놓지 않았으니, 수도를 장악한 이후 통치에 대한 강령이 없는 것도 당연했다. 인지할 수 있는 형태로 자신의 정당성을 설명할 수 없었고, 갖춰진 관료 시스템이 없다 보니 정무와 백성들에 대한 통치를 처리할 수 없었다. 또 제후들과 합종연횡을 꾀할 수 있는 체계적인 외교 전략이 부재했다. 이처럼 정당성의 원천이 결여되어 있었기 때문에 위로는 관료, 아래로는 백성에 이르기까지 황소는 그저 침략자로 인식되었다. 또한 제후들을 응대할 수 있는 외교적 책략이 없었기 때문에 천하 각 번진과도

황소의 장안 입성

소금 장수 출신인 황소는 남쪽 변방에서 수도 장안까지 파죽지세로 몰려들어 갔다. 장안을 점령한 후 황소는 백성들로부터 큰 환영을 받았다.

소통할 수 있는 통로가 거의 없었다. 결과적으로 각지의 세력들이 황제를 보위한다며 힘을 모았고, 그들은 황소를 공동의 적으로 설정했다.

황소의 군대는 안정된 조직으로서 틀을 갖추지 못했다. 그 무리는 여기저기 유랑하며 다니기에는 매우 적합했지만 일단 한 곳에 정착하고 나면 조직과 기율의 부재라는 폐단이 드러날 수밖에 없었다. 오랫동안 남의 재산을 불태우고 노략질하며 생명을 죽여 버리는 것이 주 활동이었던 이 사병들은 행군의 결과로 매우 부유한 상태가 되어 있었다. 그런 이들이 장안에 입성해 길 위에 구걸하는 가난한 자들을 보면 동정심이 생겨 가진 돈을 동냥하는 일이 많았다. 황소가 이끄는 사병들의 뇌리에는 과거 배고 팠던 기억이 강하게 남아 있었기에 길 위에 널린 가난한 자에게 연민을 주체하지 못했다. 그러나 이를 다른 각도에서 보면 황소가 군대의 재정을 체계적으로 관리하지 못했음을 보여준다. 그 결과 사병들은 아무런 제약 없이 각자 개인적으로 재산을 취했고 써버렸다. 길에서 만난 구걸하는 사람에게 재산을 나눠주는 것은 그저 개인적인 적선일 뿐이다. 만약 이러한 재화를 한 곳에 집중시킬 수 있었다면 상황은 달라진다. 이제 막 들어선 새로운 정권이 가난한 백성을 구휼한다는 명분을 내세울 수 있고, 공직자들의 어진 정치로 포장할 수도 있었다. 그렇게 했더라면 황소는 백성들의 지지를 받았을 것이다. 세부적으로 나타나는 일화들은 황소가 이끄는 군대가 처음부터 조직의 뼈대가 결여되어 있었다는 사실을 설명하기 충분하다. 또한 장기적인 목표와 전체를 아우르는 계획이 없었다는 점도 보여준다.

'장안을 국화꽃 향기로 뒤덮이게 만든다'는 황소의 숙원은 현실로 이뤄졌다. 황소는 한때 과거에 낙방해 입었던 마음의 상처를 치유했고 수도 장안에 입성해 황제가 되었다. 그는 국호를 대제大齊로 하고 연호를 금통金統이라고 정했다. 하지만 그 희열을 채 맛보기도 전에 그는 장안성이 전국에서 모여든 적들에게 포위되었다는 사실을 알게 되었다. 조정에 소속된 번진은 이전까지는 서로 헐뜯고 싸웠지만 이번만큼은 약속이나 한 듯 서로에 대한 과거의 미움을 버리고 활시위를 황소를 향해 겨냥하고 있었다. 뒤이어 수차례 당 조정의 명령을 위반했던 사타부락沙陀部落마저 조정의 사면을 받아, 이극용李克用의 지휘 아래 수도로 남하해왔다. 이극용은 다른 번진들과 힘을 합쳐 황소 토벌에 나섰다.

곧 황제를 보위하려는 제후들이 사방에서 모여들었다. 반복되는 공방전 속에서 황소는 가까스로 장안에서 도망쳐 나와 또다시 유랑 생활을 시작했다. 행운의 여신은 더 이상 그의 편이 되어주지 않았다. 조정의 원로와 제후들이 공동의 적을 없애기로 한마음 한뜻으로 힘을 합치면서부터 조정과 황소의 세력 구도가 근본적으로 역전했다. 또한 바로 이때, 시국을 살피는 데 뛰어났던 주온은 황소의 유랑 노선이 결국에는 실패할 것이라는 사실을 인지할 수 있었다. 그래서 주온은 조정에 귀순하기로 결정하고, 정부군의 장군으로 변모한다. 황소는 또다시 유랑을 시작할 수밖에 없었다. 그에게는 돌아갈 수 있는 근거지가 없었다. 작은 좌절이 때로는 거대한 심리적 공황을 가져온다. 황소에게는 탄탄한 조직과 기율로 뭉친 부하들도 없었고, 자신감을 상실한 부대는 빠른 속도로 와해되어 갔다. 884년, 관동關東까지 퇴각한 황소는 또다시 관군들의 합동 공격을 받았고 여기에서 치명적인 타격을 입었다. 황소를 따르던 장군들은 각 번진들에 귀속했고 남은 장군과 병사들은 서로를 의심하며 살상했다. 이렇게 죽은 자가 약

1,000명이었다. 황소는 태산 낭호곡에서 자신의 부하 장수에게 살해되었다. 9년이라는 세월, 중국 땅 절반을 가로지른 황소의 유랑은 결국 마침표를 찍었다. 황소는 천하를 떠돌았지만 마지막에 가서야 알게 되었다. 천하는 크고 넓지만 그의 뜻과 마음을 품어주지는 않았다는 사실을 말이다. 그가 택했던 유랑 노선은 끝내 합법적인 권위도, 견고한 조직 구성도 갖추지 못했다. 또한 도적떼 출신이라는 이미지에서 탈피할 만한 이데올로기적 자원도 없었다. 반면, 황소가 갖추지 못한 이 모든 것들은 조정으로 들어가 역모를 꾀했던 주온이 비교적 쉽게 얻을 수 있었던 것들이다. 황소의 사명은 그저 도처를 떠돌면서 당나라의 국가 메커니즘을 파괴하는 것까지였다. 남은 임무는 주온에게로 이어져 완성되었다.

주온, 반역자에서 황소 토벌의 선봉장이 되다

공자께서 말씀하셨다. "명분이 바로서지 않으면 명령에 온순하게 따르지 않게 되고, 말을 따르지 않으면 일을 제대로 성공시킬 수 없다[名不正 則言不順 言不順 則事不成]."《논어》 이 말은 명분의 정당성이 일을 이루는 데 결정적인 영향을 미친다는 깊은 의미를 담고 있다. 다시 말해 '명분'은 비록 볼 수 없고 만질 수도 없지만 그렇다고 해서 신기루 같은 것도 아니다. 그것은 큰 일을 할 수 있게 하는 전제조건이다. "올바른 길을 가는 자에게는 도와주는 사람이 많고 그릇된 길을 가는 자에게는 도와주는 사람이 적다[得道者多 助 失道者寡助]."《맹자》 명분을 가지고 군사를 일으켜야 흥하고 출사에 명분이 없으면 패하기 쉽다. 주온은 조정 내부로 들어갔기에 결국 조정을 모반할 수 있었다. 이 전략으로 얻은 첫 번째 이점이 바로 명분의 정당성이다.

황소가 최종적으로 실패한 근본 원인 중 하나는, 그가 도적의 신분에서 벗어나지 못했다는 것이다. 이 때문에 황제로부터 합법적인 방식으로 수권을 받을 수 없었고, 모반에 나선 것에 대한 정당한 이유를 만들 수 없었다. 주온의 모사마저도 그에게 조정에 귀순할 것을 권하며 이같이 말했다. "황소가 초개草芥들을 일으켜 당나라가 어지러운 틈을 타 이를 취했습니다. 그러나 덕을 쌓고 나라를 흥하게 한 업적이 없을진대 이 어찌 함께 일을 이루겠습니까?" 모든 사람들이 황소가 초개들로 기의했으며 그가 이룬 업적이 없다고 평가하고 있었다. 이러한 무리들이 어찌 큰일을 공모할 수 있을까? 이 모사는 계속해 말을 이어갔다. "지금 천자가 촉蜀에 있고 각 진鎭의 병사들이 한 곳에 모여 당나라 조정을 다시 부흥시키려 도모하고 있으니, 이는 곧 당이 아직 미움을 받고 있지 않은 것입니다." 당 황실이 비록 쇠했다고는 하나 당 조정의 황제는 여전히 하늘의 추인을 받은 진짜 천자였으며, 여전히 최고의 정의와 도덕을 대표하고 있었다. 이 같은 대화가 오고간 뒤, 주온은 스스로 어떤 방향으로 나아갈지를 결정할 수 있었다.

고대 중국에서 유행한 전쟁 격문 가운데 당나라 초기 낙빈왕駱賓王이 무측천을 맹렬히 비판하는 〈토무조격討武曌檄〉이 있다. 격문의 본질은 스스로의 정당성을 드러내기 위함이다. 한편으로는 조정의 실각과 정치 부패를 지적하고, 다른 한편으로는 자신이 하늘의 뜻을 대신하고 있음을 강조하며 출사에 명분을 부여한다. 이는 실제로는 여론을 조성해 명분을 쌓고 민심을 얻기 위해서였다. 하지만 황소는 끝까지 명분을 바로잡을 만한 기회를 잡지 못했고, 그저 소란을 일으키는 도적떼로 여겨졌다. 평소에는 서로 공격을 일삼던 번진들마저도 그를 공동의 적으로 여기고 소탕하기 위해 힘을 합쳤을 정도였다. 하지만 황소가 죽고 나자 당시 손을 잡고 출전했던 번진들은 더욱더 처참한 혼란 속에 빠졌다.

주온은 황소가 갖지 못했던 것을 훨씬 쉽게 손에 넣었다. 주온이 선택한 방식은 어찌 보면 단순했다. 표면적으로는 조정에 귀순해 조정과 일종의 정치적인 거래를 할 수 있는 기초를 마련해놓았다. 황제는 여전히 각 제후들의 공동 승인을 받은 '진명천자'였으며, 이는 곧 주온에게 필요한 도덕적인 명분을 부여해주는 권위였다. 반대로 황제한테는 황실에 충성을 바칠 군사가 절실하게 필요했다. 이는 황제가 주온에게 원한 것이다. 주온은 이러한 정치적 거래를 위해 전쟁터에서 창을 거꾸로 겨눠 자기편이었던 황소를 공격했고, 조정으로 귀순했다. 조정에 들어가 역모를 꾀하는 이 전략의 첫 번째 이점은 바로 조정으로부터 합법적인 수권을 받을 수 있다는 것이었다. 주온은 모반을 꾀한 도적떼에서 반란군 소탕에 가장 크게 기여한 인물로 돌아섰다.

주온은 이후 다시는 황소처럼 역적으로 정의되지도, 뭇 화살의 표적이 되지도 않았다. 주온이라는 인물 자체는 악랄하기가 황소보다 100배는 더했고, 황소가 이끄는 군대보다 훨씬 더 참혹한 전쟁을 이어갔다. 그런데도 그는 여전히 도덕적으로는 완전한 우위에 섰다. 주온은 조정의 이름으로 다른 번진을 토벌했는데 이는 천자를 대신해 신하가 아닌 자를 토벌하는 것과 같았다. 즉 그는 '정의를 지키기 위한 전쟁'을 벌이고 있는 것이었다. 하지만 실상을 살펴보면 주온은 자기 자신을 위해 변방을 열고 영토

주온

당나라에 맞서 황소와 함께 반란을 일으켰으나 다시 황소 군을 진압하는 선봉에 선 주온. 그는 이를 통해 주전충이라는 이름을 하사받고 일약 당나라의 권력가로 급부상한다.

를 개척했을 뿐이다. 다시 말해 조정을 명분으로 내세워 조정을 배신하는 일을 한 것이다.

주온이 조정에 귀순한 이후 그가 맨 처음 맡은 일은 황소의 잔당을 소탕하는 일이었다. 황소를 격퇴한 후 조정은 그를 선무절도사로 임명했고, 낙양과 바로 맞닿아 있는 변주가 주온의 근거지가 되었다. 이곳은 곧 황제가 되기 위한 그의 패업이 시작된 지점이었다. 이후 주온은 조정의 깃대를 든 채로 동과 서로 정복을 다녔다. 887년, 주온은 절도사 주선朱瑄, 주근朱瑾 형제를 토벌했고, 이에 당 희종은 주온에게 막강한 권력을 부여했다. 또한 덕정비를 세워 그의 공을 칭찬했다. 주온이 서주를 점거하고 있던 절도사 시부時溥를 토벌하기 전인 888년, 당 소종은 주온에게 증식읍增食邑의 3,000호를 하사하고 주온의 고향 이름을 '패왕리沛王裏'로 바꿔 부르도록 했다. 901년, 당 소종이 환관들에 둘러싸여 아무것도 할 수 없는 처지가 되자 주온을 비밀리에 궐로 불렀다. 그리고 주온을 호국군절도사護國軍節度使라는 직에 봉했다. 이처럼 주온은 조정으로부터 부여받은 권력을 통해 자신에게 방해되는 세력들을 모두 제거해나갔다. 하지만 매번의 정벌이 정의라는 미명으로 포장되었다고 해도 그의 행동은 피비린내와 잔학무도함으로 가득한 도륙에 불과했다. 그렇다면 황소와 무슨 차이가 있는가? 정의라는 명분으로 전쟁을 일으킨 것은 뛰어난 수법이었지만 동시에 이는 추악한 생존 방식이기도 했다.

당 말기에 이르러 황제들은 주온을 두텁게 신뢰하고 있었고, 주온이 중국을 정벌하는 것이 황실을 다시 세우기 위한 것이라고 천진난만하게 믿고 있었다. 황제들은 몰랐다. 주온은 겉으로만 황실에 충성했을 뿐, 조정 역시 그의 입가에 걸린 가식적인 구호에 불과하다는 사실을 말이다. 일단 누구도 대항하지 못할 자리까지 오르게 된다면 주온은 곧 조정을 무너뜨릴 것이었다. 조정은 그에게 도덕성을 가장하게 해주는 구실에 불과했다. 실제로 그림이 다 펼쳐지자 숨겨져 있던 비수가 드러났다. 주온의 방식은 바로 조정에 들어가 역모를 꾀하는 방식의 전형적인 교과서라고 할 수 있다.

901년, 조정의 환관들이 황제를 무력화하자 주온은 대량大梁에서 군사를 끌고 궐로 들어왔다. 환관들은 당황한 나머지 어찌할 바를 모르고 우왕좌왕하다가 황제를 봉상절도사鳳翔節度使 이무정李茂貞이 있는 곳으로 끌고 갔다. 주온은 여전히 겉으로는 황제를 근위한다는 구실을 내세웠지만 실제로는 황제를 사로잡아 제후들을 호령하기 위해 이무정과 싸우기 시작한다. 주온은 서쪽으로 군사를 이끌고 출격해, 병력의 절대적 우세함을 이용해 봉상 주위를 물샐틈없이 빠르게 포위했다. 1년여의 공방 끝에 세력이 약해진 이무정은 결국 황제를 주온에게 내어줄 수밖에 없었다. 출병의 명분은 비록 황실을 보위한다는 것이었지만 이는 모두 허울에 불과했다. 황제를 보자 주온은 직접 황제가 탄 말의 고삐를 끌며 작게 흐느끼다가 다시 걷기를 10여 리를 했다. 이 장면을 본 사람들은 그의 충성에 감복하지 않은 자가 없었다. 황제 역시 큰 감동을 받고는 주온에게 '주전충朱全忠'이라는 이름을 하사했다. 또한 "조정의 종묘사직을 공이 다시 세웠고, 짐과 친속들은 공이 다시 살렸다"며 칭찬했다. 이때까지도 황제는 몰랐을 것이다. 이 모든 것은 조정에 들어가 조정을 이용해 결국 조정에 반역하는 주온의 수법에 불과하다는 것을 말이다. 전충이라는 이름에 담겨 있는 것은 그저 황제의 소망이었을 뿐, 그는 자신의 코앞에 큰 화가 닥쳐왔다는 사실도 모르고 있었다.

주온은 수도를 장안에서 낙양으로 옮기자고 건의했다. 낙양은 주온의 근거지인 대량 옆으로, 그의 통제 범위 안에 있었다. 결국 당 소종이 낙양에 당도한 후 완전히 자신의 영향권에 들어올 때까지 기다렸다가 주온은 당 소종을 시해했다. 뒤이어 즉위한 당 애제는 수차례 주온에게 황위를 선양받으라고 요청했고, 주온은 이를 몇 번 거절하다가 못 이기는 척하며 황제로 즉위했다. 조정에 몸을 둔 전략은 결국 그의 반역을 성공시켰다.

원교근공과 합종연횡

주온은 전쟁을 일으키는 명분으로 조정을 이용했다. 자신의 기반을 넓히려는 사전 모의를 황실 보위라는 명분으로 포장하면서 결국 조정에 반역

한다는 목적을 이뤘다. 조정 안으로 들어가 역모를 꾀하는 이 같은 노선은 주온에게 정당성을 부여했을 뿐 아니라 그에게 진퇴가 가능한 근거지를 마련할 수 있게 해주었다. 주온은 이미 조정이라는 제도 안에 소속되었기 때문에 자신의 무리를 제도화하며 전열을 정비할 수 있었다. 주온은 강력한 조직과 기율을 자신의 조직에 적용함으로써 오합지졸들의 격정을 통제했다. 이 덕에 제후들 중 무적불패의 군대를 거느릴 수 있었다.

황소는 장기적으로 일을 경영할 수 있는 근거지가 없었고, 그저 목적지 없이 도처를 유랑하듯 다녔다. 이로 인해 근본적으로 성을 공격하고 땅을 얻는 체계적인 계획을 세울 수가 없었다. 이와 달리 주온은 대량을 손에 넣음으로써 지세가 험준하고 웅장한 곳에 근거지를 갖게 되었다. 또한 그 지정학적 특징에 근거해 먼 곳과 외교를 맺고 가까운 곳을 공격해나가는 원교근공遠交近攻, 합종연횡의 전략을 구사했다. 이보다 중요한 것은 주온이 변주에서 관료 시스템과 조직 체계를 완전하게 다져놓았다는 점이다. 잘 다져진 조직이 있었기에 주온은 황소처럼 쉽게 실패하지 않을 수 있었다. 황소처럼 쉽게 붙잡히는 일은 더더욱 없었을 것이다. 만약 타격을 입는다 하더라도 자신의 근거지로 돌아가 재기를 노릴 수 있었으니 말이다.

황소를 제거한 후 조정의 소탕 작전에 참여한 제후들은 공동의 적을 잃은 것이나 마찬가지였다. 결국 전쟁을 계기로 각자 봉기한 신구의 군사 세력들은 자연스레 끝을 알 수 없는 내전 상태로 접어들기 시작했다. 885년, 당 희종은 성도成都에서의 유랑을 끝내고 이제 막 빛을 되찾은 수도로 돌아갔다. 그러나 황제는 곧 자신의 자리가 더 이상 안정적이지 않다는 사실과 함께 전쟁의 불씨가 온 중국의 대지를 태워버렸다는 것을 깨닫게 되었다.

　　이렇게 조정과 손잡은 각 지방의 세력들은 단지 도의적으로만 조정을 떠받들고 있었을 뿐, 실제로는 자신만의 체계를 세워놓고 할거하고 있었다. 큰 세력은 주와 군을 넘어 통치권이 미쳤고 작은 세력은 산 하나를 가지고 왕 노릇을 하기도 했다. 이 가운데에서도 주온이 차지한 변주와 활주滑州는 중원 지역의 핵심 지대로, 사방을 날카롭게 감시할 수 있는 입지 조건을 갖춘 곳이었다. 서쪽에는 진종권秦宗權, 동쪽에는 주선과 시부, 북쪽에는 이극용, 남쪽에는 고변高駢이 있었다. 역사적으로 제후들이 혼전했던 때를 보면 변경 지역에 있을수록 더욱 유리했음을 알 수 있다. 그 이유는 단순하다. 지역이 변경에 있으면 등 뒤에서 적이 쳐들어오는 곤경을 피할 수 있고, 한 방향으로만 병력을 집중시킬 수 있다. 춘추전국시대의 진이나 초의 경우가 그렇다. 총 아홉 제후들 가운데 천하의 패왕이 탄생한 곳은 언제나 변경 지대였다. 한이나 위는 가장 먼저 잡아먹히는 나라가 되었고, 역시 제후들로 사방이 둘러싸인 지역 역시 그러했다. 그런데 주온의 상황이 한, 위와 아주 비슷했다. 그는 분명히 사방팔방에서 쏟아지는 적의를 충분히 느끼고 있었을 것이다. 그는 어떤 제후라도 자신의 영역을 넓히려고 할 때면 가장 먼저 넘어서야 할 장애이기도 했다.

　　이러한 열악한 환경에 놓인 상황에서도 주온은 확장전략을 세웠다. 전략의 첫 번째 원칙은, 적의 힘이 강한 경우 다른 모든 세력과 단결해 힘을 모으는 것이다. 두 번째 원칙은 적의 힘이 약한 경우 조금도 주저하지 말고 집어삼키는 것이다. 세 번째 원칙은 선제공격이다. 바로 이 세 가지 원칙을 지킨 덕에 주온은 사방이 적으로 둘러싸인 상황에서도 다른 제후들의 세력을 흡수해갈 수 있었고 가장 큰 번진으로 힘을 키워갔다.

제후들이 혼전하던 초기, 주온은 진종권이라는 강력한 상대와 맞부딪혔는데 전략적으로 수세에 놓여 있었다. 당시 진종권은 스스로를 황제로 칭했는데, 이는 당연히 천하를 쟁탈해보겠다는 뜻이 있었기 때문이다. 그와 경계를 맞댄 주온이 가장 먼저 충돌하는 것은 당연했다. 아니나 다를까 삼로대군의 군대가 국경까지 쳐들어왔고, 대장 진현秦賢, 노당盧瑭, 장질張晊이 연합해서 변주를 에워쌌다. 갑자기 대군과 마주한 주온은 자신의 세력이 약하다는 것을 깨달았고 밖으로 나가지 않았다. 이때부터 주온은 합종연횡의 외교 책략을 가동하기 시작했다. 연주의 주근, 운주의 주선, 서주의 시부 모두 변주의 동쪽에 위치한 세력으로, 지세를 보면 입술과 치아처럼 서로 맞닿아 있었다. 주온은 바로 이러한 점에 착안해 주근과 주선에게 사자를 보내어 병력을 요청했다. 근거는 단순했다. 만약 변주가 함락되어 멸망한다면 성문에 난 불을 끄려고 해자의 물을 퍼 쓰게 되어 물고기가 말라죽는 것처럼 그 다음 차례는 연주와 운주가 화를 입게 될 것이다.

주근과 주선은 이러한 논리에 설득되어 주온에게 3만 명의 지원병을 보냈고 수백 마필을 주었다. 또 적진까지 친히 군을 이끌고 왔다. 이렇게 세 세력이 힘을 합쳐 진종권의 주력 부대를 격퇴시키니 진종권은 더 이상 전쟁을 해나갈 힘을 잃고 말았다. 서쪽의 위협을 이렇게 막 제거하고 나자 주온은 곧바로 다시 동쪽으로 공격을 감행했다. 그 군대가 바람같이 신속하게 공격한 대상은 다름 아닌, 자신을 도와 진종권을 물리친 주근과 주선이었다. 은혜를 원수로 갚기 위해 주온은 스스로를 정당화할 만한 핑계를 찾았다. 그는 무고하게 주근과 주선 형제를 모함했고, 그들이 변주를 떠나려고 할 때 군대를 재물로 꾀어 연주와 운주로 이동시키려고 했다. 이는 바로 자신이 먼저 공격할 빌미를 만들기 위해서였다. 주근, 주선은 주온의 배신에 분노했다. 하지만 이것이 바로 주온이 원한 것이었다. 그는 바람이 낙엽을 휩쓸 듯 신속하게 공세를 펼쳐 두 형제의 연합 공격을 막아냈다. 이 같은 주온의 악랄한 모습은 바로 제후들의 감시 속에 둘러싸인 그의 생존 전략이기도 했다.

이렇게 주온은 서쪽의 우환을 제거했고, 동쪽의 땅을 삼켰다. 주온은 제후들의 포위를 뚫고 일어나 혁혁한 대규모의 세력을 갖춘 번진이 되었다. 그는 강적을 만나면 다른 세력과 합종연횡해 우세를 점하고 과감하게 공격했다. 그는 압도적인 우위를 차지하고 나면 마치 눈덩이를 불려나가듯 약소한 번진들을 집어삼켰다. 그 수단은 과감했으며 조금도 우유부단하지 않았다. 891년 정월, 주온은 가장 사납고 말을 잘 듣지 않는 번진인 위박魏博을 정복했다. 같은 해 4월, 주온의 부장이 우두머리 시부의 머리를 베어 바쳤다. 900년, 주온은 군사를 이끌고 서진해 진주절도사鎭州節度使 왕용王鎔에게 동맹을 요청했다. 901년, 주온은 군사를 이끌고 궐로 향했다. 행군 도중 화주절도사 한건韓建을 항복시켰다. 영토에 대한 주온의 욕심은 끝이 없었다. 상대방이 아무리 약한 세력이라도 자애로움은 전혀 찾아볼 수 없었고, 시간을 끌다가 상대방이 선회할 수 있는 여지를 주지도 않았다. 이를 바탕으로 주온은 빠른 속도로 세를 불려나갈 수 있었고 결국 당나라를 손에 쥘 수 있는 실력을 가질 수 있었다.

극악무도한 전략이 자신마저 삼키다

이렇게 당나라 조정 안으로 들어가 역모를 꾀했다는 것은 그 자체가 모순이다. 겉으로는 조정을 위한다고 하지만 실제로는 반역 행위를 한 것이다. 이는 겉으로 드러난 언행과 진심이 서로 다르다는 것이다. 이것이 가능하기 위해서는 가식과 연기에 능해야 한다. 주온이 이 노선을 걷기 시작했다는 것은 곧 그의 인격과 심리가 분열되고 왜곡되었음을 의미한다

그는 자신의 목표를 위해 온갖 극악무도한 수단을 다 동원했고, 거기에는 어떠한 도덕적인 마지노선도 없었다. 그는 인간의 보편적인 법칙들을 짓밟을 수 있었다. 주온이 진종권에게 포위당해 위급한 상황에 처하자 주근, 주선은 병력과 물자를 아낌없이 지원했을 뿐 아니라 생명의 위협을 무릅쓰고 전쟁을 도왔다. 하지만 진종권을 격퇴하자마자 주원은 주근, 주선에게 조금도 고마워하지 않고 칼끝을 그들에게로 돌렸다. 주온은 이미 이 둘을 모함하고 그들의 근거지를 손에 넣기 위한 음모를 꾸미고 있었던 것이다.

주온의 생각은 확실했다. 서쪽의 진종권 세력이 일단 약해졌으니 언젠가는 동쪽에 위치한 주근, 주선과도 군대를 가지고 서로 마주하게 될 것이었다. 주근, 주선은 이제 막 주온과 진종권의 악전고투를 도운 터라 군사력이 저하되어 있었으니, 이때가 바로 그들을 공격하기에 최적의 시기였다. 이때를 이용하지 않는다면 언제 다시 기회가 생기겠는가. 그러나 도의적으로 보면 은혜를 원수로 갚는 것에 그리 서둘렀어야 했는지 여전히 논란의 여지가 있다. 주온의 선택은 확실했다. 이미 말한 것처럼, 그는 자신

의 정치적 목적을 실현하기 위해서라면 가장 기본적인 도덕 원칙마저 무시했다. 그의 세계관에서 정치와 도덕은 서로 완전히 다른 차원의 것이었다. 정치는 곧 적자생존의 투쟁이었으며, 도덕은 정치를 방해하는 것이었다. 정치를 도덕과 결부시키는 것은 정치적으로 미성숙한 일이며, 비이성적인 처사에 불과했다. 주온은 죽음의 순간이 되어서야 알게 되었다. 정치가 도덕을 잃었을 때 그 자신도 기본적인 안전을 보장받을 수 없다는 것을 말이다.

주온은 조정에 귀순한 이후부터 표리가 불일치한 특징을 보였다. 그는 황소를 배신했고 다시 조정을 배신했다. 그는 조정에 투항한 그날부터 조정에 대한 역모를 비밀리에 꾀하고 있었다. 어제 힘을 합쳐 비적을 소탕한 다른 번진들은 오늘의 적이었다. 황소군을 토벌하기 위해 주온이 조정의 군대와 연합할 때 이 중에는 이극용이 이끄는 사타부락도 포함되어 있었다. 사타부락은 고비사막 이북 지역 출신으로 용맹하고 전쟁을 좋아했으며 눈앞의 모든 것을 다 파괴해버렸기 때문에 제후들 사이에서 '흑까마귀 군'이라고 불렸다. 그러니 황소군을 토벌할 때는 든든한 우군이었으나 황소군을 섬멸하고 난 후 주온에게 사타부락은 막강한 적이 될 것이 뻔했다. 그래서 주온은 황소를 토벌할 때부터 이미 이극용을 제거하기 위한 계책을 세우기 시작했다. 이 해 5월 이극용이 황소의 뒤를 쫓으며 변주 땅을 지나고 있을 때였다. 절도사 주온은 이극용이 도착하기를 기다리고 있다가 주연을 베풀어 후하게 대접했다.

주온은 이 자리에서 이극용의 병력이 약해져 있다는 것을 눈치챘다. 그래서 대군이 전방에 위치하고 있을 때를 기회로 이용해 이극용이라는 잠재적인 경쟁자를 제거하기로 마음먹었다. 깊은 밤, 술에 잔뜩 취한 이극용이 긴장을 풀고 늘어져 있었다. 주전충은 병사들을 시켜 주위를 에워싼 후 불을 냈다. 이극용이 술에 취해 고주망태가 되어 정신을 차리지 못하고 있을 때 이를 포위하고 연회장을 불태워버린 것이다. 어둠 속에서 이극용이 실낱처럼 얇은 경계선을 사이에 두고 생사가 걸려 있다는 사실을 아무도 모르고 있던 그때였다. 갑자기 하늘에서 천둥비가 내리기 시작했고 평지에 물이 1척 높이까지 잠겼다. 생사의 갈림길에서 이극용은 가까스로 죽음을 피했다. 그러나 그의 부하 300여 명 및 관군사사 경사敬思, 서기 임규任珪가 주온에게 죽임을 당했다. 이성적으로 생각해보면 이때는 황소가 아직 섬멸되기 전으로, 조정의 연합군은 당연히 힘을 합쳐 행동해야 했다. 하지만 주온은 그렇지 않았다. 중원의 패권을 쥐려는 목표를 세워놓았기에 오늘 함께 싸워야 할 우군이라기보다 내일이 되면 중원을 두고 다툴 적수라고 본 것이다. 그래서 이극용이 의심을 품지 않고 있을 때 주온은 일찌감치 그를 죽이려고 했다. 하지만 이 일이 있고 난 후 이극용과 주온의 대립은 당 말기 내내 이어졌으며 이들의 대치는 당 멸망 이후 오대십국 시기의 주요 맥락이 되기도 했다.

주온은 태생이 잔인했고 마음이 악랄했는데 중국 역사상 보기 드문 정도였다. 그가 사람의 생명에 대해 최소한의 연민도 없었는지를 가장 잘 드러내 보여주는 일화가 있다. 895년, 주온이 주선과 전쟁을 벌이고 있던 중, 3,000명의 사졸들을 포로로 잡았다. 당시 광풍이 불고 모래먼지가 용솟음치는 이상한 날씨가 이어졌다. 주온이 말했다. "이는 살인이 여전히 부족하다는 뜻이다. 사로잡은 포로들을 모두 죽여버려라." 이 한마디 명령으로 하나하나 살아 움직이던 생명들이 모래바람 속에서 스러져갔으니, 피가 흘러 강을 이뤘다. 하지만 하늘이 모든 걸 아는 듯 날은 맑아지지 않았다. 죽음을 주관하는 하늘의 도를 대신하여 사람을 죽이는 것을, 위대한 목공을 대신하여 나무를 깎는 것이라고 비유한다. "목공을 대신하여 나무를 깎는 자는 그 손을 다치지 않는 일이 드물다[夫代司殺者殺 是謂代大匠斲 夫代大匠斲者 希有不傷其手矣]."《도덕경》주온 역시 훗날 그 잔인함으로 인해 상처받는 것을 피할 수 없었다.

주온의 왜곡된 인격을 가장 잘 드러내는 모습은 그가 말년에 보인 근친상간 행위다. 본래 주온의 본처인 장 황후는 엄숙하고 정숙한 여인으로 지혜가 많았다. 그러나 주온은 장 황후를 기피했다. 그녀가 사망하자 태생이 황음무도했던 주온은 방종함을 한층 더해갔다. 근친상간의 성향 역시 이때 공개적으로 드러났다. 주온의 아들들은 대부분 군사를 이끌고 전쟁터에 나가 있었기에 주온은 며느리들과 정사를 즐기곤 했다. 양자인 주우문朱友文의 아내 왕씨는 미색이 뛰어났기에 주온은 그녀를 특별히 총애했다. 여기에다가 후계자로 주우문을 지명하기까지 했다. 이로 인해 주온의 친자인 주우규朱友珪의 질투를 불러일으켰고, 결국 골육상쟁이 벌어지는 결과를 낳았다.

주온은 일생을 그토록 잔인하게 살았지만 안녹산, 사사명 등과 마찬가지로 그 자신도 노년에 이르러 자기의 피붙이의 손에 운명을 달리하게 될 것이라고 상상도 하지 못했다. 그런데 여기에서 드는 의문이 있다. 그가 이토록 악랄하고 잔인하지 않았더라면 수많은 제후들과의 혼전 속에서 그 존재를 드러낼 수 있었을까? 만약 그가 인격의 분열과 왜곡된 심리를 가지고 있지 않았다면 그가 어찌 조정 안에 들어가 역모를 꾀할 생각을 품을 수 있었겠는가? 다만 세상사는 원인이 있으면 반드시 결과가 나오는 법, 주온의 잔혹하고 악랄한 성격이 결국 그 자신에게 재난을 불러왔다고 할 수 있다.

권력의 합법성을 이용해 권력을 뒤엎는 전략

말년의 주온은 근친상간 관계에 심취했으며 호화롭고 사치스러운 생활에 빠져 지냈다. 그의 의지는 쇠퇴했고 정신은 희미해져갔다. 그는 양자 주우문의 처의 미색에 완전히 빠져들어 후계자의 자리마저 주우문에게 물려주려고 했다. 그의 친아들 주우규는 이로 인해 내주자사萊州刺史로 강등되었고 이전에 겪어보지 못한 두려움에 빠져들었다. 주우규는 그의 아버지가 한 것처럼 황제를 시해하고 그 자리를 찬탈해 자신의 인생에 마지막 승부수를 걸어보기로 마음먹었다.

주우규는 금위군의 지휘자인 한경韓勍과 결탁해 500명의 병사를 금위군에 매복시켜두었다. 밤이 깊어 사람들이 잠들었을 무렵 빗장을 베고 들어가 주온의 침소에까지 이르렀다. 병기들이 부딪히는 소리를 들은 주온은 잠에서 깨어 놀라 당황해하며 물었다. "누가 반역을 한 것인가?" 이때 주우규의 대답이 곰곰이 새겨볼 만했다. 그는 자신의 이름을 밝히지 않은 채 의미심장하게 답했다. "그러면 다른 사람이겠습니까." 주우규의 말에 담긴 의미는 분명했다. 반역자는 다른 사람이 아니라 바로 당신의 아들이다. 하지만 주우규가 말하고자 했던 것은 단지 아들이 아버지를 시해하는 장면만이 아니었던 걸까. 뒤이어 주우규가 큰 소리로 "늙은 도적이 여기 죽는다"고 외쳤고, 주온의 등 뒤에 날카로운 칼날이 꽂혔다.

아들이 부친을 살해하는 장면은 이처럼 잔혹했으니, 어찌 보면 주온의 일생과도 똑같이 맞아떨어지는 것이었다. 주온은 임종 직전 아들을 향해 말했다. "네가 반란을 일으키다니, 하늘과 땅이 너를 용서할 것 같으냐!" 이 순간, 그는 혹시 자신의 인생을 돌아봤을까? 그가 선택했던 조정으로 들어가 역모를 꾀하는 노선은 그의 아들이 부친을 시해한 것과 비교했을 때 도덕적으로 얼마나 더 숭고하다고 할 수 있을까?

중국 고대에 전해지는 예언서인 《추배도推背圖》에는 황소와 주온에 대해 당시 떠돌던 이야기들이 자세히 기록되어 있다. 황소에 대한 내용은 다음과 같다. "만인의 머리를 밟고 영웅이 되니, 그 피가 하천에 흘러 붉은색이 되었다. 오얏나무 꽃이 슬프고 처량하여 가련한 소巢는 무너져 공空이 되었네." 여기에서 말하는 오얏나무는 당연히 당나라의 운명이 쇠락해 감을 은유하고 있는 것이다. '소가 무너져 공이 된다'는 것은 황소가 그 몸이 죽고 종족이 멸하는 다음 장면을 예시한다. 그러나 주온에 대한 내용은 이렇다. "하나 다음에 두 주인이 장구하니, 사해가 망망하여 일가를 이뤘다. 내가 사는 것은 내가 죽는 것이오, 고개를 드니 여전히 오얏나무 꽃이 있구나." 세 번째 구절의 "내가 사는 것은 내가 죽는 것이오"라는 말은 주온이 자기 아들의 손에 죽임을 당하는 결말을 암시한 것이다. 하지만 그는 결과만 놓고 보면 '사해가 망망하니 일가를 이루는' 위업은 완성했다. 황소와 주온의 결말은 둘 다 처량하다고 할 만하지만 주온이 황소를 보고 위안을 얻을 수 있는 유일한 부분이 있다고 한다면, 황소가 이루지 못한 일을 완성시켰다는 점이다. 여기에서 궁금증이 생긴다. 왜 유랑의 노선을 선택한 황소는 대업을 이뤄나가는 과정에서 요절하게 되었으며, 조정에 들어가 역모를 꾀하는 정착 노선을 선택한 주온은 최후의 순간에 웃을 수 있었을까?

중국 고대 왕조의 주기적인 뒤바뀜 가운데, 순수하게 농민에 기댄 봉기는 발생한 경우도 드물지만 성공한 경우는 더욱 드물다. 천하에서 활약하며 중원을 차지하기 위해 다투는 세력들 다수는 모두 조정과 관계가 복잡하게 얽히고설킨 귀족들이었다. 결국엔 조정 정치에서 우세한 위치를 차지하고 있던 귀족들이 조정을 이어받았다. 진나라 말 한나라 초의 유방과 항우는 공동으로 초나라를 세운 후 왕이 되고자 했다. 초나라는 투항자나 적의 배신자를 받아들였고 정당성을 획득했다. 한나라 말기 삼국정립三國鼎立의 시기, 조조의 가문은 조정의 귀족이었고 손견 역시 동남쪽의 지방 관리 집안이었다. 유비 또한 황숙이라는 신분을 내세워 사람들의 마음을 얻을 수 있었다. 수나라 말 군웅들이 다투던 시기, 맨손으로 세력을 일으킨 이밀은 조정의 신분 높은 귀족인 이연에게 패했다. 중국 정치사에서 명나라 주원장朱元璋을 제외하면 진정한 의미에서 혼자 힘으로 세력을 일으킨 경우는 거의 없다. 새로운 왕조의 건립은 모두 구 왕조와 매우 긴밀한 관계를 맺고 있었고, 또 구 왕조가 부여해준 우월성에 의존하고 있었다. 이러한 지원을 등에 업고서야 마지막에 이르러 구 왕조를 대체할 실력을 얻었다. 이 속에는 도대체 어떤 비밀이 숨겨져 있는 걸까?

먼저, 조정에 들어간 사람은 자신을 위한 정당성과 합법성을 만들 수 있었다. 유가에서는 장유유별長幼有別, 존비유서尊卑有序 같은 군신과 부자 관계를 강조한다. 반면 가장 반감을 불러일으키는 것이 바로 반란이다. 세력을 모아 반란하는 것은 본질적으로 군주와 아버지를 인정하지 않는 것이다. 이러한 측면에서 황소의 행위는 국가의 엘리트 계층 사이에서 큰 집단적 분노를 불러일으켰다. 그렇기에 평상시에는 조정에 대해서 거만하고 난폭하며 예의를 지키지 않던 번진들조차도 황소의 난 이후 조정에 힘을 더한 것이다. 따라서 반역을 하려면 조정의 깃발을 손에 든 채 표면적으로는 질서를 수호하는 척하면서 질서를 깨뜨리는 것이 유리하다. 이것이 바로 조조가 한 것처럼 '천자를 끼고 제후들을 호령하는 것'이다. 반역의 오묘함이 여기에 있다. 이는 주온이 실천한 방법이기도 하다.

　　정치가 혼란하고 질서가 뒤바뀌는 조정의 교체기에는 왕조를 따라 다음 왕조로 '도통道統'이 전해 이어진다. 구 왕조는 비록 머지않아 그 모습을 감추게 되겠지만 그렇다 해도 '도통'의 계승 과정에서 중요한 고리다. 새로운 왕조의 합법성은 구 왕조의 수권을 필요로 한다. 한유韓愈는 그의 명저《원도原道》에서 이렇게 썼다. "요임금께서는 이 도를 순임금께 전하시고 순임금께서는 우임금께 전하셨으며 우임금은 탕왕께 전하시고 탕왕께서는 문왕, 무왕, 주공께 전하셨다[堯以是傳之舜 舜以是傳之禹 禹以是傳之湯 湯以是傳之文武周]." '도통'이 비록 볼 수 없고 만질 수 없다고 하지만 중국의 왕조교체 가운데 자연스레 연속된 계보로서 존재했다. 새로운 왕조가 비록 무력으로 구 왕조를 무너뜨렸다 해도 여전히 구 왕조에서 전해진 '도통'을 계승할 필요가 있었다. 그렇지 않으면 황소의 예처럼 스스로 왕위에 올랐다고 해도 세상으로부터 '초개를 일으킨 것'으로 폄하된다. 어떠한 권위와 공신력도 갖지 못한다. 구 왕조는 비록 그 실력은 쇠했어도 여전히 명분상으로는 합법성의 원천이다. 주온은 이를 깨달았기에 구 왕조가 부여한 이름을 원했고, 스스로 조정에 반역하는 모든 활동들을 정의라는 가면 위에 올려놓았다.

　　'조정에 몸을 두고 조정의 힘을 이용하는 것'과 '맨손으로 세력을 일으키는 것'은 처음부터 비교가 되지도 않는다. 조정을 계승하는 것은 제도화된 조직 체계를 가지고 있다는 것을 의미하기 때문이다. 현대 정치학의 정의에 따르면 제도화는 곧 조직 또는 절차에서 안정성을 획득하는 과정이다. 황소의 군대는 비록 조직의 틀은 갖추었으나 사병들은 유민들로 구성되어 있었고, 조정의 제도를 본떴다고는 해도 그저 비슷해보이게 대충 모방한 것에 불과했다. 결국 이 조직은 봉기한 무리의 두목들 사이의 개인적인 관계에 의존했고, 제도화된 조직 체계가 결여된 채로 군대를 통합했다. 이러한 오합지졸이 단기적으로 잠깐 동안 큰 파괴력을 가질 수는 있다. 하지만 그것을 진정한 전투력이라고 평가할 수는 없다. 황소가 영남에서부터 행군을 시작해 수도까지 들어올 수 있었던 이유는 그 길을 따라 위치한 번진들이 문을 걸어 잠근 채 나오지 않기 때문이다. 또 수도를 지키던 장군 역시 그 기세를 보자마자 질겁해 도망쳤기에 가능한 일이었다. 만약 각 번진의 정규군대가 결집했다면 황소는 바로 궤멸되고 일찍 죽었을 것이다. 잘 세워진 정예군의 사령은 언제나 오합지졸들을 이긴다. 조직이 잘 짜인 군대는 아무렇게나 조합된 유민들을 분명히 이긴다. 황소의 운명은 마치 후한 말의 황건적과 마찬가지로, 그 수는 많았지만 조직화되지 않았고, 관군들의 포위를 받자 사방으로 뿔뿔이 흩어질 수밖에 없었다.

주온은 일찍부터 이러한 점을 분명히 알고 있었다. 그렇기에 그는 과감하게 조정으로 들어갔다. 조정에서 합법적으로 권한과 봉직, 조직 체계 등을 수여받았다. 그의 군대는 더 이상 흩어진 모래 같지 않았으며, 한번 실패했다고 해서 심리 방어선이 무너지지도 않았다. 조직 체계만 건사할 수 있다면 타격을 받더라도 충분히 재기를 노릴 수 있는 강인함을 갖게 된다. 진종권의 대군이 변주를 에워쌌을 때 이 같은 이점이 드러났다. 황소가 번진들에게 포위되었을 때 주변 모두가 다 떠나 고립되었던 것과 달리, 주온은 여전히 기반과 조직을 갖추고 있었고 그렇기에 새벽이 되기 전 찾아온 가장 어둡지만 짧은 절망을 이겨낼 수 있었다.

황소의 '유랑 노선'은 최후의 순간에 이르러서는 백성을 위해 봉기했다는 명분마저 잃었다. 그에게는 역량을 축적할 수 있는 안정된 기반과 조직도 없었다. 황소가 달려간 곳의 끝에 멸망이라는 최후가 기다리고 있었다는 것은 당연하게 보이기까지 한다. 이에 반해 주온의 '정착 노선', 다시 말해 조정 안으로 들어가 조정을 이용해 반역을 꾀하는 노선은 주온에게 합법적 수권과 안정된 기반, 그리고 잘 세워진 조직까지 모두 부여했다. 이를 통해 주온은 결국에는 조정을 손에 거머쥘 만큼 힘을 키울 수 있었다. 이 사실을 더욱 심층적으로 분석해보면 황소의 '유랑'과 주온의 '안정'은 권력의 기원에 대한 하나의 해석을 제시하고 있다. 미국의 경제학자인 맨슈어 올슨은 그의 저서 《지배권력과 경제 번영Power and Prosperity》에서 다음과 같이 쓰고 있다. 유랑하는 세력은 그 유동성 때문에, 결국 어미 닭을 죽여 계란을 얻는 방식을 택하게 된다. 이와 달리 정착하는 세력은 장기적인 성격 때문에, 어미 닭을 키워 계란을 얻는 방식을 택한다. 이 결과, 유랑하는 세력은 그저 도적일 뿐이다. 하지만 정착하는 세력은 질서를 가져올 수 있다. 아마도 황소의 실패와 주온의 성공은 권력 기원의 본질적인 차원에서 이미 그 길이 정해져 있었을 것이다.

주온은 당을 멸망시키는 과정에서 피와 도륙을 즐겼다. 그는 당 황제로 하여금 장안에서 낙양으로 수도를 천도하게 했다. 이때 황제를 모시는 좌우 내관들이 모두 200명도 되지 않았는데 주온은 여전히 시기하는 마음을 품고 있었다. 그래서 황제를 모시는 시종들을 모함해 모두 죽여 없앴다. 그러고 나서 황제 곁을 지키는 자들을 모두 변주의 사병들로 바꿨다. 《구당서》의 작가는 분노에 차서 이렇게 썼다. "주전충의 소행이 잔혹하기 그지없었다." 이와 함께 작가는 고통스럽게 묻는다. "사람의 도가 점차 메마르고 몰래 덕을 베푸는 것은 보기 어렵다. 이렇게 끝이 나니, 어찌 영원히 연장되겠는가!"

《도덕경》에 이런 말이 있다. "모름지기 살인을 즐기는 사람은 세상의 뜻을 얻을 수 없다[夫樂殺人者 則不可鎰志於天下矣]." 이 말은 곧 현실이 되었다. 주온은 2대가 지나 결국 망했다. 그러나 그의 결말이 얼마나 비참했는지 관계없이 조정에 들어가 이를 이용해 반역을 꾀하는 노선이 성공했다는 사실, 바로 여기에 비극이 있다.

중국의 전통적 정치를 이해하는 시각

유구한 역사를 가진 민족이라면 역사를 어떻게 이해할 것인가는 피할 수 없는 중요한 주제다. "흘러가는 것은 이와 같이 밤낮을 가리지 않는다[逝者如斯夫 不舍晝夜]"《논어》는 말처럼 시간이 한 방향으로 흐른다고 상상해보면 미래는 역사의 연장선이자 시간이 흐르는 지점일 뿐이다. 즉 역사의 금고 안에는 미래의 각본이 들어 있고, 또는 역사가 곧 미래의 씨앗이라 할 수 있다.

그러나 역사의 금고를 열고 싶어도 얼마나 어려운가. 울고 웃던 생생한 인물들은 이미 전적 속의 글로 굳어져서 역사의 먼지 속에 뒤덮였다. 오랜 시간이 지난 후에 돌아보면 때로는 그 아득함 때문에 온정이 생기기도 하고 때로는 알 수 없는 신비가 느껴지기도 한다. 특히 중국의 역사는 가장 복잡했던 시기가 곧 가장 풍부하고 매력 있는 시기였다. 이는 역사를 읽는 모든 사람들에게 의구심을 가지게 만든다.

중국의 역사는 한나라와 당나라의 태평성세를 통해 당시 세계 문명의 최고봉을 이룩했지만 여전히 난세와 수습이 번갈아 일어나는 역사의 반복을 피하지 못했고 자멸과 재건의 순환에서 벗어나지 못했다. 일찍이 백가쟁명百家爭鳴으로 인류 문명에 통찰의 불을 지폈으나 오랜 시간의 흐름 속에서 '신종추원愼終追遠'[46]을 목표로 삼는 왕조들의 반복적인 교체 속에서 다양한 가능성을 잃어버렸다. 중국 역사의 복잡성을 어떻게 이해해야 할지 난감할 때가 종종 있다. 진나라의 벽돌과 한나라의 기와, 당시唐詩와 송사宋詞에 열광하며 그 넘치는 격정과 완곡하면서도 참신한 표현에 미련을 두었다가도 동시에 한 가지 무거운 질문을 하지 않을 수가 없다. 위대하고 아름다운 문명은 어째서 흥망성쇠의 반복에서 벗어나기 어려웠던 것일까?

청나라 지식인인 공상임孔尚任은 《도화선桃花扇》의 머리말에서 "당나라 300년의 기업基業이 누구 때문에 무너졌고 무슨 일 때문에 패망했으며 어느 해에 망했고 어디에서 망했는지 알 수 있다"라고 탄식했다. 중국 고대 문명에서 정치 질서의 수립과 붕괴에 과연 어떤 정치적 비밀이 숨어 있는 것일까? 문명의 최정상에 우뚝 섰던 당나라는 굴기도 그토록 빨랐지만 붕괴 또한 그토록 고통스러웠다. 문명의 최정상에서 파멸의 심연으로 떨어지는 과정은 그야말로 극적이었고 이는 중국 고대 정치의 비밀을 풀기 위한 견본을 제공해주기도 한다.

이 책에 실린 여러 정치적 민낯들은 앞뒤가 서로 상응하는 하나의 연속체를 이루고 있으며 그들의 이야기는 한데 모여 당대의 비가悲歌가 되었다. 이밀, 이세민, 장손무기, 무측천은 당나라의 건립부터 부흥에 이르기

---

46 부모의 상사에는 슬픔을 다하고 제사에는 공경을 다한다는 뜻. 유교에서 효를 강조하는 말.

까지의 상승 단계를 대표한다. 이융기, 이임보, 안녹산은 당나라가 정점에 이르렀다가 쇠퇴의 길에 들어서기 시작한 전환기였고, 곽자의, 이광필, 복고회은은 당나라가 쇠락한 후 최후의 발악을 하던 시기를 대표한다. 또 이덕유, 우승유, 환관 집단, 황소, 주온은 당나라가 멸망한 시기를 보여준다. 각 개인의 인생은 모두 당나라의 운명과 서로 밀접한 관련이 있다. 그들의 삶의 여정은 마치 왕조에 내재된 정치적 기제를 반영하고 있다.

시대의 격변 속에서 역사적 흐름을 이끈 풍운아들은 노력했고 맞서 싸웠으며 몸부림을 쳤다. 그중 어떤 이는 성공 후의 고독을 맛보았고 또 어떤 이는 노력 후에 인생의 무력함을 한탄하기도 했다. 어찌 되었든 모든 것이 막을 내린 후 그들이 후세에 남긴 것은 세속적인 공훈과 업적이 아니라 개인의 노력으로 운명의 지배를 벗어나고자 했을 때 생기는 보편적인 사고였다. 인생은 언제나 막을 내리게 마련이지만 오직 사상만은 사라지지 않는다.

유가적 사상 체계

모든 인물들 중에서 이세민, 무측천의 이야기는 각각 서로 다른 측면에서 유가적 사상 체계의 특징을 반영한다. 이세민은 당나라를 전성기로 이끌었지만 말년에는 곤혹스런 상황에 빠졌다. 권력 계승과 혈육의 정은 왜 양립할 수 없는 것인가? '승리하면 왕이 되고, 패하면 도적이 된다'는 논리는 왜 항상 끝이 없는 궁중 투쟁을 유발하는 것인가? 이세민이 고민한 결과는

'태자의 자리는 강구함을 통해 얻을 수 있다'는 길을 근절하여 권력투쟁의 발생을 막는 것이었다. 그러나 기술적인 조정만으로는 '승리하면 왕이 되고, 패하면 도적이 된다'는 논리를 결코 바꾸지 못했고, 이세민이 세상을 떠난 후 무측천이 또다시 권력투쟁을 통해 황위를 얻는다.

　　'여산鬭山의 진면목을 알 수 없는 까닭은 내가 그 산 속에 있기 때문이다'라는 말처럼 이세민이 세상을 인식한 방식도 유가적 사상 체계에 따라 정의되었기 때문에 당연히 문제가 어디에 있는지 알기 어려웠다. 근본적인 원인은 유가 사상이 황제 권력을 위해 세속을 초월하는 도덕적 초석을 제공하지 않는다는 데 있었다. '하늘은 친지가 따로 없으며 오직 덕 있는 사람을 도울 뿐'이라는 말은 하늘은 오직 덕 있는 군주만을 지지하며 군주가 덕을 잃으면 다른 사람으로 대체할 수 있다는 뜻이다. 이는 군주의 합법성을 정치적 업적의 기초 위에 세움으로써 군주가 근면하게 정사를 돌보고 백성을 사랑하며 인의의 정치를 펼치게 만들려는 의도를 내포한다. 그러나 이는 군주가 대체될 수도 있다는 가능성을 미리 마련해 둔 것이기도 했다. 정치적 야심을 품은 사람들은 군주가 덕을 잃었다는 것을 구실로 삼아 하늘을 대신해 정의를 행한다는 깃발을 내걸고 권력에 대한 자신의 야심을 정당화했다. 결국 덕의 유무는, 권력투쟁에서 승리하면 하늘의 뜻에 따르는 것이자 민심에 응한 것이 되고, 패배하면 대역무도한 일을 저지른 것으로 결정된다. 모든 것은 승패에 따라 정해졌고 도덕은 단지 승자의 허울일 뿐이었으며 권력투쟁은 멈추기 어려웠다.

　　이세민이 처한 곤혹이 유가적 사상 체계의 세속적 방향을 드러내준다면 무측천의 실패는 유가적 사상 체계의 초안정성을 반영한다. 무측천은 일생 동안 모든 적수들을 물리쳤지만 권력의 정점에 오르자 비로소 자신이 유가적 질서에서 고아일 뿐이며 자신이 평생 동안 갖은 애를 써서 얻은 성공이 도리어 자신을 내쫓았다는 사실을 깨달았다. 무측천은 평생 처음으로 시간이 거대한 힘을 가지고 있음을 알아차렸다. 그렇다면 무측천은 어떻게 시간의 흐름 속에서 권력을 지속시킬 수 있었던 것일까?

무측천은 유가 사상이 정의하는 시간에서는 아우가 형을 잇든 아들이 아버지를 잇든 모두 남자가 주인공임을 뼈저리게 느꼈다. 자신이 시간에게 버림받았다고 느끼자 위세가 등등했던 이 여황제의 마음속에는 큰 공포와 혼란이 일었다. '무삼사가 황위에 오르면 고모를 종묘에 모시지는 않을 것'이라는 적인걸의 한마디는 그녀의 모든 심리적 경계심을 무너뜨리기 충분했다. 결국, 무측천은 정권을 다시 당 조정에 돌려주는 방식으로 타협을 선포했고 자신의 실패를 인정함으로써 유가적 사상 체계의 초안정성을 보여주었다.

종합해보면, 유가 사상은 정치 질서를 위해 세속을 초월하는 도덕적 초석을 제공하지 않았다. 유가 사상 본연의 논리는 승리하면 왕이 되고 패하면 도적이 되며 왕조가 대체될 수도 있다는 가능성을 마련해두었지만, 끝없는 권력투쟁 속에서도 정밀한 윤리 구조에 기반하여 안정성을 유지했다. 그러나 유가 사상을 나라를 다스리는 근거로 삼았을 때는 보편적인 도덕적 위선을 초래할 수도 있었다.

황제 권력의 절대성과 완전성

황제 권력의 절대성과 완전성, 그리고 황제가 자기 권력을 지키기 위해 행한 모든 노력은 중국 고대 정치의 발전을 결정짓는 중요한 변수이자 군신 관계와 행동 방식을 만들어낸 핵심 요소였다. 송나라의 태조 조광윤趙匡胤은 말했다. "침대 옆에 다른 사람이 코 골며 자는 것을 어찌 내버려둘 수 있겠는가." 이는 사실상 역대 황제들이 가진 공통적인 심리를 드러낸다. 황제는 모든 것을 얻든지 아니면 철저하게 잃어버릴 수도 있었다. 황제는 지고지상의 황제 권력을 누렸지만 안정적이지 못했고 사냥꾼처럼 모든 잠재적 경쟁 상대를 향해 극도의 경계심을 가졌다.

장손무기는 황제의 마음속 불안함을 분명하게 파악했고 황제의 나약한 심리를 자신을 위해 이용했다. 그리고 그것을 기반으로 정적을 간편하게 무너뜨릴 지름길을 찾아냈는데 그것은 바로 '역모의 모함'이었다. 사실 여부와 관계없이 역모를 꾸몄다고 고발하기만 해도 황제의 의심을 일으키기 충분했다. 상대가 마침 상당한 실력을 갖추고 있어서 객관적으로 역모를 꾸밀 능력이 있으면 그가 정말 역모를 꾸몄는지 여부와 상관없이 황제는 그를 잠재적인 도전자로 여기게 된다. 장손무기는 바로 황제의 이러한 심리를 이용하여 강하왕 이도종과 오왕 이각을 차례로 역모로 무고하여 두 사람을 심판도 하지 않고 엄하게 처벌했다.

그러나 장손무기가 권력의 정점에 이르렀을 때, 그는 자신이 이미 황제와 대등한 권세를 가졌고 이는 바로 황제의 시기를 불러온다는 사실을 미처 알지 못했다. 그래서 허경종은 적의 칼로 적을 베는 방법으로 장손무기가 자신이 놓은 덫에 걸려들게 했다. 허경종이 황제에게 장손무기가 역모를 꾸몄으며 그의 실력이 이미 황제를 위협하고 있다고 말만 했을 뿐인데도 그에게 치명타를 입힐 수 있었다. 장손무기가 동일한 방식으로 흥하고 쇠했으니 이 얼마나 아이러니한 일인가.

곽자의와 이광필, 복고회은 역시 마찬가지로 황제의 불안한 심리를 포착했다. 이 세 사람은 안사의 난을 평정하는 과정에서 큰 공을 세웠다. 하지만 조정을 위해 적진으로 돌진하며 뜨거운 피를 흩뿌리는 동안 그들이 다스리는 군대는 점점 늘어났고 세력은 막강해져갔다. 이러한 이유로 곽자의와 이광필, 복고회은이 전쟁터에서 승리해 돌아왔을 때, 그들은 조정의 보상을 받는 동시에 황제의 질투심과 마주하게 되었다. 이때부터 이들이 걷는 길은 완전히 갈리기 시작했다. 곽자의는 도가 철학이 가르치는 대로 현명하게 처신함으로써 자신을 지켰고, 이광필은 어디에도 속하지 않는 중립적인 태도를 취했다. 또 복고회은은 쿠데타를 일으켜 황제의 질투를 직접 심판하고자 했다. 세 사람의 선택을 두고 도덕적인 시비를 가리기보다는 역사 속에 되풀이되는 공통점에 대해 생각해볼 필요가 있다. 황제가 황제 권력에 대한 불안감으로 공신들을 질투하게 된다는 것은, 곧 개인의 존재를 인정하지 않게 된다는 것을 의미했다. 다시 말해 사람을 배제하고 조직화하고 체계화하려는 움직임이 나타났다.

오직 환관만이 황제의 시기심의 수혜자였다. 환관은 생리적 결함으로 인해 독립적인 인격을 가질 수 없었을 뿐만 아니라 유가 질서 속에서 가정을 꾸리기는 더욱 어려웠다. 이에 따라 황제는 비로소 안심하고 환관에게 권력을 넘겨주었고 환관을 자신의 심리적인 연장선으로 여길 수 있었다. 그러나 환관이 권력을 장악한 것 자체가 곧 조정 정치의 이단으로 간주되었기 때문에 명분이 바르지 않은 환관은 조정 대신들을 향한 태생적인 배척 심리를 가지고 있었다. 황제가 환관을 임용한다는 것은 대신들과 공식 제도에 대한 황제의 불신을 의미했다. 이에 이보국, 정원진, 어조은, 두문장, 왕수징, 구사량 등의 환관들이 잇달아 득세했다. 그들은 대신들을 시기하는 황제의 심리에 더 잘 영합하여 환관의 지위를 끊임없이 공고히 했고 결국 군주를 억누르고 돌이킬 수 없는 지경까지 이르렀다. 황제는 환관을 자신의 그림자로 여기며 생리적 결함을 가진 환관이 황제 권력을 위협할 수는 없을 것이라 생각했지만 결국 자신의 그림자에게 억압받고 말았다. 이 어찌 절묘한 역설이 아니겠는가?

따라서 황제는 끊임없이 제도를 마련하여 황제 권력의 절대성과 완전성, 안전성을 지키고자 했는데 이는 중국 고대의 제도 변천의 분명한 맥락이 되었다. 송대에 지방 관직이 늘어난 현상이나 원대의 행성行省 설치, 명대에 재상 제도를 폐지한 것은 모두 황제 권력의 절대성을 유지하기 위해 생겨났으며 활력을 희생시키는 대가로 중앙 집권의 효과를 얻을 수 있었다.

그러나 황제가 절대 권력을 누리면 정말 나라 안팎이 태평성대를 누릴 수 있는 것일까? 당 현종의 전후 변화는 바로 절대 권력이 개인의 정신을 폐쇄 상태에 빠지게 할 수 있다는 사실을 보여준다. 당 현종은 인생의 전반부에는 영명하고 용맹스러우며 힘을 다해 나라를 다스렸지만 말년이 되어서는 점점 그 반대가 되었다. 검약함을 실천했으나 무절제한 호화 생활에 빠졌고, 백성을 사랑하고 근면하게 정사를 돌보았으나 나태하게 일을 미루었으며, 겸허하게 간언을 받아들였으나 강퍅하고 독선적으로 변했다. 이렇게 당 현종은 자신의 후반생을 전반생을 부정하는 데 사용했다. 그러나 더욱 무서운 것은 당 현종이 결코 자신의 변화를 인지하지 못했다는 사실이다. 그는 절대 권력을 손에 넣고 기본적인 인지 능력마저 상실했다. 이는 당 현종이 어떠한 제약도 받지 않고 모든 것을 판단하고 결정할 수 있을 때, 환관 집단이 정보를 주입하여 그가 옳다는 것을 증명했기 때문이었다. 오랜 시일이 지나자 당 현종은 다른 말은 듣지 않고 자기 자신을 곧 진리라 여기며 지혜로운 판단을 할 수 없게 되었다. 안녹산이 반란을 일으키자 그는 그제야 꿈에서 깨어났다.

이렇게 큰 대가를 치르면서 황제 권력의 절대성과 안정성을 지켰지만 그것을 사용하는 사람이 당 태종 이세민처럼 시시각각 경계심을 유지하지 않는다면 권력으로 인해 부패하거나 권력에 사로잡힐 수밖에 없다. 이는 깊이 생각해볼 문제다.

관료 정치

중국 고대의 전제 군주제에 대해 논하는 것은 아무런 의미가 없다. 사실상 역대 왕조들은 진나라가 수립한 관료 정치를 계승하고 지속시킨 것이므로 관료 정치야말로 중국 고대 정치의 본질을 더 정확하게 드러내준다.

두말할 필요 없이, 다른 국가들이 여전히 봉건 시기에 있었을 때 고대 중국이 엄밀한 관료 제도를 수립한 것은 고대 중국의 선진성과 창조성을 보여준다. 봉건제와 군현제는 중국 역사에서 많은 논쟁이 있어 왔다. 봉건제는 토지를 하사하고 제후를 세웠지만 사실상 귀족주의적 색채를 띠고 있었던 반면 군현제는 본질적으로 관료의 계층 체계로 출신이 개인을 결정하는 한계를 타파할 수 있었다. 그에 따라 사회의 각 계층에 상대적으로 평등한 신분 상승의 통로가 열렸고 나라를 다스리기 위한 이성적인 제도도 제공할 수 있었다. 그러나 관료제도 극복하기 어려운 결함을 가지고 있었다.

이밀의 굴곡진 운명은 관료제가 '책임을 지지 않는' 경향이 있음을 보여준다. 봉건제는 제후가 토지에 대한 소유권을 가지고 있어서 주인으로서 책임감을 가진다. 그러나 군현제의 관료는 단지 상급자의 대리인일 뿐이고 그의 이익은 관직이 오르는 것이므로 왕조 전체의 이익이 관직이 오르는 이익 아래에 놓이기도 한다. 극단적인 경우에는 승진을 위해 전체의 이익을 희생시킬 수도 있다. 다시 말하면, 상급자와 관료는 각각 위탁인과 대리인과 같고 위탁인과 대리인의 이익이 일치하지 않아서 때로는 대리인이 위탁인의 이익을 해치면서 자신의 이익을 보호하기도 한다. 이밀이 맞닥뜨린 실패의 원인이 바로 이러한 곤경에 있다.

이밀은 충분히 재기할 수 있었지만 부하들의 강요로 투항이라는 되돌릴 수 없는 길을 가고 말았다. 이치는 아주 간단했다. 투항 후에 이밀은 옛 주공이 되어 새 주공의 시기를 받았지만 반면 부하들은 여전히 새 주공에게 기용되었고 녹봉도 삭감되지도 관직이 낮아지지도 않았다. 단지 윗사람이 달라진 것뿐이었다. 관료제가 효과적으로 작동하려면 관료가 도구화되어야 하지만 지나친 도구화는 관료의 기본적인 주체성과 책임감을 잃게 만들 수 있다.

이임보, 안녹산이 활용한 정치적 수법은 관료제가 정보를 왜곡하는 경향이 있음을 보여준다. 정보는 정치의 신경이자 정치 체계가 작동하도록 유지시켜주는 혈액이다. 엄격한 계층 체계에서 하급자는 상급자의 환심을 사기 위해 정보를 의식적으로 여과하게 되고 이는 정보의 전달 과정에서 왜곡을 초래한다. 특히 당시에는 언론 매체가 없었기 때문에 황제가 정보를 획득하는 경로를 관료 체계가 농단했고 정보의 왜곡을 바로잡기도 어려워서 황제는 거짓 정보에 포위당하기 쉬웠다.

안녹산은 조정의 사자에게 뇌물을 바쳐 정보의 근원 자체를 왜곡시켰고 자신이 반란을 모의한 사실을 은폐하여 황제를 기만했다. 반란이 일어나기 전날 밤에도 황제는 안녹산이 반란을 일으킬 것이라고 직언한 자를 엄히 벌하여 '온 천하가 다 알지만 집권자만 모르는' 정보의 비대칭을 야기했다. 이임보는 정보를 가지고 노는 데 더욱 고수였는데 정보의 유입을 통제하여 황제의 사상적 인식을 확실하게 통제했다. 또한 그는 19년간 재상까지 역임하면서 당나라를 쇠약하게 만들었다.

이밀의 곤경과 이임보, 안녹산의 수완은 관료제가 정상적으로 작동하는 상황에서 나타난 폐단이었다. 그런데 관료제가 변질되면서 기득권과 이익 집단이라는 두 가지 병폐가 생겨났는데 이것이야말로 치명적인 파괴의 힘을 가지고 있었다.

기득권과 이익 집단

기득권은 기존 정치 질서의 수혜자다. 역대 왕조에서는 기뻐하는 사람이 있으면 걱정하는 사람도 있고, 뜻을 얻은 사람이 있으면 뜻을 얻지 못한 사람도 있으므로 기득권을 가진 사람이 생기는 것은 피할 수 없다. 기득권의 등장은 결코 두려운 일이 아니다. 정작 두려워해야 할 점은 기존의 이익을 유지하기 위해 개혁을 가로막고 혁신을 해치며 심지어 왕조 전체의 이익을 희생하는 것도 마다하지 않는 기득권이다. 안녹산의 예를 통해 살펴보자.

안녹산은 기득권의 수혜자였다. 안녹산이 반란을 일으킨 후 여러 성을 함락시키며 맹렬히 진격했다. 하지만 천하는 여전히 당 현종을 따르고 있었고 결국 그는 포위당했다. 가서한은 동관에서 주둔하라는 명을 받들어 안녹산의 진격을 막을 수 있었다. 또 곽자의와 이광필은 서북쪽에서 출병하여 안녹산의 퇴각로를 가로막아 전체적으로 보면 안녹산은 진격할 수도 퇴각할 수도 없는 처지에 있었다. 이처럼 조정은 안녹산의 반란을 초기 단계에 충분히 진압할 수 있었다. 하지만 조정이 하늘이 내린 기회를 잡았을 때, 기득권의 이익 때문에 가장 중요한 '인화人和'를 잃었다.

당시 조정의 재상이었던 양국충은 황제의 총애를 독점하고 자신의 기득권을 지키기 위해 장안성에서 새로운 군대를 훈련시키기 시작했다. 이에 동관에 주둔하던 가서한은 이 군대가 자신을 겨냥하는 줄로 알고 이에 장군과 재상 간의 갈등은 화해할 수 없는 지경에 이르렀다. 양국충은 자신의 지위를 보전하고 적수를 물리치기 위해 동관에 주둔하는 것이 가장 좋은 전략이며 이를 버리고 진격하는 것은 죽음을 자초하는 길임을 잘 알았다. 그러나 그는 당 현종에게 가서한에게 동관을 버리고 진격을 명하라고 간언했다. 그 결과, 가서한은 전쟁에 패해 포로로 붙잡혔다. 양국충은 기득권을 유지하기 위해 성공적으로 적수를 물리쳤지만 당나라는 동관과 장안을 잃었으며 장기적인 내란에 빠지고 말았다. 기득권이 조정의 전략을 왜곡하자 안녹산이 가장 큰 수혜자가 되었다.

기득권 집단과 붕당이 자신의 이익을 지키려 할 때는 모두 부분에 의해 전체가 손해를 본다. 당나라 중후기 붕당 투쟁은 이길보와 이봉길의 노선 다툼에서 시작되어 이덕유와 우승유가 대립할 당시에는 이미 맹렬하게 타오르는 상태에 이르렀다. 이덕유는 치국에 능했고 우승유는 관직에 능했는데 이 두 정치 엘리트들은 평생 동안 사사건건 대립했고 붕당의 의견이 시국에 대한 판단을 좌지우지했다. 이에 조정의 정책도 더 이상 공공의 이익이 아니라 이익 집단의 이익을 지키는 것을 지향하게 되었다. 따라서 조정은 제대로 된 기회를 잡을 수 없었고 제대로 된 정책을 수립할 수도 없었다. 이덕유와 우승유의 당쟁은 이익 집단의 위험성이 극에 달한 사례를 보여준다.

기득권 집단은 자체적으로 형성되는 특징을 가지고 있다. 한번 형성되면 자신의 사적 이익을 지키려 하고 더 큰 이익을 추구하게 되는데 이는 바로 관료제가 변질되는 시작점이기도 하다. 황제가 나라를 바르게 다스리지 못하면 기득권 집단은 끊임없이 확대되고 결국 황제도 관료제에 포획되며 조정은 기득권 집단을 위해 일하게 된다.

당나라 인물들의 분석을 통해 중국 고대 정치의 전통을 아래의 그림으로 나타낼 수 있다.

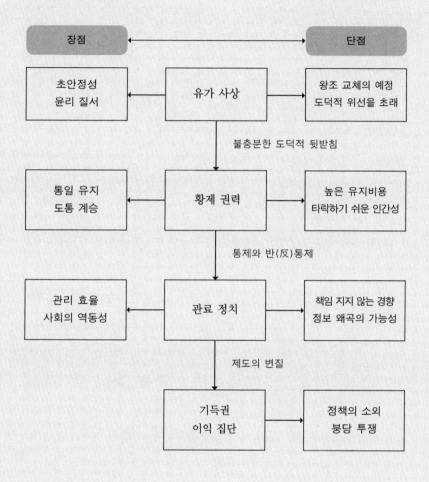

왕조의 해체: 권력의 딜레마

안으로는 환관들의 전횡과 붕당 간의 세력 다툼, 밖으로는 번진들의 각축과 이민족의 침입까지 겹치며 당나라 중기에서 말기로 넘어가는 시기, 조정은 마치 병세가 악화되어 가는 환자처럼 목숨을 끊어놓을 결정타만을 기다리고 있었다. 황소와 주온이 기세등등하게 굴기해 쇠약해진 당나라의 제도와 조직에 마지막 충격파를 가했다.

황소는 앞서 언급한 것처럼 '유랑하는 노선'을 취했다. 황소는 마치 갑작스러운 비에 물이 불어나는 것처럼 아무런 목표 없이 모든 것과 충돌했다. 그저 종착지만을 향해 달려갈 뿐이었다. 여기에 편승해 세력을 불린 주온은 반대로 조정으로 편입되어 그 안에서 역모를 꾀하는 '정착의 노선'을 취했다. 이로써 조정이 기대 버티고 있던 커다란 나무를 뿌리째 뽑아버릴 힘까지 가질 수 있었다. 주온은 조정만이 보유할 수 있는 도통을 이어받았고 조직과 시스템을 세웠으며 군사를 체계적으로 조직했다. 이를 바탕으로 합법적인 자원을 얻어 세력 기반을 다졌고 결국에는 조정을 대체할 만한 힘까지 얻게 되었다. 대체적으로 당 조정의 와해는 역대 왕조들의 틀에 박힌 스토리와 다르지 않다. 조정 외부에서는 농민들이, 조정 내부에서는 관군들이 반란을 일으켜 결국 조정을 바꾸는 그런 이야기 말이다.

하지만 좀 더 들여다보면 황소와 주원이 봉기하기 이전부터, 이미 당나라 조정은 심각한 위기 속으로 빠져들어 있었다. 황소와 주온이 당 조정을 멸망시킨 것이 아니라, 당 조정 스스로 자멸했다고 하는 편이 옳다는 말이다. 안사의 난 이후 중앙과 지방과의 관계는 완전히 역전되어 버렸다. 조정에 쏠려 있던 무게 중심이 외부로 옮겨가는 마당에 조정 내부의 권력 안배마저도 점차 분산되어 갔다. 황제는 더 이상 하늘의 법칙을 독점하는 존재가 아니었다. 환관과 붕당 등의 세력은 날이 갈수록 견고하게 기득권과 이익 집단을 형성해갔다. 안사의 난 이후 당나라 황제들은 과거의 영광을 되찾아 제후들을 평정하고 사해를 다스리기를 꿈꿨다. 예전처럼 하늘의 명을 받드는 천자로서 기능하기를 원했다. 이처럼 이루지 못할 꿈을 위해 당나라 중기와 말기의 황제들은 황권의 회복을 위한 노력을 멈추지 않았다.

그러나 현실은 달랐다. 황제가 권력을 취하려고 노력할수록 권력은 멀어져갔다. 황제들은 몇 차례 정찰을 통해 자신이 처해 있는 두 가지 곤경을 깨달았다. 만약 조정이 저 오만방자한 번진들을 인정해버린다면 조정의 권위는 더욱 떨어질 것이고, 결국 더 많은 번진들이 조정을 깔보며 세력을 키워갈 것이다. 또한 번진들이 갖고 있는 권력을 조정이 거둬들이고자 한다면 전쟁을 피할 수 없을 것이다. 환관과 붕당 등 기득권 집단들은 이를 구경하며 사리를 추구할 것이다. 환관과 붕당의 권력은 점차 커질 것이며 이 역시 조정의 권위가 약화되는 결과를 초래한다. 분권分權을 택하자니 지방 제후들의 세력이 점차 커지는 상황을 지켜봐야 하고, 집권集權을 택한다 해도 역시 조정의 부담이 커질 뿐이었다. 당 조정은 일종의 '권력의 딜레마'에 빠져든 것이다. 당시 상황에서 권력의 분산을 계속 허용할 것인지 아니면 권력을 되돌려 받고 집중해갈 것인지의 문제는 어느 쪽을 택하든 결국 조정에 커다란 손실만을 안겨줄 뿐이었다.

프리드리히 니체Friedrich W. Nietzsche의 유명한 비유가 있다. 어떤 사람이 낭떠러지 사이를 잇고 있는 쇠다리 위에 있다. 그에게는 그 자리에 계속 있는 것도, 용감하게 앞을 향해 나아가는 것도, 아니면 두려움 속에 뒤로 물러나는 것도 모두 허락된다. 하지만 모든 경우 낭떠러지 밑으로 떨어질 위험을 가지고 있다. 당 조정이 그 생명을 다해갈 즈음 바로 이 같은 곤경에 놓여 있었다. 권력의 딜레마는 마치 악귀처럼 조정을 에워싸고 옥죄었다. 어느 방향으로 가든지 죽음에 가까워질 뿐이었다. 당 덕종에서 당 무종의 시기까지 당 조정에게는 번진을 통제할 여력이 남아 있었다. 하지만 권력 집중을 향한 노력은 결국 실패하고 국력을 소모하는 것으로 끝나고 말았다. 당 희종 때에 이르자 조정은 번진을 통제하는 데 완전히 무력해져 있었다. 이러한 권력 분산의 결과, 번진들은 시간이 흐를수록 더욱 제 멋대로 날뛰게 되었고 당나라 조정이 300년간 이어온 평화는 끝을 맺고 말았다.

　　무엇과도 비교할 수 없을 만큼 찬란한 문명을 이룬 왕조가 천수를 다하고 죽음을 앞에 두고 있었다. 과거의 영광을 재현하는 꿈을 품었지만 권력의 딜레마는 운명의 법관이 되어 조정을 심판했다. 어떤 노력으로도 멸망으로 향하는 발걸음을 늦출 수는 없었다.

역사적 깨달음

역사학자 아놀드 토인비Arnold Toynbee는 "인류가 역사에서 배울 수 있는 유일한 교훈은 바로 역사에서 아무런 교훈도 얻을 수 없다는 것이다"라는 매우 비관적인 말을 했다. 이는 역사 철학의 진지한 문제에 대해 말하고 있다. 인류는 진정 역사의 반복적인 순환에서 벗어나지 못하고 잘못과 비극을 반복할 수밖에 없는 것인가?

　　토인비는 아마도 중국의 고대 역사를 국가의 흥망성쇠가 반복된다는 판단의 근거로 삼았을 것이다. 헤겔도 고대 중국이 '시간적' 국가가 아니라 '공간적' 국가라고 말한 적이 있다. 그는 단도직입적으로 다음과 같이 지적했다. "중국은 이미 오래 전에 오늘날과 같은 발전에 이르렀지만 객관적 존재와 주관적인 움직임 사이에 여전히 일종의 대립이 부족하여 어떠한 변화도 발생할 수 없었다. 영구토록 고정적인 것이 진정으로 역사적인 것을 대체했다." 끊임없이 반복되는 왕조의 교체는 다른 배우가 다른 장소에서 동일한 각본을 연기하는 것일 뿐이다.

이들의 말은 중국 고대 역사의 본질적인 특징을 분명히 드러내고 있다. 왜 역대 왕조들은 모두 스스로 파멸하고 재건하는 순환을 반복했는가? 당나라의 모든 황제는 오랫동안 당나라 왕조가 이어지길 원했다. 하지만 역사의 반복에 대한 문제에서는 역사적 위인들도 무력감을 느끼지 않는 자가 없었다. 즉 하지 않은 것이 아니라 할 수 없었던 것이다.

그들은 유가의 이데올로기가 문명의 시작 전에 만들어둔 가정을 변화시킬 수 없었다. 이 이데올로기에서 군주는 세속을 초월하는 도덕적 기반을 가지고 있지 않았다. 군주가 존재하는 전제는 정치적 업적, 이른바 '덕의 보유'였다. 반대로 말하면, 군주가 덕을 잃거나 또는 덕을 잃었다고 여겨지기만 해도 군주로서 자격을 상실하고 피통치자가 군주를 처벌할 수 있다. 즉 유가 사상은 처음부터 왕조 교체의 가능성을 마련해두었다. '천하는 오래 분리되었으면 반드시 합하고, 오래 합했으면 반드시 분리되는 법'으로 왕조의 흥망성쇠는 이미 사람들의 마음속에 견고하게 자리 잡고 있었다.

그들은 마찬가지로 황제 권력의 절대성과 완전성을 바꿀 수 없었다. 집단 재상 제도가 만든 민주적 분위기, 문인과 지식인들이 이끈 조정과 재야의 여론, 유가 이데올로기의 사상적 구속 등은 모두 황제 권력을 제약하는 중요한 힘이었다. 그러나 제약은 황제 권력이 만들어진 후의 산물이었다. 황제가 황제 권력의 안전을 유지하기 위해 지불한 엄청난 제도적 비용을 차치하고 황제가 황제 권력에 의해 타락한 것만 보더라도 시간 앞에서 인간성은 언제나 유혹에 사로잡혔다는 사실을 알 수 있다. 정치 체계의 정점에 위치한 황제가 타락하게 되면 자연히 그 체계는 효과적으로 작동되기 어려워진다.

또 그들은 관료 정치의 폐단을 억제할 수 있는 적합한 제도를 찾지 못했다. 관료제는 고대 중국에서 발명된 것으로 제도적인 혁신을 대표하는데, 특히 인재를 선발하는 과거제도와 함께 중국 성현들의 지혜를 엿볼 수 있다. 하지만 관료제는 귀족제나 봉건제보다 훨씬 뛰어나지만 책임을 지지 않는 경향, 정보 왜곡의 가능성, 특히 제도를 변질시키는 기득권 집단의 폐단도 가지고 있었다. 나라를 다스릴 때 관료 정치의 제도적 모델에 지나치게 의존하면 자연히 그 폐단도 극에 달하게 된다.

역사의 반복에서 벗어나기 위해서는 세 가지 측면을 유의해야 한다. 사상적 측면에서 보면, 정치적 업적에 의존하는 유가 이데올로기를 바꿔야 한다. 정치적 업적과 민본주의는 분명 합법적 지지를 제공할 수 있지만, 정치적 업적이 일시적으로 좋지 않으면 백성들의 지지를 얻기 어려워진다. 다시 말하면, 사람들의 지지가 이익을 초월하는 도덕적 요소에서 비롯될 때, 비로소 통치자를 일관되게 지지할 수 있다. 바로 이러한 이유 때문에 충분한 도덕적 합법성이 있어야만 좋은 상황이든 나쁜 상황이든 모두 백성들의 진심 어린 지지를 얻을 수 있다. 권력적 측면에서 보면, 권력이 구속받지 않는 상황을 바꿔야 한다. 법치를 통해 권력을 제도의 테두리 안에 가두어야 한다. 제도적 측면에서 보면, 관료제의 결점을 없애고 장점을 발휘할 수 있는 적합한 제도를 만들어야 한다. 민주주의와 문책 제도를 만들고 백성이 직접 감독하여 관료 집단의 병폐에 대항하도록 해야 한다.

왕조의 반복이라는 정치적 관점은 고대 중국을 바라보는 한 방법일 뿐이다. 헤겔이 고대 중국에는 시간이 없다고 말한 것은 흥망성쇠의 관점에서는 어느 정도 일리가 있지만 더욱 풍부한 문명의 측면에서 보면 전혀 일리가 없다고 할 수 있다. 중국의 옛 성현들은 문학과 예술에 조예가 깊었는데 자연과학 분야에서의 진보와 비단, 차, 자기 등의 분야에서의 성취는 모두 가히 독보적이었으며 인류 문명의 밤하늘에 별처럼 찬란한 빛을 비추었다. 또 중국은 세계에서 문명의 타락을 겪고 다시 부흥한 유일한 국가이기도 하다. 그것은 수천 년간 끊임없이 이어져 내려온 힘이자 정치 그 자체보다도 더 강하고 오래 지속되는 힘이었으며 중화 민족이 세계에서 우뚝 설 수 있는 자신감과 저력의 근원이기도 하다.

일부 학자들이 중화 문명의 역사적 전승을 두고 '중국문명기체론中國文明基體論'[47]이라 일컫는 것처럼 중국이 4대 문명 중에서 유일하게 단절되지 않은 문명체가 될 수 있었던 것은 천 년의 문명이라는 고목에 현대의 새로운 씨앗이 자라났기 때문이다. 고대 중국은 오늘날 세계에서 가장 풍

---

47 중국 문명이 오랜 시간 동안 마치 살아 있는 생명체처럼 많은 변화를 거듭하며 생명력을 이어 왔음을 가리킨다.

부한 문헌 자료를 남겨 후대인들이 인류 사회의 심층적인 문제를 사고하는 데 보기 드문 소재를 제공해주고 있다. 이는 중국의 자산일 뿐만 아니라 나아가 전 인류의 자산이다.

이 책은 중국 역사의 한 부분을 되돌아본 것으로 비판적 시각을 가지고 당나라 정치의 성공과 실패를 해부했다. 관점이나 논증, 분석이 다소 부족할 수 있지만 독자들이 잠시만 주목하더라도 역사를 충분히 마음껏 거닐 수 있을 것이다. 이 책은 역사로의 초대에 불과하지만 역사를 잠시만 눈여겨보더라도 세상을 살아가는 지혜와 새로움을 향한 열정, 미래를 향해 나아가는 원동력을 충분히 얻을 수 있을 것이다. 그것으로 족하니 또 무엇을 바라겠는가?

권력, 인간을 말하다

권력에 지배당한 권력자들의 이야기

초판 1쇄 발행 2018년 2월 26일

지은이 리정
옮긴이 강란, 유주안
펴낸이 성의현
펴낸곳 미래의창

책임편집 이승한
본문 디자인 박고은

등록 제10-1962호(2000년 5월 3일)
주소 서울시 마포구 잔다리로 62-1 미래의창빌딩(서교동 376-15, 5층)
전화 02-338-6064(편집), 02-338-5175(영업) **팩스** 02-338-5140
ISBN 978-89-5989-497-0 03910

이 도서의 국립중앙도서관 출판예정도서목록(CIP)은 서지정보유통지원시스템 홈페이지(http://seoji.nl.go.kr)와 국가자료공동목록시스템(http://www.nl.go.kr/kolisnet)에서 이용하실 수 있습니다.(CIP제어번호: CIP2018002572)

미래의창은 여러분의 소중한 원고를 기다리고 있습니다. 원고 투고는 미래의창 블로그와 이메일을 이용해주세요. 책을 통해 여러분의 소중한 생각을 많은 사람들과 나누시기 바랍니다.
블로그 www.miraebook.co.kr 이메일 miraebookjoa@naver.com